创业型大学研究散论

付八军教育学术论文集 II

付八军·著

浙江工商大学出版社
ZHEJIANG GONGSHANG UNIVERSITY PRESS

·杭州·

图书在版编目(CIP)数据

创业型大学研究散论 / 付八军著. — 杭州：浙江
工商大学出版社，2019.11
（付八军教育学术论文集；Ⅱ）
ISBN 978-7-5178-3574-5

Ⅰ. ①创… Ⅱ. ①付… Ⅲ. ①高等学校－发展－研究
－中国 Ⅳ. ①G649.21

中国版本图书馆 CIP 数据核字(2019)第 247023 号

创业型大学研究散论
CHUANGYEXING DAXUE YANJIU SANLUN

付八军 著

责任编辑	沈敏丽
封面设计	林朦朦
责任印制	包建辉
出版发行	浙江工商大学出版社
	（杭州市教工路 198 号　邮政编码 310012）
	（E-mail：zjgsupress@163.com）
	（网址：http://www.zjgsupress.com）
	电话：0571－88904980,88831806（传真）
排　　版	杭州朝曦图文设计有限公司
印　　刷	杭州高腾印务有限公司
开　　本	710mm×1000mm　1/16
印　　张	19.5
字　　数	340 千
版 印 次	2019 年 11 月第 1 版　2019 年 11 月第 1 次印刷
书　　号	ISBN 978-7-5178-3574-5
定　　价	59.00 元

本书获浙江省高校重大人文社科攻关计划项目"应用型大学教师转型现状与路径研究"（课题编号：2016GH017）资助。

前　言

　　自 2011 年以来,在学术研究上,我主要关注创业型大学,或者从教师转型视角研究创业型大学。2014 年离开高举创业型大学旗帜的浙江农林大学之后,我仍然一如既往地关注创业型大学。为什么我对创业型大学如此执着呢? 最重要的原因在于,我认为创业型大学的理念对于指引中国大学的改革与发展非常重要,甚至认为只有创业型大学才能逐渐实现中国大学的两个回归——回归大学主体与回归教育本性;同时,我坚信,"创业型大学"这个名称或许会变,但这种发展方向不会改变。那么,在"大众创业、万众创新"的政策导向下,为何有这么多人反对创业型大学呢? 不同的反对者有不同的理由,但大多认为创业型大学在本质上追求营利,体现商业属性,不利于人才培养与科学研究,自然不能成为高等教育的主流。显然,他们将创业型大学等同于唯利是图的创收型大学、商业化大学。应该说,这是学界对创业型大学最大的理论误解,亦体现了学术研究或者教育学科的保守性。正是在这种学术生态背景下,有些强化创业型大学育人功能的文章反而遭到他人的批判。在认真审读这些批驳文章之后,我感觉有些反对者不是在批判具体的创业型大学主题论文,而是在批判他们个人想象中的创业型大学,或者批判颂扬并撰写创业型大学主题论文的作者。

　　做研究的最高境界,就是探索自己想做且值得做的学问。于我从事高等教育研究而言,创业型大学就是这样的一个主题。但是,我发现这样的学者越往前走越感到孤单,越容易遭到他人的误解乃至初步探索同样主题的学者反对。例如,不少审稿专家对我从某个维度来研究的创业型大学论文提出意见,认为什么是创业型大学、学界研究现状如何等基本问题没有梳理清楚,试想,如果每篇创业型大学主题论文都要阐述这些问题,还能给深挖类似主题的学者留下多大的学术创新空间? 又如,我认为,当创业型大学理念成为一种共识乃至常识,那么这个概念将会在该国的学术文献中逐渐淡化乃至消失,创业型大学研究主题在美国经历了从学术前沿到渐弱型前沿,正是该理念逐渐获得学界普遍认可的过程,但是,同样赞成创业型大学理念的不少学者认为创业型大学的概念不会消失。那么,我为何坚信这个概念有一天会退出历史舞台呢?这不是我对该理念不具有信心,而是我认为这在未来会成为一种常识,无须我们再以此作为工具性称谓来纠偏大学的航向。从世界高等教育发展的嬗变来看,大学就是在一步一步从政府的庇护中走出来,缺乏自力更生意识与能力的大学将逐渐被社会洪流所淘汰,不能让大学面向社会自主办学并且走上自力更生道路的教育管理体制也将被证明是不适宜的。

当前承载人文社科学者观点的媒介主要是论文与专著,而且论文要比专著更体现学者的社会认可度。因此,对于一个这么重要且存在争议的主题,近年发表了如此大量的论文,我觉得有必要将它们整合起来。早在 2014 年,按照以下四条整编原则,我收录了前期发表的 80 篇论文,汇编成《教育散论——付八军教育学术论文集》。早在那个时候,我就计划将创业型大学主题的论文单独汇编成一本,只不过没有想到这么快就能汇编出《创业型大学研究散论》。事实上,若不是《教育思想研读》书稿延期出版,按照预期,该书应该在 2021 年推出。这次提前出笼的《创业型大学研究散论》,汇集了上一部学术论文集尚未收录的 50 篇论文,其中 44 篇属于以创业型大学(含应用型大学)为主题的论文,6 篇见诸各种刊物的其他主题论文。

本次整编,与上次一致,同样遵循以下四条原则:

第一,剔除文章中的英文摘要、关键词、项目基金等,同时增加若干篇论文的审稿意见以及作者回复,有利于进一步丰富文章的内容,突出作者的观点;

第二,其他专著中已有的论文,若没有较大或者重要的修改,只注明中文摘要与一级标题,并注明该文详见哪本书哪些页;

第三,尽量保持每篇文章原有的观点与风格,除非有明显的知识性或者观点性错误,同时,注明原文发表在哪种报刊等;

第四,进入该书的,必须是自己撰写的,若以第二作者身份出现,自己必须是执笔人;对于并非自己执笔撰写的文章,哪怕属于第一作者,也不会纳入;合作者及其贡献会在文中首页脚注下注明。

个人撰写并且公开发表的每一篇论文,也许存在语言平淡、见解肤浅甚至知识性与观点性错误等问题,但一定都是我在认真思考基础上的探索之作,写下的每一句话乃至每一个字都经过了自己的大脑。因此,我对自己至今出版的 13 部个人专著以及 130 余篇学术论文是问心无愧的。在这次整编过程中,我将这些文章再次审读一遍。让我吃惊的是,居然有一篇文章有一个知识性错误,这是后来修改论文时凭一时记忆而增加的一段话,犯下了我所有论文论著中最严重的错误,即把斯坦福大学的弗雷德·特曼(Frederick

Emmons Terman,亦译为弗兰德里克·特曼)教授归入麻省理工学院了。对此,本书稿予以纠正过来,并在此特别说明,还得向各位致以深深的歉意。从某个角度而言,将散见于报刊的论文汇编成学术专著,在很大程度上正是重新检视过往劳作与见解的重要契机。

在短期内撰写如此大量同一个主题论文的时期于我而言应该结束了。至于其原因,至少有三个:其一,在完成专著的基础上析出论文,这样虽然容易形成各具独特内容与观点的论文,但在后期整理与修改论文时需要投入大量时间,而且这些文章由于大多偏重某个维度或者较为单一,很难于较具影响力的学术期刊处获得较好的初始评价,容易被同行专家定性为"挂一漏万",会让作者有一种"高处不胜寒"的感觉。其二,关于创业型大学这个主题,在独立撰写《教师转型与创业型大学建设》《创业型大学本土化的中国模式研究》以及本书共三部著作之后,我该说的差不多说完了,就目前来看,再要进行论述无非是用不同的表达方式呈现同样的学术观点。其三,在过去的三年多时间里,我不仅没有从事行政工作,而且有老人帮忙料理家务,但自去年下半年始,家务活动几乎占据个人工作时间的一半,从自己的目标定位及现有的工作任务看,把大量时间投入科学研究将成为过去式,加上学术评价越来越注重层次而不是数量,从而在学术创作上将转而奉行少而精原则。从这里可以预见未来的论文发表乃至学术事业,那就是在将手上的论文推出以后,以每年产出三篇左右高水平论文作为上限,致力于精品学术论文与学术影响力的打造,至于大部头的学术论著则尽可能协作完成。当然,我最奢望的创作生活,则是能让我有时间撰写早已有大体构思的几部小说。我总觉得,处在我现有的学术平台,要在教育研究领域产生大影响或者做出大贡献是不容易的,但是,以个人阅历提炼人生智慧,在面向大众的小说创作上开辟新天地则是有可能的。诚然,"人生而自由,却无往不在枷锁之中",寄望能否成为现实仍是未知。

最后,感谢浙江工商大学出版社及其编辑王黎明、沈敏丽一如既往的鼓励与努力,感谢众多的教育期刊以及同行专家给予的支持与指引,感谢那些说得出名字以及说不出名字的作者、读者带给我的启发与力量。

付八军

2019 年 7 月 25 日

〖目 录〗

第一部分　创业型大学基本理论研究

学术资本转化:创业型大学的组织特性 / 3

创业型大学的学术资本转化 / 15

创业型大学本土化的理论误解

　　　——兼议创业型大学的学术资本转化 / 23

创业型大学的文化冲突与融合

　　　——基于学术资本转化的维度 / 33

创业型大学研究述评 / 40

关于创业型大学研究的八个基本观点 / 42

创业型大学:未来高等教育变革的重要走向

　　　——2013 年全国创业型大学建设高峰论坛会议综述 / 44

创业型大学普遍性的价值冲突研究 / 51

创业型大学分类体系的探讨与构建 / 54

引领教学革命:创业型大学的时代使命

　　　——解读教学服务类创业型大学 / 67

创业型大学内涵的溯源性解读 / 81

创业型大学本土化的内涵诠释 / 83

第二部分　创业型大学教师转型研究

论大学转型与教师转型的同一性 / 99

从教师转型看创业型大学建设的三个命题 / 101

创业型大学教师转型的探索与实践

　　——基于两类院校的比较 / 111

贡献度：创业型大学教师转型的重要指针 / 118

论创业型大学教师转型困难的客观因素 / 120

论创业型大学教师转型困难的主观因素 / 121

学术成果转化：创业型大学教师的历史使命 / 122

创业型大学教师选聘的来源分析与价值甄别 / 133

创业型大学"四位一体"的教师教学评价 / 143

怪胎抑或榜样：创业型大学建设的中国实践

　　——基于创业型大学教师的访谈研究 / 149

创业型大学培育教师创业观念的宣传策略 / 161

创业型大学教师评价的双轨制 / 162

第三部分　创业型大学实践路径研究

创业型大学建设的中国道路 / 175

创业型大学中国实践的时代意蕴 / 186

国内创业型大学建设的路径比较与成效评析 / 188

MIT：世界上第一所成功的创业型大学 / 198

斯坦福大学：成就于工业园区的创业型大学 / 200

华威大学：教学型迈向创业型的成功典范 / 201

创业型大学：高等教育体制改革的破冰之旅

　　——《创业型大学本土化的中国模式研究》引论 / 202

论创业型大学科技园区平台的建设 / 203

激活创业型大学的三大学术心脏地带

　　——兼论学院、学科与专业的共存关系 / 204

创业型大学学术平台建设的现状、经验与路径 / 211

创业型大学本土化的实践误区 / 222

第四部分　创业型大学应用转向研究

创业型大学是最为彻底的应用型大学 / 227

创业型大学的内部着力点在于培养创造性人才 / 230

创业型大学的外部着力点在于实现成果转化 / 233

从创造性人才、创造性教育到创业型大学 / 236

大学是市场的主体

　　——从创业型大学建设的观念转变说起 / 245

激活学术心脏地带:创业型大学学科建设的图景分析 / 247

学以致用:应用型大学的灵魂 / 254

论应用型大学师资队伍建设的内生模式 / 256

应用型大学成果转化的四步走战略 / 264

从经费收支结构看地方本科院校的应用转向 / 266

附　录

理想的大学,离我们多远? / 271

学科制度改革与高等教育学学科建设

　　——对我国高等教育学成为一级学科的再思考 / 274

"高等教育学"再学科化三重奏 / 280

从大学围墙管窥现代大学制度 / 292

共同利益:高等教育决策的价值基础 / 294

高等教育研究方法:目的抑或手段? / 296

第一部分

创业型大学基本理论研究

本部分收录了 12 篇论文,从基本理论研究层面,梳理了创业型大学的研究现状与基本观点,分析了创业型大学的组织特性、学术资本转化的三大领域、价值冲突、分类体系,尤其阐述了创业型大学本土化的内涵要点,为构建中国特色创业型大学理论体系奠定基础。

学术资本转化:创业型大学的组织特性①

摘　要:分析某种社会组织的特性,应该基于其历史使命与社会贡献。从这一点来看,创业型大学的组织特性,正是学术资本转化,不是学术资本主义。学术资本主义从营利动机出发,其精神实质乃是学术创收、商业运作、逐利动机等功利性的利益诉求,容易将创业型大学引向创收型大学。学术资本转化从历史使命出发,体现了创业型大学的社会责任,折射出一种实用主义的价值取向,将成为大学的"第三个中心",引领大学的变革与发展。事实上,只有实现学术资本转化,大学才能真正形成完整开放的学术链条,才能充分履行知识应用的历史使命。

作为一种教育实践,创业型大学诞生于 20 世纪中期;作为一个学术概念,则出现于 20 世纪后期。随着创业型大学的蓬勃发展,近年来学界从概念界定、价值预设、发展起点、建设路径等方面对创业型大学进行了深入系统的探讨。[1]在这些学术观点中,一些学者认为"学术资本主义是创业型大学的组织特性"[2]。应该说,这种结论并不能完全反映创业型大学诞生与发展的实际,更不利于从学术成果应用与培养创造性人才的角度加快创业型大学建设,服务创新型国家的发展。在推进创业型大学建设的改革热潮中,在"大众创业,万众创新"的时代背景下,我们应正确理解与准确运用创业型大学的组织特性,明确创业型大学的组织特性不是学术资本主义,而是学术资本转化。对此,本文试从以下三个方面展开论述:

一、创业型大学组织特性确立的理论依据:基于历史使命的全新视角

在现代社会中,组织是人们基于一定的目的、按照一定的规则组成的社会细胞。分析某种组织的特性,既不是像对待动植物那样看其有何特征与

---

①　本文原载《教育研究》2016 年第 2 期。

习性,也不是从其功能实现的手段与方式来看其有没有进行商业运作,而应从其本身的存在价值出发看其有什么样的历史使命与社会贡献。同时,特性是在比较中体现出来的,某种组织的特性是指其相对于同一个层次组织而言所具有的独特使命。从这两点出发,我们就会发现,大学的组织特性,是大学相对于公司、政府、部队等其他社会组织而言所体现出来的独特使命;创业型大学的组织特性,是创业型大学相对于传统意义上的教学型大学、研究型大学而言所体现出来的独特使命。

相对于其他组织而言,大学的独特使命就在于其承担了人才培养的社会职能。"二战"以后,大学被赋予了新的历史使命,科学研究成为一项相对独立的职能进入大学。于是,人才培养与科学研究作为大学两项最为基本的职能与使命,成为大学的"两个中心"。虽然直接为社会服务被归属为大学的第三项社会职能,但这只是人才培养与科学研究的工作延伸与场景变换,更为重要的是,在创业型大学诞生之前,直接服务社会并没有作为大学的中心工作,没有从一种历史使命的角度来赋予其在大学中的地位与作用。如果将创业型大学之外的大学称为传统型大学,那么,传统型大学的历史使命其实还是人才培养与科学研究,这"两个中心"也是传统型大学的组织特性。

创业型大学的诞生,与知识经济的时代召唤和区域经济的发展需要不无关系,[3]更与高等教育财政的紧缩政策直接相关[4]。但是,这些只能归为创业型大学诞生的外在动因,而不属于其诞生的内在根源,不能视为其诞生的历史使命。创业型大学之所以能够显示出蓬勃生机,根本原因还是在于其独特的历史使命。相对于传统型大学而言,创业型大学的独特使命不是人才培养与科学研究,而是学术创业①,亦即学术资本转化。只有在创业型大学,学术资本转化作为一项新的历史使命才被提升到一种战略高度,并且成为创业型大学的身份标识,成为大学的"第三个中心"。可见,创业型大学

---

① 学界对于学术创业的理解,各有不同的侧重。例如,在美国,学术创业又称为教学人员创业、大学创业、产学合作、技术创业、大学衍生企业、学术成果商品化、学术新创企业、大学新创企业、学术衍生企业、研究型衍生企业、校办企业等(详见汪泽:《学术创业:内涵、瓶颈与推进策略》,载《教育发展研究》2013年第17期)。又如,有文认为,学术创业是学者或学术组织将学术成果商业化或发挥较大的社会效益,并且反哺学术的进一步提升,注重学术和创业平衡(详见黄扬杰、邹晓东:《学科组织学术创业力与组织绩效关系研究》载《教育研究》2015年第11期)。本文则是指高校将学术资本由潜在的生产力转化为现实生产力的活动,视为学术资本转化或者说(学术)成果转化的同义语。不过,通常情况下,学术创业的内涵比成果转化丰富得多,外延广泛得多,在笔者其他不少文章里往往取其广义的含义。

肩负三重历史使命,即人才培养、科学研究与学术资本转化,实现了知识传承、知识创造与知识应用的完整统一;同时,相对于传统型大学来说,创业型大学的组织特性就在于其将知识应用提升到了一个前所未有的高度,以推动学术成果转化作为大学的"一个中心"。甚至可以说,创业型大学的科学研究,成为一种手段而不是目标,着眼于成果的应用,远远不只是停留在理论层面的论著与专利。从这一点来看,创业型大学的着力点主要有两个:培养创造性人才[5]与实现成果转化[6]。一所开展学术创业、注重知识应用、促进经济转型的大学,自然会注重理论与实践的结合,培养创造性人才,从而使创业型大学的两个着力点相得益彰。

创业型大学致力于学术资本转化,并不等于学术成果的商业运作,并不意味着以营利为目的。事实上,商业运作与获取利润是一切社会组织生存与发展的基本法则,服从于组织使命的存在与实现,不是一种组织的历史使命与身份标识。只有学术资本转化,才能彰显创业型大学的独特使命,表明创业型大学的价值追求。在分析创业型大学的组织特性时,如果不从创业型大学诞生的独特使命出发,不从学术资本转化出发,而局限于学术成果的商业运作,那么,如今许多以营利为目的的私立大学、民办高校都将纳入创业型大学范畴。显然,这有意或者无意地忽略了创业型大学诞生的历史意义,大大降低了创业型大学的社会价值,亦离创业型大学理念奠基者伯顿·克拉克与埃兹科维茨所描绘的创业型大学相去甚远,从根本上否定了"创业型大学是 21 世纪大学组织上转型和大学进取与变革的必然趋势"[7]。

总之,从历史使命的角度来分析创业型大学的组织特性,属于一种全新的理论视角。从这种视角出发,相对于传统型大学而言,创业型大学的独特使命在于学术资本转化,从而创业型大学的组织特性便是学术资本转化。同时,基于该种学理依据的学术资本转化,并不是指学术资本的商业运作,而是指学术资本的市场应用。事实上,从现实基础来看,创业型大学的组织特性,正是学术资本转化。例如,纵览麻省理工学院(MIT)的发展历程,它从未自我标榜为创业型大学。然而,MIT 却被誉为世界上第一所成功的创业型大学。至于其原因,正在于 MIT 大力推动学术资本的转化。特别值得我们关注的是,MIT 鼓励师生开展学术创业,却未从中直接提取创业收益,而是以一种胸怀天下的姿态,积极推动潜在的生产力转化为现实的生产力,实现科技服务社会的大学使命。真正为校友提供有效服务的大学,最终会得到校友的大力回馈。MIT 校友们的慷慨捐赠,就为 MIT 提供了将近三分之一的办学经费。

二、创业型大学组织特性确立的事实判断：学术资本主义的精神实质

在现有关于创业型大学内涵的研究文献中，学术资本主义是一个核心概念。然而，这又是一个使用得相当混乱的概念。在某些学者那里，是从"学术创收""商业运作"[8]等营利动机来理解与运用"学术资本主义"这个概念的，这符合学术资本主义的精神实质。但是，在另一些学者那里，又是基于创业型大学的"学术创业""学术资本转化"等历史使命来运用学术资本主义的。例如，有学者[9]在论述创业型大学的组织文化要从学术人文主义向学术资本主义转变时，主要强调了创业型大学应该走出象牙塔，以推动学术成果转化、履行社会创新使命为己任，不再沉湎于象牙塔，仅仅关注形而上的理论研究。显然，这里的"学术资本主义"不是从营利动机等经济行为角度而言，而是从学术应用等历史使命角度而言，与学术资本转化等同使用。可见，已有学者从"学术资本转化"的角度来看待创业型大学的组织特性，只不过，由于学界尚未对此与"学术资本主义"这两个概念进行有效辨析，导致"学术资本主义"概念运用的泛化。在此，本文基于事实依据，从以下五个方面，论证学术资本主义不能成为创业型大学的历史使命，从而不能成为创业型大学的组织特性。

（一）从概念源头来看，学术资本主义突显"学术创收""商业运作"等营利动机

从这个概念较早的提出者以及系统论述者来看，希拉·斯劳特与拉里·莱斯利是从"学术创收""商业运作"等营利动机来理解与运用"学术资本主义"的。他们曾经特意强调，只有学术资本主义才能完全表现利益动机向学术的侵入，至于学术创业主义或者创业活动等概念，都显得太委婉，并明确提出"院校及其教师为确保外部资金的市场活动或具有市场特点的活动为学术资本主义"。[10]在其他不少出现"学术资本主义"的文献中，亦突显其概念的"逐利"[11]动机与行为。例如，有学者指出，从学术自由主义向学术资本主义的大学制度转变，"学术资本主义"一词宣示知识成为"资本"、拥有知识的学者成为"资本家"的时代的来临，进而有了创业型大学诞生。[12]总之，从这些文献来看，学术资本主义的精神实质正是学术创收、商业运作、逐利动机等功利性的利益诉求，致力于学术成果转化的营利结果，而不是学术成果转化的历史使命。

（二）从概念比较来看，"学术资本主义"比"学术资本转化"呈现出更强的商业文化特性

从概念本身来分析，"学术资本主义"与"学术资本转化"确实存在区别，有着不同的价值取向与运行逻辑。"学术资本"作为一个概念，其内涵不难理解，主要是指"个人或组织通过所拥有的高深知识，逐步形成学术成就和声望，并以商品的形式进行交换，从而实现价值增值的资源总和"[13]。在这个概念中，并没有体现出知识商品的商业行为，只表明其具有"获取生产利润的潜在能力"[14]。同时，这个概念与其他词语的组合方式不同，就会导致侧重点不同，价值取向不同，落脚点不同，从而产生的影响也就不同。"学术资本"与"主义"的结合，侧重点在于"学术产品"的资本化运作方式，折射出一种"泛资本主义"的价值取向，落脚点在以利益为基本特征的"资本主义"上。"学术资本"与"转化"的结合，侧重点在于"学术产品"的转化行为与结果，折射出一种实用主义的价值取向，落脚点在以实用为基本特征的"学术创业、知识应用"上。因此，从概念本身而言，学术资本主义彰显的是一种营利动机和商业文化，反映不出创业型大学的历史使命与存在价值，不能取代学术资本转化而成为创业型大学的组织特性。

（三）从学理角度来看，学术资本主义背离了创业型大学的历史使命与存在价值

学术资本主义的精神实质在于追求利润空间的最大化，创业型大学的组织特性在于其历史使命与存在价值。在此前提下，如果我们将学术资本主义视为创业型大学的组织特性，就会导致创业型大学将利益动机、逐利行为作为自身的基本目标与价值追求，而轻视甚或忽略创业型大学最应该履行的成果转化、知识应用、推动社会经济发展等使命与职责。这种创业型大学将会蜕变为创收型大学、企业化大学或者说营利性大学，不再属于那种代表高等教育改革与发展方向的创业型大学。正因为如此，才会有一些高等教育理论研究者认为"这些以企业模式运作的创业型大学只是高等教育系统的'渣滓'，不值得研究"[15]。但是，创业型大学是有别于那些营利性大学的，已有人从组织性质、产生背景、大学职能、办学目的等方面分析了两者的区别，并指出，"创业型大学是非营利性组织，不以营利为目的，以实现某种社会目标为己任，享受免税、政府补贴以及社会捐赠等优惠"[16]。

（四）从现实角度来看，以学术资本主义作为创业型大学的组织特性产生了负面影响

从现实角度而言，在学界将学术资本主义作为创业型大学的组织特性之后，其对创业型大学的理论研究与实践改革都产生了一定的负面影响。因为人们一旦从学术资本主义的精神实质来分析、理解与建设创业型大学，就容易将创业型大学定位于企业化大学、营利性大学、公司化大学等功利性目标明确的大学，不是着眼于学术成果的转化、社会经济的转型与发展等实用性目标，那种功利性目标导向必然导致创业型大学的理论研究走向误区，实践改革走向高等教育产业化、商品化与市场化。显然，这不是创业型大学诞生的深刻根源，也不符合创业型大学发展的走向。可以说，正因为学界对于创业型大学组织特性的误解，才使得在全民创业的国家战略号召中，我国的创业型大学建设仍然显得如此步履维艰。

（五）从学界观点来看，包括创业型大学理论鼻祖在内的学者大都不是从营利动机与商业文化的角度来研究创业型大学的

事实上，作为创业型大学之父，其概念最早提出者之一的伯顿·克拉克，并没有对创业型大学做过明确的概念界定，他甚至曾考虑是否选用创新型大学作为该种大学的组织概念。[17] 对于创新型大学，有学者明确提出，其"基本特征就是科研成果的转化，为区域的经济发展和科技进步做出了一定的贡献"[18]。可见，在克拉克等学者看来，创业型大学并不是一种功利取向的营利性大学，其组织特性更不可能是学术资本主义。作为创业型大学理论奠基者，且与克拉克同时提出这个概念的埃兹科维茨，他同样没有明确指出何谓创业型大学，但他鲜明地勾画出了创业型大学的使命与特性，[19] 为我们深刻理解创业型大学的实质做出了巨大的贡献。埃兹科维茨正是从学术资本转化、推动社会发展等实用主义的角度来理解创业型大学的地位、价值与特性的，亦即从创业型大学的历史使命来界定其组织特性。可见，在该理论奠基者看来，创业型大学属于一种实用主义的大学，而不是一种功利主义的大学，前者属于哲学观范畴，后者属于伦理观范畴，其组织特性自然不应该是功利取向的学术资本主义，而是实用取向的学术资本转化。有学者同样指出，创业型大学的发展模式应是一种实用主义价值观，并非功利主义，"功利主义与实用主义原本不是一对概念范畴，因为功利主义是一种伦理观，实用主义是一种哲学观"[20]。

三、创业型大学组织特性确立的价值判断：学术资本转化的社会价值

将创业型大学的组织特性确定为学术资本转化，既是一种事实判断，也是一种价值判断。因为在创业型大学诞生与发展的过程中，营利诉求与使命导向合二为一，甚至相互促进，使得创业型大学是在追求利润空间还是通过学术成果转化服务社会的边界非常模糊。于是，只有学界明确将创业型大学的组织特性界定为学术资本转化，才能推动创业型大学的理论研究与实践改革朝既定的方向发展。在这种理论预设下，我们必须明确学术资本转化带来的社会价值，以此表明创业型大学的历史意义与发展前景。例如，沃里克大学作为创业型大学的成功范例之一，英国首相布莱尔称其为英国大学的灯塔。[21]陈希在担任清华大学党委书记时提出，"正在兴起的创业型大学的理论和模式等，都促进并引领了世界高等教育的发展"。2009年3月全国"两会"期间，全国人大代表张红建议"政府应该重点建设一批创业型大学"。创业型大学之所以显示出蓬勃生机，代表了高等教育改革与发展的走向，原因就在于学术资本转化属于大学的内在需要与必然要求。可以说，没有人会从营利、赚钱、创收等角度对创业型大学给予如此高的评价。我们从王承绪先生卧病在床，仍然孜孜不倦地翻译创业型大学的奠基之作时所反复强调的那句话，就能看出王先生对于创业型大学内涵与价值的认同。他在分析大学的发展脉络时指出，我们要"深深地知道大学生存与发展的根本是什么"[22]。对此，我们可以从以下两个方面具体分析：

（一）只有实现学术资本转化，大学才能真正形成完整开放的学术链条

知识是教育的逻辑起点[23]，大学正是围绕知识的运行而建立起来的一个学术组织。作为一个富有生机、充满活力的学术组织，其知识运行应该有源头，也有出口。从现代大学来看，该学术组织不再专注于天理人伦之道，而是以现代科学文化知识作为逻辑起点，以实现社会发展与人的发展作为办学目标。从而，现代大学应将知识运行的源头与出口扎根于现代社会中。只有这样，才能形成一个完整开放的学术链条，才能让大学焕发生命活力。但是，在传统型大学，知识运行的源头更多地来自书本理论世界，知识运行的出口自然就成为书本理论型的人才与成果。于是，从书本到书本，从理论到理论，整个学术组织处在一个封闭的象牙塔之内，与社会联系不够紧密。

这样的学术链条,既不完整,也不开放。只有当大学肩负学术资本转化的历史使命,通过自己的学术成果直接服务社会,主动打通与社会对接的出口,该大学才会扩大知识运行的源头,既关注书本理论知识,更注重从社会实践中汲取养料。这样的大学,才能形成完整开放的学术链条,才能担当现代大学使命。这样的大学,也就是创业型大学。正如有文指出的,区域产业的发展是创业型大学知识产品需求的主要来源,而创业型大学本身的学科结构与水平又决定了其满足市场需求的可能性。[24]

相对于传统型大学,创业型大学增加了学术资本转化的职责,延长与激活了学术链条。但是,那些坚守传统型大学理念的人士认为,大学应该与社会保持一定的距离,如果由大学教师开展学术创业,让他们在此投入过多的时间与精力,既有损于人才培养,也无益于学术发展。以致有人发出感叹,"知识权力与经济利益的结盟的现实进一步使大学迷失自我"[25]。应该说,这种担忧是必要的,但不是无法克服的。因为创业型大学推动学术资本转化,并不等于大学教师直接从事学术创业。作为一个组织的创业型大学,有义务也有条件为学术资本转化搭建各种平台,这才是一所大学之所以称为创业型大学的组织保障。如果仅仅是教师自发性的学术创业,并且造成教学育人、科学研究与学术创业的消长,那么,这肯定不是理想中的创业型大学,甚至不能称为创业型大学。

不过,形成完整开放学术链条的创业型大学,蕴含这样两个理念:学以致用与能者为师。在这种理念的指导下,创业型大学就会打破传统单一的师资来源通道,注重从社会上聘请那些品德优良、学有所长、业有所成的各界人士担任兼职教授或者客座教授。确实,建设创业型大学,师资队伍建设是其关键。[26]若仅从人才培养的角度来说,大学实际上是在销售课程,而且应该选择那些最能让学生受益的课程,亦即那些最能让学生受益的教师。但是,在现有的教育体制下,这对我国高校的冲击是很大的。这也表明,我国要建设理想的创业型大学,可谓任重道远。

(二)只有实现学术资本转化,大学才能充分履行知识应用的历史使命

关于大学的社会职责与历史使命,说法多种多样。在高等教育理论界,一般认为大学具有人才培养、科学研究、直接服务社会三大职责。在高等教育实践界,一般认为大学具有人才培养、科学研究、服务社会、文化传承创新四大使命。如果从教育的逻辑起点来看的话,无论哪一种说法,都是关于知识的创造、传承、应用、储存等知识运行的活动。事实上,作为一所功能完整

的大学,其知识运行主要体现在三个方面,或者说具有三项功能:创造知识、应用知识与储存知识。即使在教学型大学,也体现创造知识的功能,因为大学传承的知识是有所选择、整理与提升的人类文化成果。所谓储存知识,是指大学应该属于一个城市或者社区的文化中心,成为一个公共图书馆与人力资源库。应用知识,既包括人才培养或者说教学育人,也包括学术资本转化或者说成果转化。教学育人,可谓知识的间接应用,我们通常称之为知识的传承;成果转化,可谓知识的直接应用,我们在此亦将之称为学术创业。可见,一所大学除了知识储存的静态功能外,首先表现为知识的创造,在此基础上再进行知识的应用,这种应用既体现在教学育人上,也体现在成果转化上。在这里,我们可以发现,科学研究或者说创造知识只是实现大学功能的一种手段,人才培养与成果转化才是大学的真正使命。而事实上,现代大学偏离了方向,以追求学术成果作为最大追求,对知识的直接或者间接应用并不热衷,造成大量理论知识的闲置与空疏,导致理论与实践的割裂。正如有文指出的,在我国现阶段,大学的生产知识、传播知识和应用知识这三种职能融合度不高,停留在彼此分隔的状态。[27]作为国家创新体系的重要组成部分,我国高校必须以知识应用作为改革方向,大力推动学术资本转化,更好地履行社会主义现代化建设的历史使命。这也表明,创业型大学将是我国高校变革的重要走向,"积极探索具有中国特色的创业型大学建设之路,势将成为重要而紧迫的历史任务"[28]。

　　长期以来,大学被认为除了人才培养外,主要职责就是生产知识,至于知识的直接应用应该由社会完成。确实,历史上许多重要理论成果,也是在若干年之后才被人们利用起来。但是,这种坚守学术本位立场的传统大学观,没有深刻领会学术的目标与取向,不利于大学使命的充分展现,不利于学术成果的迅速转化。大学作为一个学术组织,其学术发展正是为了人的发展与社会的发展。就是大学中那些传统的基础研究,也具有明显的应用取向。时至今日,理论与实践的界限越来越模糊,大学与企业的属性越来越交叠。因此,为了更好地履行历史使命,大学应该注重学术的应用取向,推崇实用主义,构建完整开放的学术链条,更多地从实践中找到理论研究的源头,尽可能地推动学术成果转化。正如有文指出的,"实用主义绝不是没有原则,没有底线,……我们的大学理念,应该是一种建立在实用主义基础之上,以人为本,尊重知识,尊重市场,可持续发展的大学理念"[29]。

　　毫无疑问,学术成果的公开发表,也可谓知识的应用,不一定要由知识生产者直接开展学术创业。例如,人文社会科学研究者,著书立说,传播人间正道,正是其应用知识、服务社会的重要途径。但是,对于许多应用性的知识，其生产者本人最清楚该知识的应用领域、途径等，由其参与应用与推广，能够缩短转化周期与节约转化成本。何况，如前所述，创业型大学的组织转型，其重要使命就在于为大学教师的学术成果转化承担大量联络、协商与推广工作，这是创业型大学应有的组织功能。例如，MIT 的技术转移组织在大学、产业和政府之间发挥了巨大的作用，它与政府部门和企业单位签订合同，为创业型大学的科研活动提供资助；同时，它帮助创业型大学的科研成果申请知识产权，实现向现实生产力的转化。[30]

总之，推动学术资本转化，促进知识直接应用，是检验真学术与假学术的重要标准，是创业型大学履行使命、彰显活力、服务经济转型的最佳途径，由此有文提出，"知识经济时代的大学作为引领社会、服务社会的区域创新主体，应该主动将自身的发展与地方经济社会发展紧密结合起来，……作为地方大学而言，这是一种义不容辞的责任，也是朝着创业型大学转型的必然选择"[31]，"行业特色型大学要率先举起创业大旗"[32]；同时，以"学术创业"为基本特征的学术资本转化，作为创业型大学的组织特性，必将引领大学的变革，成为大学的"第三个中心"。

【参考文献】

[1] 付八军.创业型大学研究述评[J].黑龙江高教研究,2012(7).

[2] 温正胞,谢芳芳.学术资本主义:创业型大学的组织特性[J].教育发展研究,2009(5).

[3] 高明.创业型大学兴起的背景研究[J].现代教育科学,2010(6).

[4] 宣勇,张鹏.论创业型大学的价值取向[J].教育研究,2012(4).

[5] 付八军.创业型大学的内部着力点在于培养创造性人才[N].中国教育报,2012-03-26(6).

[6] 付八军.创业型大学的外部着力点在于实现成果转化[N].中国教育报,2012-04-30(6).

[7] 克拉克.建立创业型大学:组织上转型的途径[M].王承绪,译.北京:人民教育出版社,2003.

[8] 彭宜新,邹珊刚.从研究到创业:大学职能的演变[J].自然辩证法研究,2003,19(4).

[9] 高飞.组织学视野下的创业型大学转型研究[J].现代教育管理,2011(9).

[10] 斯劳特,莱斯利.学术资本主义:政治、政策和创业型大学[M].梁骁,黎丽,译.北京:北京大学出版社,2008.

[11] 李木洲.学术资本主义:全球化背景下大学面临的变革[J].四川师范大学学报(社会科学版),2011(2).

[12] 苏晓华,李剑湘,张耀辉.创业型大学市场化生存机制及启示[J].外国教育研究,2011(1).

[13] 胡钦晓.高校学术资本:特征、功用及其积累[J].教育研究,2015(1).

[14] 刘春花.学术资本:促进大学生创业能力提升的要素[J].教育发展研究,2010(21).

[15] 温正胞.大学创业与创业型大学的兴起[M].杭州:浙江大学出版社,2011.

[16] 董志霞.国外创业型大学与营利性大学异同辨析[J].高校教育管理,2013(6).

[18] 陈汉聪,邹晓东.发展中的创业型大学:国际视野与实施策略[J].比较教育研究,2011(9).

[19] 埃兹科维茨.麻省理工学院与创业科学的兴起[M].王孙禹,袁本涛,等,译.北京:清华大学出版社,2007.

[20] 赵文华,易高峰.创业型大学发展模式研究:基于研究型大学模式创新的视角[J].高教探索,2011(2).

[21] 刘永芳.创业型大学视角下的高校资产公司:国际比较与政策选择[J].高等教育研究,2009(9).

[22] 付淑琼.忆王承绪先生与创业型大学研究[J].外国教育研究,2014(4).

[23] 付八军.知识经济与高等教育的相关性探析[J].高等教育研究,2005(3).

[24] 张鹏,宣勇.创业型大学学术运行机制的构建[J].教育发展研究,2011(9).

[25] 肖绍聪.创业型大学:市场经济时代大学的出路?——读《学术资本主义》[J].教育学术月刊,2012(5).

[26] 付八军.激活学术心脏地带:创业型大学学科建设的图景分析[J].教育发展研究,2014(7).

[27] 程广文.创业型大学:走出象牙塔后的范式[J].泉州师范学院学报(社会科学版),2010(3).

[28] 王军胜.建设创新型国家需要创业型大学[N].光明日报,2013-03-31.

[29] 陈超.从学术革命透视美国研究型大学崛起的内在力量[J].清华大学教育研究,2012(4).

[30] 高明,史万兵.麻省理工学院的创业型大学之路及对我国的启示[J].东北大学学报(社会科学版),2012(3).

[31] 蔡袁强.地方大学的使命:服务区域经济社会发展[J].教育研究,2012(2).

[32] 李平.从行业特色型大学向创业型大学转型[N].中国社会科学报,2011-10-20.

创业型大学的学术资本转化①

　　摘　要：创业型大学的学术资本转化，是基于组织的一种使命与责任，成为大学的一项中心工作，有着区别于其他高校科技成果转化的不同特征。创业型大学实现全面而又彻底的学术资本转化，知识有价是其理论基础；而且，只有遵循学术产品的市场交换原则，才能更好地彰显创业型大学的使命与责任。创业型大学推进学术资本转化，重点关注三大领域：一是科技成果的应用与推广；二是针对校外学习者的教学服务；三是针对校内学习者的教学服务。尤其是第三种转化工作，属于学术资本向人力资本的转化，亦即实现教学服务产品向个体内在素质的转化，该种转化工作不仅显得疲软，而且最容易被忽略，这正是当前部分大学课堂缺乏活力、创业型大学备受质疑的症结所在。

　　作为一种高校类别与身份标识，创业型大学最早出现在欧美发达国家。至于其原因，主要有两个：高等教育财政紧缩与知识经济曙光初显。一方面，大学面临财源紧缩，依赖政府资助的渠道越来越窄；另一方面，大学具有得天独厚的学术资本，知识经济曙光的降临为大学实现学术资本的市场化提供了契机。于是，在内外部因素的推动下，创业型大学首先在欧美发达国家诞生。从这里可以看出，创业型大学的发展逻辑之一就是不断推动学术资本的转化，然后从市场上获得相应的物质与信息资本，进而开展新一轮的学术生产与成果转化。对此，研究创业型大学的学者们，普遍能够认识到这一点。但是，作为区别于传统型院校的身份标识，创业型大学的学术资本转化远远没有被学界予以充分论证与阐释，不少学者甚至将学术资本主义作为创业型大学的组织特性[1]。在论证"创业型大学的组织特性即为学术资本转化而不是学术资本主义"[2]之后，本文拟对创业型大学的学术资本转化做进一步的阐释。

---

　　①　本文原载《中国高教研究》2016年第8期。

一、创业型大学学术资本转化的内涵解析

当前,学界对高校科技成果转化的研究较为丰富。例如,通过对文献的分析,有文较好地将研究现状归为五个方面:成果转化的历史分析、政府行为、校企合作、路径探索以及国外经验。[3]但是,学界对于创业型大学学术资本转化的研究,极为贫瘠。从研究现状来看,主要是从宏观层面探讨创业型大学的内涵以及建设标准、价值、目标与路径等,难以找到有针对性、系统地专门探讨创业型大学学术资本转化机制的成果。[4]那么,创业型大学的学术资本转化,是否等同于一般高校的科技成果的转化? 对于创业型大学学术资本的转化来说,亦有其自身的特殊性,至少有三个不同的特征:一是创业型大学的学术资本转化,不是某个学科某位教师的行为,而是所有学院所有学科所有教师的行为,是一所大学的整体转型;二是创业型大学的学术资本转化,不是某些学科某位教师的自发行为,而是所有学院所有学科所有教师的自觉行为,是一所大学的工作中心;三是创业型大学的学术资本转化,不只关注科技成果的转化,同时也关注人文社会科学的转化,更要研制推动两者转化的激励机制、转化平台与差异评价。可见,尽管学界关于高校科技成果转化的研究较多,但是这些理论成果远远不能满足建设创业型大学的需要,加强创业型大学学术资本转化的研究仍是理论工作者的重要任务。更不用说,作为创业型大学的组织特性,学术资本转化属于创业型大学理论与实践的核心问题,加强对创业型大学学术资本转化机制的深入系统研究,是构建创业型大学理论的前提与基础。

依上得知,创业型大学的学术资本转化,既体现出其他大学的科技成果转化行为,也有自己以创业作为身份标识所表现出来的特殊性问题,其内涵要丰富得多,外延要广泛得多。这就像我们对"成果转化"的广泛应用一样,凡是可以成为"成果"的,都力争转化出来。例如,我们不时听到各种各样类似的表述,"把专题教育成果转化为深化国资国企改革发展的强大动力"[5],"把讨论成果转化为创新发展的动力"[6],等等。创业型大学的学术成果转化,其含义与上述论断一样,即,尽最大可能最广范围将各种学术成果变成学术资本转化出来,成为办学资源,变成现实生产力。在这里,我们或许仍然会误解,只有研究型大学的科技成果属于学术资本,可以转化,而教学型大学的教学服务,则不属于学术资本,不可能转化。应该说,这种认识是不对的。对此,我们可以进行如下分析,以此证明创业型大学的学术资本转化,其外延要大得多,远远不只是平常所探讨的高校科技成果转化。

当创业型大学成为大学变革的战略选择之一后,我们开始从某个角度将大学分为三种类型:一是教学型大学,以知识传承为主导;二是研究型大学,以知识创新为主导;三是创业型大学,以知识应用为主导。在不少学者看来,这三种类型属于递进关系,创业型大学致力于科学研究成果的市场转化,只有研究型大学才能成为创业型大学。[7]暂且不论这种大学分类是否科学,但是,将研究型大学视为创业型大学的一个必经阶段,排斥教学型大学进入创业型大学行列,这种观点是不恰当的。例如华威大学,就是由教学型大学转变成创业型大学的成功典范。[8]考察教学型大学能否成为创业型大学,关键在于教学型大学提供的学术成果能否实现市场转化,能否贯彻学术资本化,能否体现学术创业。

在大学,没有不从事研究的教学,研究是所有教师专业成长的基本途径。只是对于教学型大学来说,研究主要为教学服务。因此,教学型大学的学术成果主要表现为教学服务。教学服务作为一种知识产品是有价格的,当然可以实现市场转化,能够贯彻学术资本化。国外不少以教学服务为主导产品的私立大学,正是通过销售课程而迈入创业型大学行列的。教学型大学能够开发学生的创业潜质,为各行各业培养应用型人才,这些人才能够在社会的各个领域从事创业实践活动,这正是学术创业的体现。可见,不只是研究型大学提供的高新科研成果可以实现市场转化,体现学术创业,教学型大学提供的应用性知识同样可以实现市场转化,可以培养相应层次的创业型人才,同样属于学术创业。

二、创业型大学学术资本转化的理论基础

长期以来,大学被视为公益事业单位,而不当成企业,其产品被称为公共产品,不能在市场上自由销售。这或许正是我国政府忌讳提到高等教育产业化、商品化的重要原因。就创业型大学建设来说,在我国推行不可能一帆风顺,可谓阻力重重,其中最大的阻力之一也正是这种思想观念问题。在许多人看来,致力于学术成果市场化的商业文化与大学传统的学术文化格格不入。应该说,这种顾虑是必要的,但不是主要的。要从根本上消解这种顾虑,我们必须理解,大学提供的产品是可以进行市场交换的劳动产品,是可以也是应该有价格的。

那么,大学的产品是什么呢?大学的产品不是作为消费者的学生,而是作为劳动产品的教学服务与科研成果。如果将教学服务也视为一种学术产品的话,大学的产品就是学术成果,亦即创业型大学理论研究中的学术资

本。从广义的知识定义而言,学术成果也是一种知识。因此,我们也可以将知识作为大学的产品。事实上,知识是各种教育的逻辑起点,大学就是沿着知识的选择、传承、创造、应用以及储备而运转的。那么,作为一种劳动产品的知识,是否有价格? 在市场经济的条件下,这个问题是不难理解的。学生缴费上大学,实际上就是购买教学服务;企业委托大学从事开发研究,实际上就是购买科研成果。无论哪种形式,大家都承认了知识有价。只不过,付费的方式不同而已。例如,在我国,学生缴费比例并不高,大部分教学服务的费用由政府买单。

可见,知识是有价格的,是可以进行市场交换的。尤其在知识经济时代,知识在各种生产要素中的地位与作用越来越显著,更需要通过市场交换与竞争来实现其价值。因此,一所高校迈上创业型大学的道路,致力于学术成果的市场化,这是知识有价在高等教育领域中的深刻反映与时代体现,不仅合情合理,而且意义深远。对于社会科学研究成果,也有人提出,"我们必须把社会科学研究成果认作是一种智力和知识产品,恢复商品的价值属性。……智库建设脱离不了市场化的运作和市场化的人才聚集模式"[9]。简言之,知识有价是实现成果转化的理论基础。

对于知识有价,在美国等私立大学主导的国家,是一个不成问题的判断。麻省理工学院走上创业型大学之路,正是利用知识有价的特性,并且在"二战"期间为政府提供军工服务,以此获得办学资源,才使它在"二战"前后迅速崛起,并奠定了以后面向市场产业、面向政府资助的战略路线。在这里,这种知识更多的是一种科技成果,同时也包括教学服务。例如,这些高校为政府培训军工人才,正是利用教学服务这个产品。时至今日,知识有价已经成为美国高等教育发展的重要原则。实际上,这正是高等教育的产业属性、商品属性在实践中的运用。从属性论角度来分析,这意味着知识有价是高等教育本身所固有的属性,在一定的条件下,这种属性就会展现出来。

高等教育的产品——知识,确实不同于一般的其他产品。这种产品与其他产品的重要区别在于,当我们消费之后,能够提升劳动能力,能够造福人类。例如,一位家庭贫困但学业特别优秀的学生,在接受教育之后,或许能比别人为国家和社会做出更大的贡献。从而,不少学者坚持认为,教育服务这种产品,不能依据等价交换的原则,不遵循市场规律。但是,这并不能否定知识有价这一属性,也不能否定高等教育的商品属性。第一,从其受教育者个体来看,在接受教育提升劳动能力之后,他能获得更优厚的职位,对其自身的受益是最大的,哪怕他对社会的贡献巨大,也从那里获得了相应的回报,因而在教育过程中理应实行教育成本分担。基础教育是一种国民教育,以提高全民族基本素质为目标,一个不合格的国民,对民众和社会的危害是极大的。这种付费,是全民、全社会或者说国家,替那些接受教育的孩子付费。因此,在基础教育阶段,世界各国普遍实施看起来似乎属于免费的义务教育。但是,高等教育是一种择优教育、提升教育,个人受益明显,在国家承受能力有限的条件下,自然会实行收费政策。第二,正因为教育服务这种产品的特殊性,所以各国的高等教育收费政策,并不是僵化的等价交换原则,会根据家庭承受情况、学业情况而灵活对待。例如,美国越是顶尖的私立大学,学费越高,但对于那些家庭收入在一定线以下的,会减免学费;在中国,国家每年拨付大量国家奖学金、助学金,支持那些学业优秀但家庭贫困的孩子顺利完成学业。从这里,我们都可以看到高等教育产品的特殊性。但是,国家支付的那部分学费,实际上正是全民为他们承担的,并不意味着这些成本等于零了。因此,我们承认高等教育产品的特殊性,但不能因此否定知识有价,否定高等教育的商品属性。

三、创业型大学学术资本转化的三大领域

高等学校是科技成果的生产大户、储备大户、专利大户,是培养高层次人才的重要基地,是基础研究和高技术领域原始创新的主力军,是国家科技创新体系中的重要组成部分。全国 2000 多所普通高等学校,每年发表的学术论文、出版的学术论著、申请的各种课题以及获批的各种科技发明专利不计其数。据统计,在各类高等学校科技人力中,"211"及省部共建高等学校为 108 所,而 R&D 成果应用及科技服务人员达到了 22884 人,平均每所院校为 212 人;其他本科高等学校为 583 所,R&D 成果应用及科技服务人员为 18403,平均每所院校为 31.5 人。[10]然而,我国高校科技成果转化的现状极不理想,与高校的科研地位以及研究规模一点也不相称。调查发现,目前我国每年科技转化率只有 20%,而西方发达国家科技成果转化率为 80%左右,差距巨大。在这 20%的科技转化成果中,最终形成实际产业的科技成果只有 5%左右。[11]确实,我国高等学校的科技成果生产目前还停留在重研究轻应用、重数量轻质量、重专利申报轻成果转化的发展阶段,大量科技成果、发明专利仅仅是为了谋取职称、名誉、奖励等,没能有效地转化为现实的生产力。

我国高校科技成果转化现状不容乐观,但不能由此否定成果转化工作的重要性。甚至可以说,正因为成果转化现状惨淡,才知道转化任务的艰巨,才能看到转化征途的光荣使命乃至美好明天。在成果转化过程中,有三

种转化工作最为困难,也最能体现转化的成效。相对于传统型高校来说,创业型大学的这三种转化工作更为彻底与全面,成为学校的主旋律。第一是科技成果的应用与推广。例如,某位教授成功申请了一项重大政府课题,在该课题的资助下,他研制出了一种能够治愈并预防口腔溃疡的药品,该药的研制具有世界领先水平。在这里,这种药品从论著,再到产品,最后面向市场推广开来,这个过程是高校大部分科技成果转化的基本过程。真正关注成果转化的高校,应该把激励政策的重点从论著转移到产品尤其是市场推广上来。只有这样,大量的科研成果才能被研发。而如何引导教授们从论著走向产品,最后关注市场,推动学术资本转向现实的生产力,正是建设创业型大学的重要动因。第二是针对校外学习者的教学服务。当前,这种教学服务主要体现为各种类型与形式的培训。应该说,这块市场已经形成,但是并不健全,而且更多地体现在考证考级、职称培训、出国进修等刚性需求市场上,真正主动报名为实现自我提升、个性修养、知识扩展等软性需求的并不多。在笔者看来,如果一所大学能够提供大量类似的教学服务,并从中获得办学资源以进一步改进教学质量与办学条件,那么,这所大学的成果转化工作就做得相当出色了。第三是针对校内学习者的教学服务。对于这种成果转化工作,许多学者似乎视而不见,或者说,尚且不能从中发现成果转化的现状。应该说,这是当前高等教育中存在的最大问题,是教育质量疲软最为重要的原因。我们首先要看到,教学服务作为一产品,或者说学术资本,是存在转化的可能的,即由知识转化为学生的素质,内化到学生个体身上,成为其一部分。而且,如前所述,知识有价,只是付费的主体不同。但是,这种知识货真价实吗?学生从大学课堂上到底能够学到多少东西,获得多少难以从其他途径而适宜在课堂上获得的知识?反思这个问题,我们就会知道,在大学课堂上的成果转化工作,做得并不出色,似乎没有遵循等价交换的原则,没有体现商品接受方即学习者的利益。如果政府没有从证书文凭的权威性、保护性等角度对大学进行支持,那么,在信息化社会的今天,许多大学或许真的难以找到生源,从而这种成果转化工作就自然消失了。

由此可见,我们若能做好以上三种转化工作,一所大学的活力就呈现出来了。如果一个国家中大量高校都能做好以上三种转化,那么,整个国家的高等教育必定会焕发活力。在这种情况下,一所大学哪怕没有政府的文凭守护,完全依靠自身的实力,也能像朝阳企业一样,傲立于市场经济的浪潮中。最重要的是,这样的大学,才能为国家、社会与人类做出更大的贡献。试想,国家每年有那么多重大课题,若大都能转化为产品并推广应用,那么无论是成果生产者本人还是整个社会,都将大大受益;社会上大量人士从高校中主动自觉地吸收知识养料,将大量闲暇放在学习上而不是虚度年华或者物质挥霍上,这样的社会必将是一个学习型社会、智慧型社会以及和谐型社会;大量在校学习者能够主动地回归课堂,从大学课堂上获得知识并且体验到学习的快乐,实现了学术资本向人力资本的转化,实现教学服务产品向个体内在素质的转化,这样的学习者必定是最幸福的人,也是最可能成为创造性人才的人。可以说,哪些大学真正关注到了学术资本的有效转化,并且做好了这三项转化工作,哪些大学就可能在未来掌握主动,成为引领时代潮流的大学。从前面的理论分析来看,创业型大学正是当前有利于推进这三大转化工作的实践平台。

　　总之,学术资本转化既是创业型大学的组织特性,也是创业型大学建设的基本目标之一,笔者曾称之为创业型大学的外部着力点[12]。仅凭这一点,使得创业型大学明显区别于其他各类大学。如果不能抓住这一点,也就没有把握创业型大学的灵魂与实质。

【参考文献】

[1] 温正胞,谢芳芳.学术资本主义:创业型大学的组织特性[J].教育发展研究,2009(5).

[2] 付八军.学术资本转化:创业型大学的组织特性[J].教育研究,2016(2).

[3] 安沛旺.我国高校科技成果转化模式研究[D].哈尔滨:哈尔滨工程大学,2010.

[4] 付八军.创业型大学研究述评[J].黑龙江高教研究,2012(7).

[5] 钟文.努力把专题教育成果转化为深化国资国企改革发展的强大动力[N].成都日报,2015-06-30(3).

[6] 本报评论员.把讨论成果转化为创新发展的动力[N].绍兴日报,2015-06-29(1).

[7] 埃兹科维茨.三螺旋:大学·产业·政府三元一体的创新战略[M].周春彦,译.北京:东方出版社,2005.

[8] 付八军.华威大学:教学型迈向创业型的成功典范[J].绍兴文理学院学报(教育版),2015(12).

[9] 于翔.我国社会科学研究成果转化的困境与机遇[J].前沿,2015(5).

[10] 万慧颖,张辉.高校科技成果转化创新模式探讨[J].中国高校科技,2015(5).

[11] 吴顺恩.如何破解高校科技成果转化的瓶颈[J].中国高校科技,

2015(5).

[12] 付八军.创业型大学的外部着力点在于实现成果转化[N].中国教育报,2012-04-30(6).

创业型大学本土化的理论误解①

——兼议创业型大学的学术资本转化

摘　要：亨利·埃兹科维茨与伯顿·克拉克是创业型大学理论的两位奠基者,我们不能将他们个别化或阶段性的观点当成创业型大学的全部内涵。创业型大学的存在价值在于其推动知识应用的历史使命,因此我们在确立创业型大学的组织特性时,不宜选择注重商业运作的学术资本主义,而应该选择突出历史使命的学术资本转化。创业型大学的学术资本转化,不仅包括学术资本向现实生产力的转化,还包括学术资本向人力资本的转化。"学术资本""人力资本"均属于不含特殊情感或者价值倾向的中性词,仅仅表明这些是非常重要的资源。创业型大学在教学服务领域强调学术资本向人力资本的转化,亦即实现教学服务产品向个体内在素质的转化,这是以"学术资本转化"统合创业型大学内外部两个着力点并且确立其作为创业型大学组织特性的一种理论创新。

20世纪末,创业型大学理论一经诞生便被传入中国,并且在21世纪初推动国内一批普通本科院校迈入创业型大学道路。但是,时至今日,创业型大学的中国实践并未取得突破性进展,[1]形成了中西创业型大学的南橘北枳现象。离开实践的理论是空洞的理论,没有理论指导的实践是盲目的实践。[2]创业型大学中国化的实践探索之所以徘徊不前,甚至出现南京工业大学于2013年更改创业型大学的战略目标定位,在很大程度上在于中国缺少适切性的创业型大学理论。这种理论的缺少,主要表现在两个方面:其一,未能全面而又准确地把握西方创业型大学的内涵,尤其未能抓住其精神实质;其二,未能结合中国实际对西方创业型大学理论进行诠释与改造,构建

---

①　本文原载《江苏高教》2018年第11期。该文原是针对上一篇论文的商榷论文而作,从2.4万字删减到1.2万字,但未能在相应刊物发表,于是从平常撰写的论文出发再度修改后投给《江苏高教》。意外的是,该文被《新华文摘》2019年第2期摘编,同时被人大复印资料《高等教育》2019年第3期全文转载。

创业型大学理论的中国流派。本文从反向研究的新角度,对中国学界关于创业型大学的理论误解进行一次梳理与论证,以期我们对创业型大学内涵有更加准确的领会与正确的理解。从目前的研究现状来看,在创业型大学中国化研究进程中,至少存在以下关系重大的理论误解。

一、将创业型大学的含义局限于学者的个别化或者阶段性观点

学界普遍认为,美国学者伯顿·克拉克(Burton R. Clark)和亨利·埃兹科维茨(Henry Etzkowitz)在 20 世纪末几乎不约而同地提出"创业型大学"这个概念,他们两位均是这个概念的提出者与奠基者。[3]确实,他们两人对创业型大学理论均做出了具有开创性价值的重大贡献,可以同时被尊为创业型大学的理论鼻祖。正因为有两位理论鼻祖且在概念提出初期两者的理论视角不尽一致,从而国内学者在寻找创业型大学理论源头来论证自己的某些学术观点或者实践路径时,就不能完全依赖埃兹科维茨或者克拉克的个别化观点,更不能将他们两位初期的观点或者案例作为我们研究创业型大学的全部内容、理论基石或者金科玉律。

埃兹科维茨在提出这个概念的时候,是以 MIT、斯坦福等美国研究型大学作为案例高校,论述这些高校如何通过学术成果转化、服务社会经济成为大学典范的。"创业型大学应该以一种积极主动的姿态把知识应用到实践,并在学术知识的创造过程中增加收入。"[4]当前,创建于 19 世纪中期的 MIT,在学界被誉为世界上第一所成功的创业型大学。对于这所大学,埃兹科维茨给予过极高的评价,指出 MIT"开创了大学与企业联合的模式并且将其推广到其他院校。……将基础研究和教学与产业创新结合在一起的 MIT 模式,正在取代哈佛模式成为学术界的榜样[5]"。埃兹科维茨是第二次学术革命的提出者,在中国最受关注的理论成果之一便是他研究大学、产业与政府三者关系的"三螺旋"(triple helix)理论,后来被国内外学者广泛应用到创业型大学理论研究上来。在三螺旋创新模式中,大学、产业与政府三者既相对独立又相互作用,在此条件下的任何一种组合方式,都可以成为组织创新的兴奋剂。[6]2013 年,笔者在策划与筹办创业型大学学术高峰论坛时,试图邀请埃兹科维茨参加会议,但由于接洽方提出的报告费用超出会议预算,最后我们只能留下一个遗憾。就目前笔者对埃兹科维茨关于创业型大学的认识来看,需要在此强调的其代表性观点有这么两个:一是大学经历了教学型、研究型和创业型三种模式,创业型大学必须在研究型大学的基础上发展

过来;二是创业型大学凭借自身独特的学术资本获取办学资源,推动学术成果转化,在理论上代表未来大学变革的一种走向。国内不少学者对于创业型大学的理论研究,正是基于埃兹科维茨的学术见解,认为创业型大学是研究型大学学术创业的升级版,只有研究型大学才能建立创业型大学。例如,有文认为,创业型大学"是研究型大学的进一步发展和深化"[7];在创业型大学本土化的理论研究上曾经有过深入研究的王雁博士明确提出,"创业型大学首先是研究型大学[8]"。还有文指出,"所有的创业型大学都属于研究型大学,但并非所有的研究型大学都是创业型大学"[9]。"创业型大学始于20世纪后期,是欧美、澳洲和亚洲部分研究性大学率先推行的一种大学转型发展的新范式,也是大学发展的新阶段。"[10]国内学者之所以将创业型大学视为研究型大学的升级版,而否定教学型大学走向创业型大学的可能性,主要是基于埃兹科维茨最初对于研究型大学学术创业的理论假设。①

　　研究克拉克关于创业型大学的思想,国内学者主要根据王承绪先生亲自翻译的两本著作,即《建立创业型大学:组织上转型的途径》与《大学的持续变革:创业型大学新案例和新概念》。在第一部著作里,克拉克以英国的华威大学、荷兰的特文特大学等欧洲五所教学型院校作为案例高校,论述这些高校如何通过大学转型的五个要素(一个强有力的驾驭核心、一个拓宽的发展外围、一个多元化的资助基地、一个激活的学术心脏地带、一个整合的创业文化)成为大学典范。这五个要素,后来成为我国许多学者探索创业型大学建设路径的金科玉律。从这里可以看出,克拉克最初研究创业型大学,是从教学型大学而不是研究型大学出发的。结合克拉克后期对于创业型大学的研究,我们可以发现,克拉克的创业型大学观,既包括教学型大学,亦包括研究型大学。这一点,在他第二部著作所介绍的16所不同案例高校(包括

---

　　①　在创业型大学本土化的内涵研究中,还有一种非常特别的观点,由于只涉及个别学者,不具有普遍性,故而没有在文中展开论述。该学者认为,MIT、斯坦福大学等研究型大学,不能算是真正意义上的创业型大学,而是拥有"创业""创新"精神的研究型大学。详见陈霞玲《创业型大学组织变革路径研究》,北京理工大学出版社2015年版,第28—29页。事实上,这种观点的理论根源,或许是认为创业型大学主要是教学型大学寻找变革的一种办学类型选择,这种办学类型正是克拉克早期基于教学型院校案例得出的所谓"前摄性大学"(Proactive University),从而研究型大学无须转型为创业型大学,具有创业特性的研究型大学也不能称为创业型大学。例如,陈博士指出,"富有学术创业精神的研究型大学的发展是已经成功的大学如何引领社会的发展,这与'一穷二白'的教学型和教学研究型大学,通过创业摆脱高等教育边缘位置的发展,是不一样的"。详见陈霞玲《中国创业型大学建设的实践与分析》,《国家教育行政学院学报》2015年第11期。

了美国的 MIT、斯坦福等研究型大学)可以充分地体现出来。同时,如果我们只从第一部著作尤其是该书前面概述性的文字表述中分析,很容易将克拉克关于创业型大学的内涵锁定在"创新型""组织转型"等关键词上。正如克拉克开篇所指出的,"针对这些大学,大家都有很好的理由称之为欧洲创新型大学联合会(European Consortium of Innovation Universities)"[11]。虽然创业型大学必定属于创新型大学,但是,创新型大学不一定都是创业型大学,从而创业型大学不等于创新型大学。[12]如果我们将创业型大学仅仅定位于创新型大学,则是对克拉克关于创业型大学内涵的误解。可以说,"创新型"不代表创业型大学的全部内涵,或者说这种表达过于含糊,不足以明晰创业型大学的精神实质。如果认真分析克拉克在该书中对欧洲这五所大学转型与发展的描写,尤其再看看第二部著作,我们就会悟出,创业型大学既不能局限于埃兹科维茨所谓的研究型大学学术创业的升级版,也确实不是克拉克最初拟以"创新型"作为组织概念所能揭示的。对此,下文进一步分析。

二、将创业型大学的组织特性或者说灵魂归结于学术资本主义

如前所述,创业型大学既可以由研究型大学转型而来,也可以由教学型大学转型而来;创业型大学必定属于创新型大学,但较为含糊的"创新"概念不能揭示创业型大学的组织特性。那么,综合埃兹科维茨与克拉克两位理论鼻祖的观点,到底以什么作为创业型大学的组织特性或者说灵魂最为合适?事实上,学界对于创业型大学的组织特性是有过界定与讨论的。一种观点认为,创业型大学注重商业运作,相当于企业化大学,学术资本主义可谓其组织特性。美国两位学者希拉·斯劳特(Sheila Slaughter)与拉里·莱斯利(Larry L. Leslie),对该观点起了重大推动作用。他们在合著的《学术资本主义:政治、政策与创业型大学》一书中指出,只有使用"学术资本主义"(academic capitalism)一词才能完全表现利益动机向学术界的侵入,体现创业型大学以市场效益作为发展准则。[13]国内学者普遍认识到了创业型大学追求经济效益的利益诉求,为体现其与传统型大学的显著区别,不少学者直接将学术资本主义视为创业型大学的组织特性。[14]不过,尽管这些学者将学术资本主义作为创业型大学的标签,笔者却很少看到正面论述这种观点的国内学者违背大学常识:筹措经费只是手段,学术提升才是宗旨。只有那些针对性的批判性论文,才会从捍卫高等教育的公益性立场出发,误以为创业型大学就是单一地以创收多寡来评判成败的大学。为了避免人们对于创业

型大学的理论误解,更是为了指引创业型大学的中国实践,学界出现了一个新的命题:创业型大学的组织特性不是学术资本主义,而是学术资本转化。该文从创业型大学组织特性确立的理论依据、事实判断与价值判断三个方面,论证了这个全新的命题。[15] 通过该文的论述,我们可以看出,"学术资本转化"一词不仅能够精准揭示埃兹科维茨与克拉克关于创业型大学的核心观点,相当于他们两位乃至其他学者关于创业型大学内涵的唯一"公约数",又有利于扭转创业型大学在人们心目中逐利、商业等功利主义的认识。

当然,国内不少学者将创业型大学的组织特性归于学术资本主义确有学理依据。如果看不到这一点,在论述创业型大学时就容易滑入创新型大学的维度。埃兹科维茨在论述创业型大学的学术资本转化时,远远不只是从推动学术成果转化、服务社会经济发展等历史贡献角度而言的,同时也意识到了创业型大学需要通过学术成果转化筹措办学经费、维护大学自身独立等本位价值。正如埃兹科维茨所言,这是"大学摆脱其以往从社会其他部门获得支持的接受救济或者是慈善机构形象的过程"[16],"知识的资本化已经取代了无私,成为科学规范[17]"。至于克拉克关于创业型大学以经济作为手段的论述,只要仔细读读那两部著作,都可以获得充足的证据。例如,克拉克介绍了华威大学"顶部切片和交叉补助"的创收分配办法,[18] 成为国内众多学者构建创业型大学分配制度的重要参考。结合华威大学在位时间长达 20 年之久的首任副校长巴特沃斯(Jack Butterworth)不顾一切阻力推行"亲工商路线"的曲折过程与巨大业绩,谁也无法否认华威大学的成功,"最为突出的一条,就是用经营的理念去办大学,即用企业的精神办大学"[19]。再如,在《大学的持续变革:创业型大学新案例和新概念》一书中,克拉克的观测对象由原来的 5 所欧洲教学型大学扩大到全球各种类型的 16 所大学,包括 MIT 和斯坦福。在该书中,作者论述的主线之一就是办学经费的来源构成,政府核心资助的比例是否不断下降,这些都体现了鲜明的市场经营理念与学术资本主义气息。1999 年,斯特拉斯克莱德大学甚至直接将"商业化"和"使事物发生的科研"作为该校年报的两个主题。[20] 可以说,在这部著作中,把这些大学成功的要素再进行归纳整合,能够用该书第三个部分的四个字来概括,那就是"自力更生"。笔者越来越觉得,"自力更生"是破解创业型大学概念纷争最重要的关键词,甚至可以说,所谓创业型大学,就是自力更生的大学。这与埃兹科维茨"摆脱慈善机构形象"的观点如出一辙,成为两位理论鼻祖关于创业型大学研究的理论支点。那么,创业型大学怎样实现自力更生?显然,大学只能主要依靠自身独特的学术资本来筹措办学经费。从而,学界将学术资本主义视为创业型大学的组织特性,也就顺理成章了。

但是，"学术资本主义"的称谓，容易让那些只关注只言片语的论者误以为我们所推崇的创业型大学，仅仅是那些以营利为目的的商业化大学，或者要把传统型大学推向商业化大学。更重要的理由在于，创业型大学以学术资本筹措办学经费，在许多情况下不是直接的经济行为，而是间接的经济行为。例如，MIT、斯坦福鼓励师生创业，但学校并不直接创办企业，师生创业的收益主要归创业者个人，学校为师生创业提供帮助但从中直接获利甚少。这些名校凭借学术资本，除了从政府与学生那里直接获取经费之外，另从校友那里间接获得了大量捐赠。进入 21 世纪初期，斯坦福获得的社会捐赠占收入的比例为 25%，MIT 也不低于研究型大学的平均数 16.25%，[21] 这种比例还有增加的趋势。校友为什么要捐赠给母校，在很大程度上源于感恩情怀，亦即广义的教育质量。可见，创业型大学凭借学术资本开展的"自力更生"活动，在某些高校或者某些领域，不是一种直接的金钱交换关系，我们使用"学术资本转化"代替"学术资本主义"更为妥当。如此一来，学术资本转化就成为创业型大学的一个核心概念，而且其内涵已经与表面的商业活动没有直接关系。

三、将创业型大学学术资本转化局限于科研成果向生产力转化

将学术资本转化作为创业型大学的组织特性，在潜心研究创业型大学的学者中，能够获得较为广泛的支持。不过，学界在研究创业型大学学术资本转化的过程中，主要关注科技成果向现实生产力的转化，很少看到作为创业型大学在人才培养上的作为与贡献。创业型大学首先属于大学，大学自然要以培养人才作为天职，离开或者淡化了人才培养的创业型大学，肯定不是我们所推崇的创业型大学。可以说，这是一个常识问题，每位研究创业型大学理论的学者不难知道这个浅显的道理。但是，为了突出创业型大学与传统型大学的显著区别，我们在表述创业型大学的学术资本转化时，往往只强调了显而易见的科技成果转化。正如有文在梳理各种关于创业型大学的定义时指出的，这些定义普遍"对创业型大学的人才培养只字未提"[22]。不过，国内也有许多学者在努力纠偏人们对于创业型大学的这种误解。例如，有文提出并论证创业型大学有内外部两个着力点，内部着力点在于培养创造性人才，外部着力点在于实现成果转化。[23] 当将学术资本转化视为创业型大学的组织特性之后，我们可以通过"学术资本转化"这个关键词，来统合创业型大学的内外部两个着力点。从学术资本转化的角度来说，作为内部着

力点的培养创造性人才,正是学术资本向人力资本的转化;作为外部着力点的实现成果转化,正是学术资本向现实生产力的转化。如前所述,对于第二个转化,学界能够达成共识。但是,对于第一个转化,亦即创业型大学要实现学术资本向人力资本的转化,很容易被误解为将教学服务全部推向市场,实现人才培养的企业化、商业化运作。应该说,当将学术资本转化视为创业型大学的组织特性之后,我们就不能再将创业型大学视为创收型大学,从而其学术资本向人力资本的转化,就不可能体现出强烈的商业色彩,而是指教学服务产品向学习者个体内在素质的转化,亦即知识在个体身上的内化。为了进一步论证以"学术资本转化"统合创业型大学内外部两个着力点的合理性,确立本创新观点的理论基础,本文从以下三个方面予以分析。

其一,创业型大学实现学术资本向"现实生产力"与"人力资本"的两个转化,并不是从直接的商品交换而言,而是从学术资本的有用性角度进行论述。换句话说,大学的学术资本贵在转化,这种转化不是针对经济效益的转化,而是转化为现实的社会生产力,转化为学习者的内在素质。否则,大学创造再多的学术资本,都是没有多大价值与意义的。例如,创业型大学强调学术资本从潜在的生产力转化为现实的生产力,并不意味着要由科技成果转化为经济效益。事实上,大学教师的科技成果转化为现实生产力,许多高校不能由此直接获得经济效益,也只有让创造者个体享受这种经济回报,才能激发广大教师推动成果转化的热情。又如,创业型大学强调要让学术资本从知识状态转化为学习者的素质,内化到个体身上,成为自身的一部分,并不意味着要让这种教学服务变成赤裸裸的商品交换。有文在提出并论证创业型大学学术资本转化的三大领域时,亦是从学术资本的有用性、功能性而不是商品性、价值性角度进行论述。该文提出,创业型大学的学术资本转化主要有三大领域:一是科技成果的应用与推广,二是针对校外学习者的教学服务,三是针对校内学习者的教学服务。[24] 这三大领域,正是创业型大学需要重点推进的三大转化工作:实现学术资本向现实生产力转化;实现学术资本向校外学习者的个体素质转化;实现学术资本向校内学习者的个体素质转化。创业型大学奉行学以致用而不是学以致知的实用主义教育观,在理论上成为推动这三大转化工作的最佳实践平台。本文提出的两个转化,既实现了以一个关键词来统合创业型大学的内外部两个着力点,又概括了前文从三大领域解析出来的三大转化。这种创新的理论见解,基于学术资本的知识属性而不是商品属性,商业取向并不明显。

其二,"学术资本""人力资本"只是意味着"学术""人力"属于重要的资源,并不表明其必然存在牟利的价值取向。在教育学界,不少概念边界并不明确,存在讨论与变换的空间。"学术资本""人力资本"等,就是这样的一些概念。对于这些概念,在阅读过程中,我们更多地要根据前文上下论述来理解其内涵;同时,在运用过程中,只要不至于误解一些在学界获得普遍共识的概念及其内涵,我们可以根据自己的理论需要来运用这些概念。例如,"学术资本"就是一个备受争议的概念,有文将之视为"学术资本化"的同义词,认为只要贴上"资本"标签,就具有"牟利"倾向。应该说,相对于"学术资本化"和"学术资本主义"而言,"学术资本"是一个不含特殊情感或者价值倾向的中性词。[25]也就是说,"学术资本"本身并没有表明"牟利""商业化"等价值倾向,只意味着学术本身相当于一种很重要的资源。与此类似,"人力资本"主要是指劳动者通过教育培训等方面的投资而获得的知识和技能的积累,[26]也是一个不含特殊情感或者价值倾向的中性词。当我们从这些不带价值取向的"资源"视角来看待各种"资本"之后,以"学术资本转化"这个关键词来统合创业型大学的内外部两个着力点就具有合理性与可行性。

其三,知识有价是创业型大学学术资本转化的理论基础,但这并不意味着在教学服务领域必定会让学生承担全部教育成本。从知识的角度来分析,创业型大学实现学术资本向现实生产力的转化,亦即实现知识形态的生产力向现实的生产力转化;创业型大学实现学术资本向人力资本的转化,亦即实现科学文化知识向学习者个体素质的转化。具有经营取向的创业型大学在实现知识的双重转化过程中,自然要遵循等价交换的原则,而知识有价则是贯彻该原则的理论前提。有效的知识定价机制,可以极大地激励知识的创新与流通。[27]那么,这是否意味着创业型大学就变成了商业化大学?尤其教学服务领域的知识转化,是否就意味着让学生全额自费上学?应该说,这是两回事。知识有价与等价交换,是一切市场活动的准则;要不要由个人承担全部成本,是否将公共产品变成私人产品,这是一种价值选择。对于知识形态的生产力转化为现实的生产力,学界争议不大,本文主要针对教学服务领域的知识有价来阐述。知识有价,并不意味着要让学生承担全部教学服务成本。在中国的公办高校,政府是教学服务产品的最大买家。无论华威、MIT和斯坦福等西方的创业型大学,还是中国未来由普通公办本科院校成功转型而来的创业型大学,政府都会为其提供的教学服务产品付费,均没有打破知识有价与等价交换的市场准则。现实的问题是,无论传统型大学还是创业型大学,在推动教学服务产品到学生内在素质的转化上并不令人满意,没有体现出等价交换的原则。直白地说,就是政府与学生花了这么多钱来购买教学服务产品,但这种产品值不了这么多钱,加上大学的独特使命正在于人才培养,创业型大学在培养人才上尤显乏力,从而在校内教学服务这个领域,更应该是创业型大学重点推进的领域,以实现等价交换的原则。至于知识定价难以确定的客观事实,这又是另一个方面的问题,[28]并不影响知识有价作为创业型大学学术资本转化的理论基础。这就像不能因为无法准确测量剩余价值而否定马克思的剩余价值理论一样,我们也不能因为难以准确测量知识价值而否定本文在创业型大学学术资本转化方面的理论创新。

总之,学术资本转化作为创业型大学的组织特性,不能仅仅局限于科研成果向生产力的转化,还要关注教学服务领域的学术资本转化,亦即实现教学服务产品向个体内在素质的转化。以"学术资本转化"来统合创业型大学的内外部两个着力点,不仅在理论上具有合理性与可行性,而且在实践上有利于我们践行创业型大学的组织特性,兼顾成果转化与人才培养两个方面,并且突出创业型大学人才培养的应用性与实效性。从学术资本转化的历史使命这个高度,而不是从学术资本主义的经济行为这个层面出发,创业型大学就不可能转变为创收型大学、商业化大学,更不可能将培养人才的教学服务当成像衣服一样的商品在市场上公开买卖。

【参考文献】

[1] 付八军.国内创业型大学建设的路径比较与成效评析[J].高等工程教育研究,2016(6).

[2] 斯大林.斯大林选集:上卷[M].中共中央马克思、恩格斯、列宁、斯大林著作编译局,译.北京:人民出版社,1979.

[3] 温正胞.创业型大学:比较与启示[D].上海:华东师范大学,2008.

[4] 埃茨科威兹.三螺旋创新模式[M].陈劲,译.北京:清华大学出版社,2016:269,148.

[5] 埃兹科维茨.麻省理工学院与创业科学的兴起[M].王孙禺,袁本涛,译.北京:清华大学出版社,2007:1,208.

[6] 埃茨科威兹.三螺旋:大学·产业·政府三元一体的创新战略[M].周春彦,译.北京:东方出版社,2005:6.

[7] 李世超,苏竣.大学变革的趋势:从研究型大学到创业型大学[J].科学学研究,2006(4).

[8] 王雁.创业型大学:美国研究型大学模式变革的研究[D].杭州:浙江大学,2005.

[9] 冒澄,操太圣.走出象牙塔:西方创业型大学的实践及启示[J].全球教育展望,2009(3).

[10] 刘振亚.美澳创业型大学的建构和发展研究[J].西南民族大学学报(人文社科版),2014(12).

[11] 克拉克.建立创业型大学:组织上转型的途径[M].王承绪,译.北京:人民教育出版社,2007:2,25.

[12] 丁亚金.走向创业型大学之路上的问题与挑战[J].合肥工业大学学报(社科版),2010(3).

[13] 斯劳特,莱斯利.学术资本主义:政治、政策和创业型大学[M].梁骁,黎丽,译.北京:北京大学出版社,2008:5.

[14] 温正胞,谢芳芳.学术资本主义:创业型大学的组织特性[J].教育发展研究.2009(5).

[15] 付八军.学术资本转化:创业型大学的组织特性[J].教育研究,2016(2).

[19] 雷茹.经营大学:一个新的大学管理理念——以英国沃里克大学为例[D].兰州:西北师范大学,2007.

[20] 克拉克.大学的持续变革:创业型大学新案例和新概念[M].王承绪,译.北京:人民教育出版社,2008:30.

[21] 李勇,闵维方.美国研究型大学经费来源与支出结构的特征分析与启示[J].中国高教研究,2004(3).

[22] 杨兴林.关于创业型大学的四个基本问题[J].高等教育研究,2012(12).

[23] 付八军.教师转型与创业型大学建设[M].北京:中国社会科学出版社,2016:117-132.

[24] 付八军.创业型大学的学术资本转化[J].中国高教研究,2016(8).

[25] 胡钦晓.何谓学术资本:一个多视角的分析[J].教育研究,2017(3).

[26] 谢沁怡.人力资本与社会资本:谁更能缓解贫困[J].上海经济研究,2017(5).

[27] 高一鑫.促进知识创新及有效流通的隐性知识定价机制[J].物流工程与管理,2015(1).

[28] 陈搏.知识距离与知识定价[J].科学学研究,2007(1).

创业型大学的文化冲突与融合

——基于学术资本转化的维度①

摘　要:学术资本转化是创业型大学区别于传统大学的组织特性,其带来的商业文化与大学内在的学术文化构成一对矛盾,成为创业型大学的文化冲突之源。在创业型大学,商业文化与学术文化的关系最初以文化冲突的形式呈现出来,具体表现在三个方面:学术创业与教书育人、科学研究的消长;忽视基础研究,强化应用研究;创业型教师与传统型教师的对立。不过,从学理角度而言,不仅学术文化可以也应该走向市场,而且作为一种手段的商业文化可以推动学术文化的繁荣,最终能够实现两者共存双赢。

在整个 19 世纪,科学研究进入大学受到广泛质疑。到了 20 世纪甚至 21 世纪,虽然"两个中心"的大学职能观逐渐成为普遍共识,但是,在大学中,教学与科研的文化冲突仍然存在,部分教师仍然坚守纽曼的观点,认为两者属于"不同性质的工作"。可见,教学与科研在大学中的融合,经历了一个漫长而又艰难的过程。20 世纪末,"创业"作为高等教育改革与发展的一种新动向,成为一种更具冲击性的浪潮席卷全球。勇于创新的高校,化被动为主动,走上了创业型大学的发展道路。然而,创业型大学面临的内部文化冲突,比传统的教学文化与科研文化之矛盾激烈得多、复杂得多。当前,就创业型大学的各种文化矛盾来说,冲突是矛盾的主要方面。梳理创业型大学的各种文化冲突,应该从创业型大学的组织特性出发,寻找各种文化冲突之源。

一、从组织特性看创业型大学的文化冲突之源

所谓创业型大学,是指将知识的生产、传承与应用融于一体的大学,在教学科研的基础上倡导创业职能、积极推动学术资本转化的大学。[1]如果

---

①　本文与浙江农林大学党委书记宣勇教授合作,原载《中国高教研究》2013 年第 9 期。

说,把坚持教学与科研"两个中心"的高校视为传统大学,那么,创业型大学则在传统大学的基础上,增加了"创业"的职能,形成了教学、科研与创业"三个中心"。因此,相对于传统大学来说,创业型大学是以"创业"作为身份识别。大学的创业,区别于一般企业家的创业,而是以自己独特资本开展的学术创业,亦即学术资本转化。正如有文指出的,创业型大学从本质上可理解为大学主动通过知识资本转化进行学术创业,以实现大学的自身发展,是一种靠山吃山、靠水吃水的生存智慧与策略。[2] 可见,学术资本转化正是创业型大学区别于传统大学的内在根源与外在表现,是创业型大学的组织特性。无论我们分析传统大学转型为创业型大学所经历的阵痛,还是创业型大学在建设过程中新增的各种冲突,都与学术资本转化的特殊使命有关。

在有关创业型大学的内涵界定中,学界很少使用学术资本转化,而普遍认为"学术资本主义是创业型大学理论的中心概念,是其理论与实践的出发点,不从这一点出发,结果在理论上和实践上都不会是所谓的创业型大学"[3],学术资本主义是创业型大学的组织特性[4]。笔者认为,这些观点是不准确的。学术资本转化与学术资本主义是两个有完全不同的价值取向和发展外延的概念,虽然两者会导致创业型大学同样的文化冲突,但是,采用不同概念作为创业型大学的组织特性,会形成不同的创业型大学发展模式与历史使命,甚至不能准确而又鲜明地体现创业型大学与传统大学的显著区别。学术资本主义基于营利原则,强调经济价值,最早将这个概念与创业型大学联系在一起的希拉·斯劳特与拉里·莱斯利,正是因为他们认为只有这个概念才能更精确地表现利益动机向学术界的侵入。[5] 在这种理念下,美国的营利性大学以及中国的民办高校都属于创业型大学。虽然我们可以将之纳入创业型大学的范畴,但大大弱化了创业型大学的历史使命,模糊了创业型大学与传统大学的显著区别。一所大学要不要收取学费,这是一种选择,而不是一种使命。创业型大学的诞生与发展,是以开展学术创业、推动知识应用、促进经济转型为历史使命的。显然,只有学术资本转化这个概念,才能彰显创业型大学的灵魂,才是创业型大学的组织特性。

为了推进学术资本转化,创业型大学必将从象牙塔中走出来,以一种新的姿态协调与政府、市场的关系,全面重新诠释大学的"两个中心",大大扩展与丰富高校服务社会的职能。从教学来看,创业型大学不仅要面向市场培育学生的创业精神与创业能力,而且要尽最大可能实现知识的社会化、市场化;从科研来看,创业型大学不仅要从学科建设出发,通过"科学推动"间接开发新产品及工艺,即所谓的"前向线性模式"[6],更要注重从生产实际出发,通过"市场拉动"实现直接解决服务社会与间接发展科学的双重目标,即所谓的"逆向线性模式"[6]。因此,相对于传统大学而言,创业型大学的市场取向更加明显,商业文化不可避免地成为创业型大学最受瞩目的外显特征。于是,外部注入的商业文化与内在传统的学术文化构成一对矛盾,两者既对立又统一,成为创业型大学各种文化碰撞的孵化器与加速器。也就是说,从创业型大学的组织特性出发,学术资本转化带来的商业文化与学术文化之冲突,是创业型大学的文化冲突之源。

二、从学术资本转化看商业文化与学术文化的消长

所谓商业文化,是一种基于买卖关系、追求最大利润的文化。所谓学术文化,是一种基于学术自由、追求真理、崇尚科学的文化。无论从价值取向,还是从运行轨迹来看,两种文化都是有所区别的。过于弘扬商业文化,必定以功利性的利润空间作为目标导向,消减学术文化的自由与求真;过于弘扬学术文化,必定以非功利性的科学贡献作为目标导向,消减商业文化的经济回报与投入产出之要求。可见,从文化内涵来看,两种文化就存在此消彼长的关系,存在冲突与矛盾的一面。

当商业文化作为一种行事准则进入大学之后,外在的商业文化与大学内在的学术文化就构成一对矛盾,处理不当,容易造成两者的消长,最终影响大学学术文化的发展。从创业型大学的组织特性来看,创业型大学将以推动学术资本转化作为自己的办学定位与独特使命,从而必定会强化商业文化在大学中的地位与影响,造成商业文化与学术文化的消长。于是,在传统的教学与研究、学术与行政的文化冲突基础上,形成了商业文化与学术文化、行政文化的新的冲突。[7]不过,在高校,行政文化应该服务与服从于学术文化,不属于办学的一种价值取向,不应该成为一种独立的文化体系。可以说,最大限度地提高人才培养质量、创造高水平的科研成果以及利用自身优势服务社会,应该是高校行政管理的出发点与落脚点,是高校最大的政治。对于创业型大学的行政管理来说,在此基础上,应该增加最大限度实现学术成果转化以及注重提高办学效率的任务要求。这些任务要求,都属于学术文化范畴。可见,从办学的价值诉求来看,我们在考察高校文化冲突时,不需要分析行政文化与商业文化的关系,只需从学术文化与商业文化出发。

从学术资本转化的角度来看,高校商业文化与学术文化的消长主要体现在以下三个方面:

其一,学术创业与教书育人、科学研究的消长。在传统大学,教师可以专注于人才培养与科学研究。但是,在创业型大学,无论高校提供什么样的

学术成果转化平台,教师必须消耗较多时间关注市场需求,甚至直接参与成果的试验与应用。显然,在同样的工作强度下,创业型大学教师在科学研究尤其教书育人上的投入相对会减少,与大学的特殊使命与永恒主题——人才培养——在时间上相冲突。

其二,忽视基础研究,强化应用研究。基础研究同样具有实践价值与应用前景,只是相对于应用研究来说,转化为市场产品的过程较长、成本较高。对于讲求实效、崇尚应用的创业型大学来说,将完善甚至扭转评价激励机制,重视学术成果的应用,彰显具有市场前景的应用研究,从而忽视应用成本过高的基础研究。

其三,创业型教师与传统型教师的对立。在传统大学,教师的地位与收入差距主要以学术水平作为衡量标准,而且收入差距并不大,大家往往能够心平气和地理解与接受。但是,在创业型大学,教师的地位与收入差距不再以学术水平作为主要依据,而是以学术创业绩效作为重要标尺,并且收入差距相当悬殊。学术创业绩效虽然与学术水平具有相关性,但更主要的是与学科应用取向有关。也就是说,学术能力最强的教师,不一定是学术创业绩效最大的教师;发展程度最高的学科,不一定是学术创业绩效最多的学科。在这种情况下,一所创业型大学内部就容易出现高收入创业型教师与低收入传统型教师的文化冲突,最终影响到人才培养的积极性,影响到学校的和谐发展。

三、从学术资本转化看商业文化与学术文化的双赢

由传统大学转型为创业型大学,必然经历由教学科研两个"中心"到教学、科研与学术创业三个"中心"的转变。这个转变是一个阵痛的过程,更多地呈现出文化冲突的一面。但是,一所成功的创业型大学,例如麻省理工学院、斯坦福大学以及沃里克大学,其文化冲突是暂时的,至少可以由矛盾的主要方面转化为次要方面。从学术资本转化的角度来看,创业型大学的商业文化与学术文化能够由以对立为主转化为以统一为主,最终两者相互促进,实现共赢。对此,我们可以从以下两方面进行分析:

一方面,学术文化可以也应该走向市场。大学自设立之日起,就是为解决社会实际问题服务的,具有应用取向。只不过,最初关注的社会问题主要不是科学技术与生产实践,而是专注于天理人伦与宗教信仰。在这种所谓的学术文化中,获得研究的乐趣,并实现自我价值与社会价值。人类进入工业社会尤其是知识经济时代之后,大学的应用取向日益转向科学技术与生

产实践。但是,大学的学术成果并没有直接转化为现实生产力,与社会保持着一定的距离。当前,在倡导大学多元化发展的前提下,我们应该鼓励部分高校消除大学与社会之间的无形围墙,让学术文化走向市场。

其实,市场无处不在,任何一项活动都是在市场中进行的。就大学而言,至少有三个主市场:一个市场在学校内部,产品是教学服务,买卖双方是教师和学生,在免费教育中,政府为学生买了单;另一个市场在学校外部,产品是劳动技能,买卖双方是学生和用人者;还有一个市场在学校内外部之间,产品是教学服务和学术成果,买卖双方是校方与社会。从学术成果的转化来看,其市场主要体现在第三个市场,即学校内外部之间的市场,例如学校面向社会提供有偿课程、面向市场开发科研产品等。可见,学术文化是有价的[8],其通向市场之路是存在的。同时,现代大学是为现代社会服务的,无论什么样的研究成果,都具有应用取向。例如,任何一项基础研究,我们都能找到其潜在的实践价值;以陶冶身心为主的人文学科,可以促进人的发展与社会的和谐,同样具有现实意义。一位医学教授不会当临床医生,一位法学教授不会当辩护律师,这是非常荒谬的。因此,大学的学术文化不仅可以走向市场,而且应该走向市场。

另一方面,商业文化可以推动学术文化的繁荣。在传统大学,除了约束性的评价机制之外,主要通过学术奖励以及荣誉制度来激励大学教师开展科学研究,推动学术文化的繁荣。不过,这种学术文化没有走出象牙塔,没有走向市场,未经实践论证,无法确定其是否属于真学术,可谓象牙塔之内的学术繁荣。学术的生命在于实践,在于应用,要让学术文化走出象牙塔,走向市场,在社会实践中繁荣,同样需要一种激励机制。显然,除了传统大学的那些激励机制外,我们还应该鼓励各种形式的学术创业,推动学术成果转化,并且以学术创业绩效作为主要的激励机制。这正是创业型大学利用市场机制与商业文化来推动科学研究由理论形态走向实践形态、缩短学术成果的转化周期、最大限度地实现学术文化真正繁荣的有效途径。可见,在创业型大学,商业文化既是目的,可以瞄准社会需求,筹措办学经费,实现大学可持续发展,更是手段,以此激励科学研究的热情,促进学术成果的应用,更好地履行服务社会的职责。甚至可以说,作为一种手段的商业文化,若处理得当,并不会影响学术文化的发展,反而会大大促进学术文化的繁荣。

从学术创业与教书育人、科学研究的关系来说,三者可以相互促进、相得益彰。大学中的学术创业,是利用自身的学术成果开展创业活动,与科学研究紧密相连。无论是从学科本身出发,还是从社会实践出发,开展学术创业,鼓励学术成果的转化与应用,都能大大推动科学研究的发展,提高科学研究的社会贡献率,并且为人才培养提供鲜活的课程资源,大大提高人才培养质量。最有质量与效率的教学,不是所花时间最多的教学,而是在单位时间内给学生最多有效知识的教学。而且,大学教学区别于中小学教学,大学中的那种学术创业文化氛围,本身就是最佳的育人环境。可以说,中小学生是老师教出来的,大学生是跟随老师"游"出来的。

从传统型教师的基础研究与创业型教师的应用研究来说,各自都可以得到发展,实现共存。其一,政府部门的纵向课题,可以让传统型教师获得学术资助,保证基础研究的繁荣。其二,基础研究一般都具有实践价值与应用取向,传统型教师同样可以走出象牙塔,走向大众。可以说,一位从事基础研究的学者,将研究成果转化为生产力,只是将知识向前推进了一步。而且,"这一步"只有研究者本人走得最准,所花时间最短,因为他最熟悉。如果一位教师没有创造新知识,仅仅从事基础知识的传承活动,这也是其对人类社会的贡献。其三,在一所创业型大学内部,传统型教师与创业型教师、基础研究与应用研究都为学校做出了贡献,理所当然需要综合考虑,保证各自利益大体平衡。例如,在沃里克大学,平衡创业机会不等的学院关系,主要采取"顶层切片"的做法,由学术创业能力较强的学院,补贴学术创业能力较弱的学院。

总之,学术资本转化带来的学术文化与商业文化既有冲突的一面,也有共存的一面,协调得当,可以实现两者由以冲突为主转化为以共存双赢为主,"既秉承洪堡理想又遵循学术资本主义内在要求的发展道路,致力于在学术理想与市场需求之间架起管理变革的桥梁,创造一系列学术导向的创业型大学[9]"。诚然,从学理上而言,学术文化与商业文化虽然可以在大学中实现双赢,但这并不意味着创业型大学是高等教育变革的唯一指向。从现实性的角度而言,那些基础研究领先、财力雄厚的大学,可以坚守传统型大学之路;那些服务区域经济发展、需要拓宽办学经费、勇于开拓创新的大学,可以探索创业型大学之路。

【参考文献】

[1] 付八军.创业型大学研究述评[J].黑龙江高教研究.2012(7):4-8.

[2] 宣勇,张鹏.激活学术心脏地带:创业型大学学术系统的运行与管理[M].北京:高等教育出版社,2013.

[3] 程广文.创业型大学:走出象牙塔后的范式[J].泉州师范学院学报(社会科学),2010(3):80-84.

[4] 温正胞,谢芳芳.学术资本主义:创业型大学的组织特性[J].教育发

展研究,2009(5):28-33.

[5] 斯劳特,莱斯利.学术资本主义:政治、政策和创业型大学[M].梁骁,黎丽,译.北京:北京大学出版社,2008.

[6] 埃兹科维茨.三螺旋:大学·产业·政府三元一体的创新战略[M].周春彦,译.北京:东方出版社,2005:22.

[7] 温正胞.大学创业与创业型大学的兴起[M].杭州:浙江大学出版社,2011:97-112.

[8] 付八军.创业型大学的外部着力点在于实现成果转化[N].中国教育报,2012-04-30(6).

[9] 刘叶.建立学术导向的创业型大学:兼论洪堡理想与学术资本主义融合的途径[J].高等工程教育研究.2011(1):73-77.

创业型大学研究述评①

摘　要: 创业型大学是将知识生产、传承与应用融为一体的大学,代表了高等教育改革与发展的方向。像"研究"成为大学的中心一样,"创业"在经历一个阵痛过程之后,最终将成为大学的第三个中心。不管教学型大学,还是研究型大学,都可以也应该转型为创业型大学。建设创业型大学,要推进管理体制改革、采取企业化运作模式、实现学术资本转化、培养创造性人才等。

在高等教育财政紧缩以及知识经济曙光初显的时代背景下,世界上不少大学例如美国的麻省理工学院、斯坦福大学、北卡罗来纳州立大学等,欧洲的沃里克大学(英国)、特文特大学(荷兰)、恰尔默斯技术大学(瑞典)和约恩苏大学(芬兰)等,亚洲的新加坡理工学院、印度理工学院等,非洲乌干达的 Makerere 大学、拉丁美洲智利的 Catholic 大学、澳大利亚的 Monash 大学等一批学校,走上了创业型大学的道路。创业型大学这个概念在 20 世纪 90 年代末引入我国,到 21 世纪初期,国内有一批高校开始向创业型大学迈进。例如,2008 年,福州大学明确提出创建"创业型大学",并在全校范围内就创业型大学的相关建设问题开展了深入学习与探讨。内蒙古大学的一个独立学院,直接命名为创业学院。2010 年,浙江农林大学正式定位于生态性创业型大学,以此作为学校的中长期发展战略目标。2011 年,浙江省人民政府办公厅第 54 号文件(浙政办发〔2011〕54 号),提出了关于创业型大学建设试点的省级教育体制改革项目,并确定省内 7 所高校作为试点高校。在世界各国的创业型大学纷纷建立与发展之际,梳理创业型大学研究现状并进一步提炼观点无疑具有重大意义。

一、创业型大学的概念界定;

---

① 本文原载《黑龙江高教研究》2012 年第 7 期,详见《教师转型与创业型大学建设》(中国社会科学出版社 2016 年版,第 57 至 71 页)。

二、创业型大学的价值预设；

三、创业型大学的发展起点；

四、创业型大学的建设路径。

关于创业型大学研究的八个基本观点①

摘　要: 在推动创业型大学建设的热潮中,有一些基本观点需要达成共识。创业型大学的组织特性,不是学术资本主义,而是学术资本转化,这是创业型大学的灵魂所在;传统型大学的社会服务职能,不等同于创业型大学的学术创业,但属于创业型大学的过渡形态;教学型大学、研究型大学与创业型大学三者的划分是相对的,前面两者都可以转化为创业型大学,后面两者属于并列关系而不是递进关系;创业型大学并不意味着每位学生都要去创业,并不意味着一所大学每位教师都要直接推动学术成果转化。目前,主要依靠文凭作为商品,并以赚取学费为主的营利性大学不是严格意义上的创业型大学。

关于创业型大学的内涵与外延,学界见仁见智。在众多的概念界定中,有一个定义言简意赅地概括了创业型大学的外显特征与运行逻辑。这个定义是:所谓创业型大学,是指对社会需求和环境变化做出积极回应,将知识资源转化为知识资本,从而获取自身发展动能的新型大学。(王钟斌,2012)不过,笔者试图从其使命与贡献的角度来赋予创业型大学的内涵。如果说,教学型大学的基本使命是传承知识,研究型大学的使命是创造知识并传承知识,那么,创业型大学的使命则是创造知识、传承知识与应用知识的合一,着眼于积极推动学术成果转化,服务社会经济发展。从而,笔者认为,所谓创业型大学,就是指那些将知识的生产、传承与应用融于一体的大学,即在教学科研的基础上倡导学术创业、推动成果转化的大学。应该说,仅从定义本身还不足以让我们对创业型大学实质有更深更全的了解,在辨别具体某所高校是否属于创业型大学时仍然难以胜任。为了更全面而又深刻地理解何谓创业型大学,在文献述评的基础上,本文再对创业型大学的定义进一步

①　本文原载《黑龙江高教研究》2016 年第 9 期,详见《教师转型与创业型大学建设》(中国社会科学出版社 2016 年版,第 71 至 78 页)。

做如下分析：

一、学术成果转化是创业型大学的灵魂；

二、传统型大学的第三大职能可谓创业型大学学术创业的萌芽；

三、社会关注的不应该是大学教师通过学术创业致富，而是学术成果在多大程度上服务了社会的发展；

四、教学型大学与研究型大学都可以转化为创业型大学；

五、目前以赚取学费为主的不少营利性大学不是严格意义上的创业型大学；

六、创业型大学、教学型大学、研究型大学的划分是相对的；

七、研究型大学与创业型大学是一种并列而不是递进关系；

八、创业型大学并不意味着每位学生都要去创业，并不意味着一所大学每位教师都要直接推动学术成果转化。

创业型大学:未来高等教育变革的重要走向①

——2013年全国创业型大学建设高峰论坛会议综述②

　　摘　要:创业型大学,是那种将知识的生产、传承与应用融于一体的大学,亦即在教学科研的基础上倡导创业职能、积极推动学术资本转化的大学。创业型大学作为一种新的大学类型定位,既是对创新型国家战略的有效回应,也是我国高等教育大众化时期走差异化发展道路的战略选择。在建设创业型大学的过程中,培养创造性人才与实现成果转化是其两个着力点。当前,国内众多高校在建设创业型大学的路径上,进行了努力探索与深入实践。不过,中国要建设诸如斯坦福、麻省理工以及沃里克这样的创业型大学,还有相当长的路要走。

　　在20世纪末期,美国学者伯顿·克拉克和亨利·埃兹科维茨几乎同时提出"创业型大学"这个概念,他们被视为创业型大学理论的鼻祖。随后,创业型大学理念被引入中国,福州大学、南京工业大学等不少高校曾经或者正在举起创业型大学这面大旗。2010年,浙江农林大学明确提出创建"创业型大学",并将此作为学校的战略目标纳入学校的中长期发展规划,写入大学章程。2011年,浙江省人民政府办公厅第54号文件提出了关于创业型大学建设试点的省级教育体制改革项目,并确定省内7所高校作为试点高校。在此背景下,浙江农林大学于2013年10月11至13日成功举办了一次创业型大学建设高峰论坛,除了浙江省教育厅相关部门领导以及省内7所试点院校的校级领导外,还有全国关注创业型大学建设的理论研究者以及推进创业型大学建设的实践工作者,共50余人参加了论坛。总体而言,代表们主要围绕以下四个问题,展开了深入的探讨:

---

　　①　本文原载《黑龙江高教研究》2016年第9期,详见《教师转型与创业型大学建设》(中国社会科学出版社2016年版,第71至78页)。

　　②　本文与龙春阳、单海雁合作,原载《教育与考试》2014年第3期。

一、创业型大学是未来高等教育变革的重要走向

创业型大学之所以会成为未来高等教育发展的重要走向,主要原因在于创业型大学致力于学术成果转化,促进社会进步。这既是大学存在与发展的立命之本,也是知识经济时代社会发展的必然要求。推进高校科研成果转化,提高高校的社会贡献度,不仅非常重要,而且非常紧迫。创建创业型大学不仅是大学内部知识创新与应用的内驱力的推动,也是大学主动适应外部环境,实现由社会边缘向社会中心转移的必然要求和行动回应。由此看来,建设创业型大学具有重要的价值与意义。

与会代表一致认为,创业型大学作为一种新的大学类型定位,既是对创新型国家战略的有效回应,也是我国高等教育大众化时期走差异化发展道路的战略选择。例如,中国高教学会副秘书长叶之红研究员指出,创业型大学的出现是对知识型社会和建设创新型国家的一种积极回应。创业型大学建设是推动高等教育综合改革,完善现代大学制度的一场实践。创业精神中欢迎变化的态度和推动变化的实践应该成为大学的组织文化,创业精神应该成为现代大学制度的核心价值观。教育部教育发展研究中心高教研究室主任马陆亭研究员认为,建设创业型大学具有时代的价值,它旨在解决我们当今高等教育发展的难题,即在国家的发展处于战略机遇期、社会处于中等收入陷阱、高等教育发展处于转型期的背景下,高等学校的人才培养与社会发展还不是很适应的难题。创建创业型大学是大学实现转型和走向内涵发展的战略选择。这种新型的大学模式既成为社会的轴心,也成为大学的典范。厦门大学副校长邬大光教授从大学分化的角度指出,创业型大学是大学的一种变化,这种变化既包括新型的大学形态的出现,也包括在新的大学形态出现以前的一所大学或老大学的内部组织制度和机制的变化,建设创业型大学是现代大学变革的一种模式。创业型大学的出现也只有两种形式,一种是现有大学内部组织制度和机制的变化,另一种就是以新形态出现的打着创业型大学旗号的新成立大学。但是,创业型大学建设的重点还是应该把新的理念和新的制度放到已经有一定发展历史的大学上来。邬老师认为,创业型大学的出现遵循着这样的轨迹,即最先从社会当中的非教育活动转向教育活动,从大学的某一项活动发展为大学的整体活动,从大学与社会的这种结合或者大学的职能上再最终落实到大学的人才培养上来。绍兴文理学院校长叶飞帆教授认为,创建创业型大学是大学提高对外部环境的反应性和适用性的行动反应,需要对不断变化的社会需求做出敏捷性反应。

二、培养创造性人才是创业型大学的重要着力点之一

大学为培养人才而设,没有人才培养的需求,就不会出现大学。随着高等教育与社会的关系日益密切,大学的功能走向多元化,由过去单一的人才培养职能,走向教学育人与科学研究并重,后来又在致力于利用其独特资源直接服务社会。但是,无论大学承担多少种社会角色,肩负几重社会责任,培养人才都是大学永恒的历史使命,也是大学区别于其他学术组织的特有属性。那么,相对于其他高校来说,创业型大学在人才培养上的特殊之处在哪里?应该说,建设创业型大学,并不意味着所有的学生在毕业之后都要创业,而是致力于培养学生的创业意识、创新精神与创造能力,成为具有开拓创新能力的高素质人才。

与会代表一致认为,无论创业型大学有几重使命,培养创造性人才都是其最为基础的使命之一。不少代表从创业教育的角度,对创业型大学的人才培养提出了许多针对性的意见。例如,叶之红研究员认为,创业型大学建设的实践是大学进行创新创业教育的必然要求,大学创新创业意识的培养,创新创业能力的提升,创新创业精神文化的建设都应该成为重要的任务。邬大光教授认为,创业型大学的协同创新依然是以人才培养为依托的协同创新,不仅仅是把协同创新引入科学研究。实际上在高等教育发展过程中,我们面对的或听到的诸多新的做法大多局限在制度和操作层面,而忽视了精神和文化,无论什么大学精神和制度,或者什么新的高等教育概念最终都要体现在大学智能上。当它体现到大学智能上的时候还是要体现在人才培养的职能上,创业型大学也是如此。创业型大学作为一种整体性的制度与机制,作为一种文化和生态,作为一种可操作的行为,都是依托人才培养这个基础来展开和实施的。

浙江大学教育学院院长徐小洲教授指出,培养创业型人才应该是创业型大学建设的指挥棒,大学多种延伸的使命永远不能超越大学的第一使命,即人才培养。创业型大学必须通过培养创业型人才完成大学的多重使命,创业型大学是知识创业型人才培养的摇篮,应当将创业教育纳入社会发展体系,纳入整个教育体系,纳入高校整体发展战略,让创业教育形成整体性的引领。创业型人才不仅仅是学生,还包括学校的在职老师,通过培养这些创业型人才来完成大学使命的转变。培养创业型人才不是培养一部分人,让这部分人具有特殊的能力和素质去从事某方面的创业,而是一个群体性的问题。创业教育是一种具有广泛性和普遍性的教育,不是针对一部分人,

不是特殊教育。创业教育需要在整个高等教育理念、体系、组织目标等方面进行系统设计和系统改革。只有拥有高素质的创业能力资源才能掌控创业时代的主动权,我们的大学都有责任从不同的角度共同承担培养社会创业人才的新使命。徐教授还提出,创业教育需要建立三类创业教育课程体系:第一类是创业型大类课程,面向所有的学生;第二类是创业实践课程,吸引一些有创业潜质的学生深入学习创业知识,开拓学生的创业能力;第三类是创业融合课程,探索创业教育与专业教育的结合,离开专业教育的创业教育是没有活力的。另外创业教育还需要创建一个三元复合主体(政府、大学、企业都是主体)和一个国际创业教育的合作网络。

又如,浙江大学城市学院副院长应晶教授从创业教育中凸显专业精神、专业教育适应未来创业需要、创业教育嵌入专业教育的模块之中等三个方面深入探讨创业教育和专业教育的紧密融合,优化专业培养方案的顶层设计,通过建设开放式的学生自主设计专业实验室、校内综合性创业实训基地、优质的长效的校外示范性基地、多学科交叉融合的实训设计中心、校内大学生创业园等五类基地和依托商学院的工商管理专业的创业管理专业方向、创业教育学院师资和其他学院所有师资与辅导员以及以社会企业家为主体的创业导师等三支队伍来加强学生创业意识、创新精神和创新实践能力培养,进一步推动人才培养模式改革,不断提升人才培养质量。应教授进一步指出,社会责任感、创业意识、创业精神的培养,是一流应用型本科人才的重要标志;绍兴文理学院校长叶飞帆教授认为,培养创业型人才在学术领域上要跟社会需求一致,用传统的话说就是专业对口,这个做不到,创业也难,创起来也没有什么用途。创业型大学的建设就是迫切需要创业型人才的培养能够随时满足社会不断变化的需求。如果实现了随时满足,大学的反应性和适应性就加强了,这样创业型大学的敏捷性就提高了。创业型大学的人才培养比其他类型的大学更加注重与社会需求的一致性,要比其他类型大学提出更高的要求。根据社会需求和高等教育本身的发展变化,创业型大学对创业型人才的培养尤其要注重多样性、动态性和复合型,通过提高创业型大学的敏捷性来实施敏捷高等教育。

三、推动学术成果转化是创业型大学建设的重要使命

现代大学,是以现代知识作为逻辑起点的。大学履行三大社会职能,都是沿着知识的生产、传承与应用这根链条进行的。知识更多的是我们认识世界、改造世界的一种工具,现代大学传授的这些知识,基本上也是指向应

用的。推动学术成果转化,进行学术知识资本化是提高教师社会认知、培养学生专业兴趣、实现大学与社会对接的最佳途径。推动学术成果转化,实现知识资本化,不仅是大学服务社会的途径,也是现代社会发展的需要。

对于创业型大学的具体内涵,不同的学者仍然有不同的意见。但是,与会者一致认为,无论是基于社会使命还是商业需要,创业型大学的重要贡献之一在于能够推动学术成果的转化。例如,浙江农林大学党委书记宣勇教授指出,创业型大学的科学研究更强调解决现实问题的取向,强调了成果的转化与应用,其资源获取从对政府的依赖为主转向以市场为主,必须高度关注市场对大学的需求。学术创业就是以学术研究的成果为基础,通过专利许可延伸联合风险投资来实现知识的资本化,就是大学知识劳动链的延长,是现代大学发展的第四职能。创业型大学更需自力更生,通过知识资本化或者说学术创业,实现大学的自身发展,这是一种靠山吃山、靠水吃水的发展策略。学术发展与资本化是创业型大学建设的关键,创业型大学的建设必须以学术能力的建设与学术资本的积累为基础。

又如:国家教育行政学院陈霞玲博士从美国大学路径变革的角度,肯定了创业型大学在推动学术成果上的作用与意义;武汉大学夏清华教授提出了"第三使命"的概念。第三使命是指大学知识属于强化社会服务功能的一种结果,但是这种结果的表现形式又是多样化的,包括通过产学研合作进行技术转移、技术转让、大学自己创办延伸企业等各种形式,并指出:大学践行"第三使命"的过程实质上是大学自身要强化和提升一种具有创造商业价值能力的过程,是大学知识商业化的过程,也是大学强化社会服务功能的过程。在许多情况下,为了表述上的简单和通俗化,人们常用"大学知识商业化"或者"学术创业"代替大学"第三使命"。创业型大学是以知识商业化或学术创业引领为目的的大学类型,在大学职能方面特别强调以知识的应用为主,相对弱化科学研究。创业型大学跟大学的创业导向是有区别的,归属于不同的概念范畴。后者指的是大学的理念或战略方面的一个倾向,它特别强调重视用大学自身创造的知识去创造经济价值,但并没有包含弱化人才培养和科学研究职能之意。

四、建设创业型大学的政策措施与改革路径五彩纷呈

在这次会议上,大家交流的较多的,还是相关高校在建设创业型大学道路上的探索与实践,不同的高校推出了不同的实践模式,在政策措施上和改革路径上体现出不同的学校特色。在实践探索的高校层次上,既有研究型

大学,也有教学研究型大学,还有纯教学型的高等职业技术学院等不同的层次;在学校类型上,既有综合性大学,也有行业性院校,既有公办性大学,也有民办性高校,等等。这些不同层次和不同类别的高校的案例蓝本,体现了创业型大学建设改革内容的丰富性和改革路径的多样性。

例如,浙江大学党委副书记邹晓东教授,介绍了浙江大学服务社会的基本做法,总结了浙江大学通过知识资本化,包括创新衍生公司、技术和决策咨询、技术转移,大学、企业和政府的协同创新,形成混成组织等三种形式的学术创业来服务社会的核心路径,并提出对我国研究型大学学术创业有借鉴意义和有利于未来实施的中国特色与发展路径,具体包括五条:第一,学术创业的理念的确立源于内外部需求的共同推动;第二,学术创业的途径选择是政府拉动下的自主选择;第三,协同发展是我国研究型大学现实路径选择的内在逻辑;第四,创业性的演变是基于学科特点的非线性路径;第五,政府主导的大学、企业、政府合作框架是中国模式形成的一个现实背景。

宣勇教授归纳和总结了浙江农林大学两年多以来创业型大学建设的实践经验与本土化探索:将建设创业型大学明确列为学校的定位和愿景,明确了学校的使命在于致力于生态文明、生态科技、生态产品领域的人才培养与科学研究,同时要在这个领域开展学术创业;制定了从学校中长期发展规划到 11 个子规划,再到各学院发展规划和各学科发展规划的一整套规划体系,绘就了一幅创业型大学建设的精美蓝图;改革和完善体制机制的创新。

绍兴文理学院校长叶飞帆教授从该校学科、专业与课程建设的实践,探讨了创业型大学建设的途径。他提出,实施敏捷高等教育,提高人才培养对社会需求的反应性和适应性是建设创业型大学的重要内容。采用虚拟组织的方式来构建本科专业,以实体性的学科来支撑非实体性的本科专业,有利于创业型大学快速地低成本地进行专业调整,来满足社会对专业的需求。采用大规模定制的方式来改革课程体系,就能够同时产生规模经济效益和范围经济效益,能够多品种多样化,甚至个性化,又能够控制办学成本,产生规模效益,有利于创业型大学在成本受控情况下培养多样化复合型人才。在当今高等教育内涵发展阶段,改革学术资源的配置模式和学术组织的体系结构也是创业型大学建设加快转型的重要手段。应晶教授认为,应在学生的培养方案中和顶层设计中融入创业教育与专业教育,以推动创业意识、创新精神和创新创业实践能力的培养,进而推动人才培养模式的改革,为学生提供一种有迁移价值的能力和态度,进而让学生在瞬息万变之未来具备一种自我发展的能力。同时,在推进产学研合作、技术转化、教师科研创新能力提升等方面工作的基础上,要建设形成一些技术型的创业综合体,包括推进创业管理专业方面的建设,设立创业教育学院。另外,打造优质的创业教育环境,包括建立学生技术性项目＋专业指导教师指导＋创业导师引导＋社会资本相结合的复合型主体推动的创业孵化体系,强调二次创业,以校友的成功创业来引领院内学生创业,开拓从创业团队实践到创业实践的创业教育资源等。

浙江万里学院党委书记、执行校长陈厥祥教授从该校构建螺旋创业教育新模式的角度,探讨了中国特色创业型大学的万里样本;浙江工贸职业技术学院校长何向荣教授、浙江农林大学创业管理处处长刘志坤教授、义乌工商职业技术学院创业学院院长朱华兵教授等,各自从本校的创业实践出发,介绍创业政策、办学成绩以及基本经验,为创业型大学的理论建设提供了许多鲜活的研究素材。

尽管经验交流非常活跃,但是,从实践来看,我国创业型大学的改革与发展才刚刚起步,并且离理想的创业型大学还有相当距离。例如,美国的麻省理工学院、斯坦福大学,英国的沃里克大学,亚洲的新加坡理工学院、印度理工学院等一大批成功的创业型大学,都表明我国建设创业型大学任重道远。对于我国高举创业型大学大旗的地方院校来说,或许要分步推进,首先致力于创造性人才的培养以及应用性成果的研究,然后再在技术转移办公室、大学创业园区甚至直接创办学科性公司的基础上,直接面向市场,推进学术创业。

创业型大学普遍性的价值冲突研究①

摘　要：理顺创业型大学普遍性的价值冲突，是创业型大学本土化实践的理论前提。从观念角度分析，创业型大学存在学术文化与商业文化的价值冲突。从行为角度分析，创业型大学存在知识传承与知识应用，或者说教学育人与学术创业的价值冲突。从主体角度分析，创业型大学存在传统学科与创业学科的价值冲突。观念、行为与主体这三个角度的价值冲突，亦是三个不同层面的价值冲突，性质不同，应对路径不同，构成了创业型大学价值冲突分析的三维模型，较为全面且精简地概括创业型大学普遍性的价值冲突。

自 20 世纪末"创业型大学"概念问世以来，学界对其的质疑甚至反对的声音就没有停止过。这种声音不只产生在某个国家，无法相容于特定的高等教育传统与社会政治制度，像不同国家的学者看待创业型大学的积极因素一样，在不同的文化环境中都存在对创业型大学贬抑或者褒扬的声音。在高等教育高度市场化的美国，也有大量学者在学理上抵制创业型大学；在高等教育有着公共产品属性文化传统的西欧，同样有大量学者在学理而非情感上颂扬创业型大学。可见，学界对于创业型大学的价值认识主要基于高等教育的规律与功能，基于大学的本质和使命，与文化传统、政治制度、教育政策等关系都不密切，是一种具有普遍性的价值认同或者价值冲突。分析与论证创业型大学的价值冲突，再来寻找化解或者缓和价值冲突的路径，是推进创业型大学本土化建设的理论前提。本文从观念、行为、主体三个不同层面，系统地梳理学界关于创业型大学带来的价值冲突。

一、创业型大学学术文化与商业文化的价值冲突；

二、创业型大学知识传承与知识应用的价值冲突；

---

①　本文原载《教育与考试》2018 年第 5 期，详见《创业型大学本土化的中国模式研究》（中国社会科学出版社 2018 年版，第 208 至 223 页）。

三、创业型大学传统学科与创业学科的价值冲突。

附 关于增设"创业型大学研究"专题栏目的思考①

理由之一：创业型大学远不是许多人"望文生义"得出的创收型、商业化大学之含义，而是强调大学的一种自力更生、以质量赢得市场的精神与追求。这样的一种大学，代表未来高等教育变革的方向。而这种精神与追求，对于中国大学来说太缺乏了。

理由之二：创业型大学研究在西方属于渐弱型前沿，那是因为建设创业型大学已经成为西方高等教育学界的共识，也成为高校管理实践工作者的共识。然而在中国，不仅在许多问题上缺乏纵深思考，总体上停留在国外文献的介绍与解释上，而且对创业型大学存在许多误解，想当然地以为这就是或者只是要让大学去直接筹措办学经费。

理由之三：创业型大学的两位理论鼻祖均未给出创业型大学确切的定义，他们的许多观点与思想还不一致，同时对于办学自主权的要求以及直接筹措办学经费的价值取向，在中国行不通。这就要求我们必须从中国实际出发，探讨创业型大学的本土化理论，建设有中国特色的创业型大学理论体系。

理由之四：创业型大学中国化的探索与实践，与国家政策吻合，体现国家意志。例如，"双创"的不断推进、办学类型多元化的鼓励等。更重要的在于"四唯""五唯"的消理活动，以及"以本为本""四个回归"，创业型大学就是最有效的途径之一。从近期的"四唯"治理来看，创业型大学不是不要论文、课题等，而是"不以论文论英雄"，强调"以转化实绩论英雄"，能够直接去除科学研究的泡沫。从当前再次强调的重视本科教学来看，创业型大学的精神实质就是强调要以教学育人的实际效果来赢得生源、赢得市场、赢得社会各界的支持、资助与鼓励，教学上最高的追求，就是哪怕不颁发文凭，也有人前来学习，甚至掏钱积极参加，这是教学服务终极的质量追求与魅力所在。这样的大学，哪能说他们不重视人才培养呢？

理由之五：自20世纪80年代以来，中国大学的办学自主权在不断扩大，近年来还在继续推进"放管服"改革，如果一所高校富可敌国，或者得到了社会各界的大力支持，办学自主权方面的许多问题都会迎刃而解，因为围着政

---

① 此为响应某杂志社征集专题栏目而一口气写下来的个人观点，体现了创业型大学中国实践的价值与意义，故而纳入本文后面。

府转的主要目的还是在争取资源。因此,创业型大学的成功实践,可以逆向增强高校办学自主权。

理由之六:××大学主办的刊物,应该力争集合全国乃至全球的力量,为××大学服务。那么,××大学需要建设成一所什么样的大学呢? 显然,它没有清华、北大这样的政策优势,只能凭借自己实力,走一条自力更生、自强不息的创业型大学之路。真正理解了创业型大学是什么,我们就会毫不犹豫地选择该种办学定位。当全国所有大学都具备这种意识之后,就像西方国家的高校那样,创业型大学这个概念也就因为完成历史使命而退出历史舞台了。但是,最早迈出这一步并取得成效的高校,必定会成为新时代的领头雁。

理由之七:现在许多刊物依据国家战略方向设有"创新创业"栏目。个人觉得,如果要更加突出栏目亮点与特色,可以进一步发展成为"创业型大学研究专栏",何况,"实施创业教育的高校不一定都属于创业型大学,但创业型大学必定要贯彻创业教育"。

以上思考,不全面,也不系统,仅当一次随兴的交流。

创业型大学分类体系的探讨与构建①

摘 要:当前中国学界针对创业型大学主要有三种分类体系:一是基于创业型大学理论鼻祖的案例高校分成"革新式"与"引领式",或称为非线性模式与线性模式,或称为欧洲模式与美国模式;二是基于现有创业型大学的战略定位分成学术创业、专业创业等五种模式;三是基于科学能力与创业能力将研究型大学分成创业Ⅰ型、创业Ⅱ型、一般研究型、学术研究型四类。为了消除人们将创业型大学定位于创收性大学、商业化大学的思维惯性,又为了体现转型为创业型大学的主体是地方本科院校的中国实际,基于现有创业型大学分类体系研究的合理因素,可将创业型大学分为教学服务类与学术应用类两类,每类又可再分成营利型与公益型两种。

自 20 世纪末创业型大学理论传入中国之后,学界就围绕创业型大学的概念界定、价值预设、发展起点、建设路径等方面开展了广泛的研究。[1]但是,时至今日,中国对于创业型大学的研究仍然处在翻译介绍、概念辨析乃至伦理价值之争的初级阶段,远未实现创业型大学本土化的内涵诠释与理论构建。本文从类型划分视角出发,在梳理与分析国内学界三种关于创业型大学的分类观之后,基于其分类体系研究的合理因素,构建了中国创业型大学实践模式图。该种分类标准在遵循创业型大学理论奠基者关于创业型大学基本要义的基础上,消除了人们将创业型大学定位于创收性大学、商业化大学的思维惯性,体现了以地方本科院校为主体的院校转型为创业型大学的客观事实,属于构建中国特色创业型大学理论体系的一次有益探索与实践。

一、基于两位创业型大学理论鼻祖的案例高校进行分类

伯顿·克拉克(Burton R. Clark)与亨利·埃兹科维茨(Henry Etz-

---

① 本文原载《高校教育管理》2018 年第 6 期。

kowitz)作为创业型大学理论的奠基者,他们最初选择的创业型大学案例高校是不一样的。克拉克主要以欧洲的教学型院校作为考察对象,最具代表性的高校便是华威大学;埃兹科维茨主要以美国的研究型大学作为考察对象,最具代表性的高校便是 MIT、斯坦福。不同的案例高校,其转型的路径就会不一致。对于欧洲的教学型院校而言,需要实现组织的整体变革,采取全方位的创业模式;对于美国的研究型大学而言,重点在于基层学术组织的学术转向,在"政府—产业—高校"的三螺旋结构中,积极推动科研成果转移转化,引领高等教育的变革与发展。于是,不少学者从两位理论鼻祖最初选择的案例高校分野出发,将创业型大学分为"革新式"创业型大学与"引领式"创业型大学两种类型,或者分为非线性模式的创业型大学与线性模式的创业型大学两种类型。

例如,有文指出,伯顿·克拉克以英国华威大学作为典型案例,其研究路径是将大学作为一个能动的组织主体,关注的是大学这一组织如何像企业那样进行创业、革新,以便应对外在环境的变化,可以称之为"革新式"的创业型大学;亨利·埃兹科维茨以美国麻省理工学院作为典型案例,其研究路径是将大学置于"三螺旋"模式的分析框架中,如何推动知识转移,实现学术创业,推动大学与社会的协同发展,可以称之为"引领式"的创业型大学。[2]这种两分法能够让我们更好地知道,两位创业型大学理论鼻祖最初是从不同类型的观察对象出发,然后得出了不同的研究范式以及转型路径。确实,我们所处的环境与接触的事物,在很大程度上影响了我们思维的角度、高度与深度。同时,该两分法对创业型大学的实践亦具有指导性。教学型院校向创业型大学转型,可以从克拉克的"革新式"创业型大学吸取智慧;研究型大学向创业型大学转型,可以从埃兹科维茨的"引领式"创业型大学吸取智慧。不过,这种两分法不能建立在两位创业型大学理论鼻祖的理论观点或者欧美两个区域的实践模式之上,只能建立在教学型院校与研究型大学两种不同层次的办学实体上。也就是说,这不能代表克拉克与埃兹科维茨各自的创业型大学模式,也不是欧洲与北美两个区域的创业型大学模式,只能说是基于教学型院校或研究型大学转型而来的创业型大学模式。这是因为,克拉克后来对于创业型大学的研究,不仅指欧洲的教学型院校,还包括了美国的研究型大学,因此我们不能将克拉克的创业型大学观局限于教学型院校;同时,美国高等教育的竞争性、多样性,会导致不同类型、不同层次的传统型院校走向创业型大学,因此美国创业型大学的实践模式不能局限于研究型大学。例如,在《大学的持续变革——创业型大学新案例和新概念》一书中,克拉克不仅研究了一些教学型院校,而且研究了美国的

MIT、斯坦福、密歇根大学等研究型大学；同时，美国不只有研究型大学向创业型大学转型的典范，其开放的办学环境能让各种类型的院校都有可能走向创业型大学，正如克拉克所言，"更多的（美国）公立大学已经摆脱传统的全部由州领导的姿态，更加接近一个庞大而又不断发展的非营利部门私立大学[3]"。

又如，有文在继续肯定革新式与引领式两种类型的创业型大学模式的基础上，直接将革新式称为欧洲模式，引领式称为美国模式。[4] 显然，这种分类的理论基础显得不足，或者说与实际情况不完全吻合。克拉克的创业型大学理论，远远不只是建立在欧洲案例上，不只是建立在教学型院校案例上，它已经扩展到全球各类高校。埃兹科维茨以美国研究型大学作为案例高校，不代表美国没有教学型院校成功转型为创业型大学，更不能说明欧洲没有研究型大学转型为创业型大学。因此，从教学型院校与研究型大学这两个不同的转型起点来对创业型大学进行分类是合理的，但是我们不能将之等同于两位理论鼻祖的创业型大学分类，更不能直接以欧洲模式、美国模式取而代之。当然，如果将那些从教学型大学到研究型大学再到创业型大学的转型模式称为线性模式，将那些从教学型大学直接到创业型大学，进而发展成为研究型大学的模式称为非线性模式，这种分类是可取的。这种分类的理论依据，就是创业型大学的发展起点，即要么从研究型大学而来，要么亦可由教学型大学而来。不过，我们绝不能将线性模式等同于美国模式，将非线性模式等同于欧洲模式，更不能将线性模式等同于埃兹科维茨的创业型大学模式，将非线性模式视为克拉克的创业型大学模式。[5] 否则，我们又会重新回到按克拉克与埃兹科维茨最早观察的对象来划分，即根据欧洲与北美非常有限的案例高校来划分。

如果说，埃兹科维茨先生以美国研究型大学作为创业型大学的发展起点具有广泛认同度，那么，克拉克以欧洲教学型院校作为创业型大学的发展起点则是不被认可的。克拉克后来对于创业型大学的研究，已经扩展到全球不同性质、不同层次、不同起点的创业型大学。我们已经不能将最初的组织变革作为克拉克创业型大学观的本质与灵魂，其对于创业型大学的理解已经远远超出了组织变革、院校类型的范畴。从两位理论鼻祖的角度来分析创业型大学的类型，无论是革新式与引领式、欧洲模式与美国模式，抑或线性模式与非线性模式，都是不恰当的。事实上，不只美国存在包括以教学型院校作为起点的创业型大学，欧洲也有大量以研究型大学作为起点的创业型大学。例如，被国内学者广泛介绍的慕尼黑工业大学（Technical University of Munich，简称TUM），就是一所研究型大学向创业型大学转型的成功典范，并被视为欧洲标杆性的创业型大学。[6]因此,在创业型大学本土化理论的构建过程中,我们不能从两位理论鼻祖最初的观测对象那里寻找分类的理论依据,更不能将创业型大学简单地分成欧洲模式与美国模式,而是需要再从创业型大学理论的溯源性解读出发寻找到具有中国元素的分类标准。

二、基于战略目标定位而对中国的创业型大学进行分类

在领会创业型大学精神实质的基础上,为构建具有中国特色的创业型大学理论体系,我们可以直接基于中国实践与中国需要来研究创业型大学的类型,这也是创业型大学本土化理论建设的最高发展阶段。只有对西方创业型大学有过深入系统的研究,而且对中国高等教育实践有着丰富的体验与领悟,我们才能直接按中国实践与中国需要来确定创业型大学的类型划分标准。由于创业型大学理论在中国尚处于以翻译介绍与案例推介为主的阶段,中国学界较少有人从现有中国案例或者未来变革趋势出发来研究创业型大学的分类问题。不过,我们也能发现中国学界已有学者从中国案例高校的战略目标定位或者其体现出来的主要特征出发,研究中国创业型大学的分类问题。例如,在对欧美创业型大学进行梳理的基础上,陈霞玲博士将中国的创业型大学建设分成五种模式:服务区域经济社会发展模式、学术创业模式、专业创业模式、创业教育模式、企业经营模式。为便于比较与分析,本文根据作者论述,再结合其他资料,将其以表格形式做如下梳理与概括[7](详见表1):

表1　中国创业型大学的五种模式

创业类型	案例高校	战略定位	战略重点	起始年份	成熟程度
服务区域经济社会发展模式	福州大学	面向海西建设,提升三大贡献,走区域特色创业型大学的强校之路	关注产学研的合作,紧跟政府海西建设的步伐,通过加大技术转移,增强大学服务区域经济发展的能力	2008年	探索阶段
学术创业模式	浙江农林大学	到2020年把学校初步建设成为国内知名的生态性创业型大学	两步走战略:"十二五"期间,完成学术资本的积累;"十三五"期间,全面推进学术创业。确定十大重点领域,每个领域确立三个优先主题,形成"1030"发展战略	2010年	探索阶段

续　表

创业类型	案例高校	战略定位	战略重点	起始年份	成熟程度
专业创业模式	齐齐哈尔工程学院	办学从单一性向多元化转变,教育从适应型向创业型转变。坚定不移地探索"学校品牌靠专业,办学经费靠产业"的创业型大学建设之路	2004年出台《专业法人条例》,确立了"开一个专业、办一个实体、兴一份产业、创一个品牌"的专业建设原则。依托专业办企业、实行专业法人制度。升本后将"兴一份产业"改为"建一个会所",即研究会、协会、学会及研究所	20世纪末21世纪初	初创阶段
创业教育模式	浙江工贸职业技术学院	学校坚持教育服务理念,以办人民满意的教育为宗旨,深化创业型高校建设,"立足市场,产学结合",培养德智体美劳全面发展、具有创新创业素养、能适应经济社会发展需要的高层次技术技能型人才	立足浙江,面向全国,着眼国际,以工为主,工贸并举,重点发展先进制造技术专业,完善和推行政产学研市一体、学园城联动、职教集团合力的办学机制,以创新创业为驱动,深化教育教学改革,以工学结合、产教融合为路径,提升人才培养质量	20世纪末21世纪初	初创阶段
企业经营模式	欧亚学院	以"国际化、应用型、新体验"教育理念为特征的应用型民办本科大学。创新产学研合作人才培养体系,面向行业和地方经济,培养有道德,会思考,能表达,具有较强实践能力的高素质应用型人才	确立了拓宽多元收入来源的七大经营战略:主营业务(学费)、继续教育、教育服务、管理会计、校产经营、教育基金、产业孵化。例如,驾校培训与驾校考官培训,为学校增加了大量收入	20世纪末21世纪初	初创阶段

　　对中国高举创业旗帜的高校(欧亚学院没有明确提出创业型大学的战略目标定位,但明显地体现出克拉克与埃兹科维茨关于创业型大学的基本特征)进行研究并分类,概括出五种创业型大学模式,有利于我们对中国创

业型大学建设现状的整体把握,有利于我们从中获悉创业型大学本土化建设的基本路径,有利于为我们构建中国特色的创业型大学理论体系提供新思想与新素材。当然,这五种模式的划分标准,主要基于学校的战略目标定位或者发展战略重点,缺乏具有普适性的理论基础,从而无法作为未来更多中国创业型大学的分类依据。而且,一所创业型大学或许兼具几种模式所体现出来的特征。例如,福州大学与浙江农林大学一样,都走学术创业的发展道路,甚至可以说,所有具备一定研究实力的普通本科院校,都会致力于学术成果的转移转化,通过学术创业来服务社会,并以此提升自己办学地位与学术声誉。又如,福州大学在建设创业型大学的过程中,战略重点随着学术创业的艰难推进而发生转移,近几年已经"由全面推进转向以创业教育作为主要抓手"[8],体现出创业教育模式的特征。可见,中国创业型大学五种模式的分类方法,可以初步勾勒当前中国创业型大学本土化建设现状,事实上,作者也只是从这个层面进行梳理与归纳的,如果要将此作为中国创业型大学分类的标准,我们还需寻找更具普适性的理论依据。

三、基于科学能力与创业能力对创业型大学进行分类

既不从克拉克或者埃兹科维茨阶段性的观测高校出发,也不从中国零星出现的创业型大学典型特征出发,而是从一般性、规律性的角度来对创业型大学进行分类,且能指引中国创业型大学的建设与发展,这样的研究成果在中国学界更为少见。应该说,王雁博士等学者对此做了富有启发意义的探索与尝试。他们根据美国 90 所研究型大学的相关资料,提取科学能力因子与创业能力因子,并将横坐标作为科学能力因子轴,纵坐标作为创业能力因子轴,用十字坐标绘制出美国 90 所大学因子得分散点图,由此得出创业Ⅰ型大学、创业Ⅱ型大学、一般研究型大学、学术研究型大学等四种类型(详见图 1)。[9]

如图 1 所示,将创业型大学分成创业Ⅰ型、创业Ⅱ型两大类,体现了学术能力与创业能力的非对称性,表明了创业型大学有着不同的发展阶段,为创业型大学理论大厦的构建提供了方法视角与理论基础。同时,根据这幅"散点图",我们能够方便地获悉哪些研究型大学属于创业Ⅰ型,哪些属于创业Ⅱ型,哪些还停留在传统的研究型。本文根据作者的研究与图标,绘制成表 2,以便我们进一步来研究。

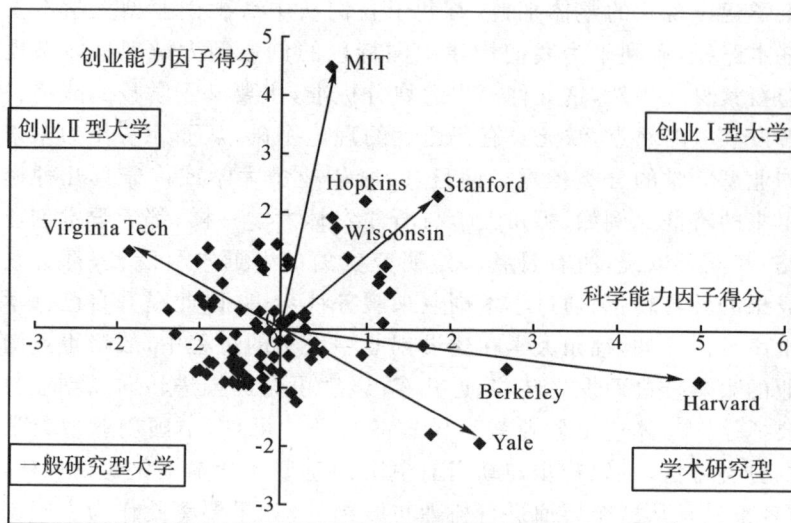

图1 美国90所大学因子得分散点图

表2 美国90所研究型大学与创业型大学分类

大学类型	院校数量		所在象限	代表性高校	基本特征
	总数	比例			
创业Ⅰ型	12	13.33%	第一象限	麻省理工学院、斯坦福大学、加州理工学院、哥伦比亚大学、康奈尔大学、约翰·霍普金斯大学、宾夕法尼亚大学、密歇根大学安娜堡分校、威斯康星大学麦迪逊分校、华盛顿大学、杜克大学、加州大学圣地亚哥分校	学术能力因子强,创业能力因子强,属于典型的创业型大学
创业Ⅱ型	16	17.78%	第二象限	南加利福尼亚大学、弗吉尼亚理工大学、北卡罗来纳州立大学、佛罗里达大学	学术能力因子稍弱,创业能力因子强,属于有潜力的创业型大学
一般研究型	55	61.11%	第三象限	纽约大学、波士顿学院	学术能力因子与创业能力因子均相对较弱

续　表

大学类型	院校数量		所在象限	代表性高校	基本特征
	总数	比例			
学术研究型	7	7.78%	第四象限	哈佛大学、普林斯顿大学、耶鲁大学、华盛顿大学（圣路易斯）、芝加哥大学、加州大学伯克利分校、加州大学洛杉矶分校	学术能力因子强，创业能力因子相对较弱

从表 2 可以看出，在 90 所美国研究型大学中，创业 I 型与创业 II 型合计 28 所，占 31.11%；一般研究型与学术研究型合计 62 所，占 68.89%。这样看来，在美国研究型大学中，传统型仍属于主体，创业型属于少数派。不过，这种分类法仍然存在很大的局限性，有待我们进一步探索。从以下几个方面来看，该分类法类似于从研究型大学到创业型大学的比色分析法，为我们研究创业型大学本土化进程中的不同发展阶段提供了理论视角，但仍然无法作为中国创业型大学的分类标准。

其一，该分类法主要基于研究型大学，体现了埃兹科维茨先生的创业型大学观——"创业型大学是在研究型大学的基础上发展而来的"。[10] 然而，迫切希望从传统型转到创业型的主体，在中国不是那些办学资源丰厚的研究型大学，而是那些办学资源极为有限的教学型、教学研究型院校。[11] 研究型大学尤其是那些高水平行业特色研究型大学，本来应该利用具有应用价值的学术资本，延长学术生产链条，推动成果转移转化，走上创业型大学道路。[12] 但是，这些研究型大学坚持传统的学术生产模式，依然能够获得充裕的办学资源，甚至我国现有的高等教育评价体系，在某种程度上亦影响这些院校从传统型向创业型转轨。这就不难理解，国内高举创业型大学旗帜的普通本科院校，不是研究型大学而是地方本科院校。

其二，根据高层次学术论文数、在校研究生数、院士数、诺贝尔奖获得数、联邦来源研究经费数等提取科学能力因子，根据专利数、衍生公司数、有收益的授权或者选择权转让数、工业来源的研究经费数等提取创业能力因子，这种分析方法为我们评判大学是否属于创业型大学提供了有益的启示，比克拉克在其案例高校分析中特别关注核心资助比例减少幅度，考虑得更加全面，也更符合中国实际。但是，提取这些因子的指标内容，远远没有这么简单，例如校友创业如何纳入进来就具有挑战性。同时，不是所有高校都会将相关信息予以全部公布，因而在分析与比较时就难以客观评判。也就是说，要全面与真实地获取这些因子，本身就颇费周折。

其三，本研究的某些结论与其他学者的观点相左。例如，克拉克在《大学的持续变革：创业型大学新案例和新概念》一书中，将加州大学洛杉矶分校作为美国创业型大学的案例高校，[13]但该校在这里却属于创业能力因子较弱的学术研究型大学，而不能归为创业型大学。又如，有文认为，"哈佛大学也是主动向创业型大学转型的典范。……在美国政府的推动下，西海岸的北卡罗来纳州立大学和杜克大学等更多的大学也转型为创业型大学[14]"。哈佛大学普遍被视为麻省理工学院等创业型大学的对应类型，在此分类法中也被认为属于学术研究型而非创业型，那么为何有学者视之为创业型大学的典范？根本原因在于，学界尚未对创业型大学的内涵界定与类型划分达成普遍共识。事实上，中国学界对创业型大学本土化理论体系的探索，在很大程度上是为了推动传统型院校的转型，改变传统型院校对政府的单一且过度的依赖，逐渐走上依靠人才培养质量与科学研究成果本身赢得社会各界的支持。只要在往这个方向努力，一所传统型院校是不是要冠之以创业型大学之名并不是最重要的。也正因为创业型大学只是用来引导传统型院校转型与发展的一种路标，从而当传统型院校普遍意识到建设创业型大学的重要意义并转化为一种常识时，创业型大学这个概念也就因完成历史使命而退出历史舞台了。这就像"师范教育"概念在美国的存在与发展一样，现如今，由于独立设置的师范院校完全被综合院校所取代，人们再也找不到"师范教育"的概念了，或者说不知道"normal"有教师教育的含义了。[15]

四、比较与思考

当前，国内关于创业型大学的类型划分主要构建了以上三种分类体系。三种分类体系分别基于创业型大学理论鼻祖初期的案例高校、基于中国创业型大学的战略目标定位和基于研究型大学的学术能力因子与创业能力因子，都有各自的合理性与可取性，对构建创业型大学本土化的分类体系具有启发性。但是，正如前文所言，每种分类模式都具有一定的局限性与适应性，达不到构建创业型大学本土化分类体系的理论目的，亦即无法指引中国传统型院校向创业型大学的转型与发展。因此，本文将在进一步比较各种分类体系优劣的基础上，探讨中国特色创业型大学[16]类型体系的构建。所谓中国特色的创业型大学类型体系，是指在遵循创业型大学内涵要义[17]的基础上，基于中国实际、服务中国实践、体现中国话语的创业型大学类型体系。

　　从研究型大学学术能力因子与创业能力因子的角度构建出创业Ⅰ型、创业Ⅱ型、一般研究型、学术研究型四类创业型大学,有利于我们进一步认识到"并非所有的研究型大学都能够,也未必要变革为创业型大学"[18]。但是,该种分类方法仍然基于亨利·埃兹科维茨的创业型大学观,认为只有研究型大学才能转型为创业型大学,不符合创业型大学建设的主体属于地方本科院校的中国实际。在国内,不少学者将清华大学、浙江大学、华中科技大学视为中国特色创业型大学。[19]但是,这些研究型大学从不宣称自己定位于创业型大学。只有那些地方本科院校,为了走出办学资源的桎梏,实现"弯道超车"的预期,往往将"创业型大学"确立为学校的战略目标定位。例如,继福州大学、南京工业大学(2013年更换办学定位)、浙江农林大学等普通本科院校之后,临沂大学于2015年确立了创新创业型大学的办学定位。因此,仅从研究型大学的视角来对创业型大学进行类型划分,无法构建中国特色创业型大学分类体系。

　　从现有高举创业型大学旗帜的中国案例高校出发,根据其目标定位与战略重点来对创业型大学进行类型划分,有利于让我们认识到创业型大学实践模式的多元性。但是,该种分类方法主要是对中国当前较为活跃的创业型大学进行特征描绘,而不是从创业型大学分类体系构建的高度进行理论预设,从而无法为创业型大学本土化建设提供一般性、普遍性的分类指引。例如,国内率先高举创业型大学旗帜的福州大学,虽然提出了"创建创业型大学,服务海峡西岸经济区"[20]的战略目标定位,但该校同时体现学术创业、专业创业、创业教育、企业经营等不同模式的价值追求与发展特征。[21]诚然,该分类法的出发点是为了梳理当前中国若干所创业型大学的战略重点,不是要从理论高度对创业型大学分类体系进行构建,从而不能从学理的角度来严格审思该种分类方法。例如,实施创业教育的大学不一定都属于创业型大学,但创业型大学必定实施创业教育,[22]这就意味着,所有的创业型大学都会开展创业教育。既然所有的创业型大学都实施创业教育,那么,在对创业型大学进行类型划分时,我们就没有必要归纳出一种"创业教育模式"的创业型大学。又如,学术创业的内涵非常丰富,既指商业性的经营活动,还包括知识转移转化,也泛指社会价值创造。可以说,只要属于创业型大学,都存在学术创业的问题,只不过,体现不同模式的学术创业。例如,华威大学,最初是以学校的整体经营来推进学术创业;MIT与斯坦福,更多的是以学术资本转移转化来开展学术创业,甚至还有一些创业型大学,以提升学术声誉、推动事业发展来体现学术创业。因此,在对创业型大学进行类型划分时,笼统地将"学术创业模式"作为创业型大学的一种类型划分是不恰当的。

被誉为"创业型大学之父"的伯顿·克拉克,在其后的研究中将亨利·埃兹科维茨考察的案例高校都纳入进来,已经不再仅仅局限于最初考察的欧洲教学型院校了。从而,根据伯顿·克拉克与亨利·埃兹科维茨各自最初提出"创业型大学"概念所依据的不同案例高校,将创业型大学分为"革新式"与"引领式",或者非线性模式与线性模式,或者欧洲模式与美国模式,该种分类方法所依托的理论前提是错误的。但是,该种分类法有利于我们认识到创业型大学既可以由教学型院校转型而来,也可以由研究型大学转型而来,从而在构建创业型大学本土化分类体系时考虑不同的发展起点。事实上,该种两分法正是基于教学型院校与"教研型或者研究型"两类院校而提出的分类法,只不过换了一个不同的称谓。然而,正是这种不同的称谓(例如美国模式与欧洲模式,在名称上就会产生误解,让我们以为欧洲的创业型大学都以教学型院校作为发展起点,美国的创业型大学都以研究型大学作为发展起点),以及依托的理论前提错误,使得该种两分法经不起考究。而且,分类研究不是为了标新立异,而是为了指引实践,只要能够达此理论目标,我们没有必要在乎概念的新异。为此,吸收该种两分法的合理因素,本文尝试将中国创业型大学分为教学服务类与学术应用类两类,对应了以上两类不同起点的创业型大学。同时,创业型大学不等于创收型大学、商业化大学,但并不意味着创收型大学、商业化大学不能成为创业型大学。因此,本文构建出一个简约型的创业型大学实践模式图。(详见图 2)

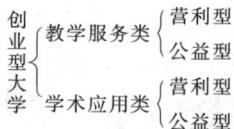

$$
\text{创业型大学}
\begin{cases}
\text{教学服务类}\begin{cases}\text{营利型}\\\text{公益型}\end{cases}\\
\text{学术应用类}\begin{cases}\text{营利型}\\\text{公益型}\end{cases}
\end{cases}
$$

图 2　创业型大学的实践模式图

依图 2 可知,基于不同大学职能与办学使命的选择,创业型大学可以分成两类:教学服务类与学术应用类。同时,每一类创业型大学,都有营利型与公益型两种。于是,创业型大学的实践模式可以分为四种类型:教学服务类营利型、教学服务类公益型、学术应用类营利型、学术应用类公益型。当前,由于政策、利益等方面的原因,中国少有高校明确表明营利的身份,所以,我们主要从公益型的角度来梳理教学服务类与学术应用类两种类型的创业型大学。只不过,2015 年修订 2016 年施行的《高等教育法》,取消了"不得以营利为目的"的规定,这为营利型的创业型大学提供了法律保障,因此我们要在分类体系中为营利型的创业型大学预留空间。所谓公益型的教学服务类创业型大学,是指那些以教学育人作为单一职能的非营利性教学型大学,除了那些以兼职教师为主、致力于打造高水平教学服务平台的创业型大学外,当前多数由高职高专、民办本科、中外合作办学甚至独立学院等转型而来的创业型大学,例如表1所列的齐齐哈尔工程学院、浙江工贸职业技术学院、欧亚学院等,都属于此类。所谓公益型的学术应用类创业型大学,是针对那些贯彻教学育人与科学研究两个中心的非营利性教学研究型大学、研究型大学。[1]相较于教学服务类而言,该类创业型大学不仅强调开展研究与发展科学,而且将知识生产模式转换、学术成果转化视为一种办学使命,彰显了学以致用的价值取向。地方普通本科院校、研究型大学向创业型大学转型,则以学术应用类创业型大学作为建设目标,这些院校需要从教学育人与科学研究两个方向展现其自力更生的能力,在社会捐赠、成果转化收益不断增加的前提下实现政府核心资助比例的不断下降。只不过,该类创业型大学的科学研究,本身不是最终追求,学术成果的应用才是价值所在。例如,表1所列的福州大学、浙江农林大学属于此类。

总之,在梳理与借鉴国内学界关于创业型大学分类界说的基础上建构的"中国创业型大学实践模式",虽然是一个简单的大学分类图,但是,这个理论体系能够避免以上分类的各种缺陷,能够在其中找到任何一种创业型大学的位置且不会重复,更重要的是,该分类体系蕴含着推动教学革命、倡导学以致用、强化分类管理等诸多具有重要意义的价值指引。限于篇幅,这些内容将在后续研究中全面与深入地论述。

【注释】
①学术应用类创业型大学包括教研型、研究型两种创业型大学,但是,笔者认为教研型与研究型不是类型之分,而是层次之分,这些院校都要兼顾教学育人与科学研究两大职能,因此没有对此再做进一步细分。

【参考文献】
[1] 付八军.创业型大学研究述评[J].黑龙江高教研究,2012(7).
[2] 邹晓东,陈汉聪.创业型大学:概念内涵、组织特征与实践路径[J].高等工程教育研究,2001(3).
[3] 克拉克.大学的持续变革:创业型大学新案例和新概念[M].王承绪,译.北京:人民教育出版社,2008:224,204-207.
[4] 任智勇.学术导向的创业型大学:学术资本主义语境下中国大学的理性回应[J].高等农业教育,2017(3).

[5] 吴亮.德国创业型大学的改革发展及其启示:以慕尼黑工业大学为例[J].高教探索,2016(12).

[6] 陈霞玲.创业型大学组织变革路径研究[M].北京:北京理工大学出版社,2015:128-156.

[7] 付八军.国内创业型大学建设的路径比较与成效评析[J].高等工程教育研究,2016(6).

[8] 王雁,李晓强.创业型大学的典型特征和基本标准[J].科学学研究,2011(2).

[9] 埃兹科维茨.三螺旋:大学·产业·政府三元一体的创新战略[M].周春彦,译.北京:东方出版社,2005:38.

[10] 周志成.创业型大学:地方本科院校逆常规发展的战略选择[J].中国高校科技,2015(4).

[11] 杨德广.应将部分研究型大学转变为创业型大学:从"失衡的金字塔"谈起[J].高等理科教育,2010(2).

[12] 刘振亚.美澳创业型大学的建构和发展研究[J].西南民族大学学报(人文社科版),2014(12).

[13] 洪明.教师教育的理论与实践[M].福州:福建教育出版社,2002:8.

[14] 冒澄.建设有中国特色的创业型大学[N].中国教育报,2009-02-11(7).

[15] 付八军.教师转型与创业型大学建设[M].北京:中国社会科学出版社,2016:71-78.

[16] 易高峰.崛起中的创业型大学:基于研究型大学模式变革的视角[M].上海:上海交通大学出版社,2011:168.

[17] 刘叶,邹晓东.探寻创业型大学的"中国特色与演变路径":基于国内三所研究型大学学术创业实践的考察[J].高等工程教育研究,2014(3).

[18] 陈笃彬,吴敏生.创建创业型大学,服务海峡西岸经济区[N].福建日报,2008-04-01(10).

[19] 陈笃彬.地方高校建设创业型大学的理论与实践[M].福州:福建教育出版社,2016:50-54.

[20] 付八军.纵论创业型大学建设[C].杭州:浙江工商大学出版社,2014:49-56.

[21] 游振声.美国研究型大学学术创业模式研究[M].重庆:重庆大学出版社,2017:82-83.

[22] 荣军,李岩.澳大利亚创业型大学的建立及对我国的启示[J].现代教育管理,2011(5).

引领教学革命：创业型大学的时代使命

——解读教学服务类创业型大学①

摘　要：教学服务类创业型大学的概念确立，兼具学理基础与时代需要的双重依据。相对于同样作为本土化概念的教学服务型大学而言，教学服务类创业型大学具有明确的内涵与外延，同时强化了其市场竞争能力；相对于西方话语体系中的服务型大学而言，教学服务类创业型大学突出了教学育人的单一职责。教学服务类创业型大学当前主要由三类院校转型而来，尤其是那种以兼职教师为主致力于教学服务平台打造的创业型大学。教学服务类创业型大学可以分为公益型与营利型两种模式，无论哪一种模式，都以教学质量本身赢得社会各界的支持。

"大学分类的前提基础，就是要有一个多样化的复杂的大学系统。"[1]创业型大学类型划分的前提基础，同样在于形成一个多样化的复杂的创业型大学系统。当前，国内学界对于创业型大学系统的类型划分主要有四种观点，其中有一种观点在其他三种观点的梳理与分析基础上提出。该观点认为："创业型大学可以分成两类——教学服务类与学术应用类，每一类再分为营利型与公益型。"[2]所谓教学服务类创业型大学，是指那些基于教学育人单一职能的创业型大学，亦即由教学型院校转型而来的创业型大学。所谓学术应用类创业型大学，是指那些同时兼顾人才培养与成果转化两大使命的创业型大学。[2]该种分类法不仅能够为多样化的复杂的创业型大学系统实现有序分类，让各种类型的创业型大学均能在其中找到相应位置，而且能够为传统型院校转向相应类型的创业型大学提供方向指引，形成具有中国特色的创业型大学理论体系与实践模式。本文仅以教学服务类创业型大学（Entrepreneurial University of Teaching Service）作为研究对象，从其概念确立的依据、相关概念的比较、概念外延的厘定以及两种具体的模式四个

---

① 本文原载《高校教育管理》2019 年第 4 期。

方面,对其进行全面深入的解读,揭示该类创业型大学在彰显教学服务方面的重大时代使命,同时亦体现该分类法的合理性与价值性。

一、教学服务类创业型大学的确立依据

教学服务类创业型大学概念的确立依据,可以从事实判断与价值判断两个方面予以分析。事实判断主要解决学理上的合乎逻辑性,体现该概念确立的合理性;价值判断主要解决意义上的社会需求性,体现该概念确立的必要性。当两种判断都能成立时,该概念的确立便经得起理论与实践的双重检验。

一方面,从事实判断而言,该概念能够在理论上予以确立,与教学或者说知识传承的相对独立性密切相关。所谓事实判断,即基于现实存在或者客观事物而做出的判断,并由此上升到学理层面的概念体系问题。以教学育人作为单一职能的高校在现实生活中确实存在,因此确立教学服务类创业型大学的概念具有现实基础。例如,一所没有研究任务的高校,同样可以凭借教学学术(Scholarship of Teaching)[3]在市场上赢得声誉与资源;而且,这种专门以知识传承作为唯一任务与要求的高校,既是高等教育原始的样式,也是人类社会永恒的需要。如果进一步分析该种教学单一型高校存在的内在原因,那么两位学者的观点可以提供相应的答案。英国著名高等教育思想家纽曼(John Henry Newman)的经典话语——"发现和教学是两种迥异的职能,也是迥异的才能,并且同一个人兼备这两种才能的情形并不多见"[4],以及在教学与研究上均有极高造诣的鲁迅先生之经验总结——"教书和写东西是势不两立的,或者死心塌地地教书,或者发狂变死地写东西,一个人走不了方向不同的两条路"[5],都能说明一个问题:以知识传承作为唯一任务与要求的高校具有存在的合理性、必要性乃至永恒性。从创业型大学的角度设立该类教学服务型高校,就要推动并强化教学学术在市场中接受检验,使得广大学习者不是为了文凭而学习,更不是"为了不被教师点名而进课堂"[6],而是被富有针对性和实效性的教学服务本身吸引而来,为了提高个人素质与能力而学习。

另一方面,从价值判断而言,创设该概念是为了提高教学服务的针对性与实效性,推动一部分教学型院校以教学服务本身赢得社会各界的支持。如果说,前面的理论分析为我们确立该类创业型大学提供了可能性与合理性,那么,彰显知识的有效传承则是我们确立该类创业型大学的使命驱动和价值追求。大学本应是知识传承的殿堂,人类学习的圣地,现如今,以教学

育人作为主旋律的办学文化在我国大学整体上没有得到较好的彰显,人才培养的中心地位较多地停留在宣传性的口号上。正如有文指出的,"倾斜和表彰过后,教学继续没有人重视,教学的地位依然脆弱[7]"。传统型院校在这个方面,做了许多探索与努力,包括将教学学术纳入教师职称评审与岗位聘任的标准体系并视为"基本条件"[8],但至今没有改变教学中心地位在事实上旁落的局面。在未来不断变革的社会潮流中,如果这种局面再不改变,大学仍然仅以文凭授予与学生选拔作为生存的尚方宝剑,还不能从教学服务质量本身的角度满足学习者的需求,那么,那些坚守象牙塔、不求新适应的传统型院校必将难以为继。例如,有文指出,近年来,美国大量高校倒闭,由于"传统教学模式将被颠覆,未来20年内大量美国大学将破产倒闭"。[9]创业型大学就是为市场而生,教学服务类创业型大学,正是为彰显知识传承价值、拯救大学教学危机而设。教学服务类创业型大学的教学,从学习者的真实需求与接受能力出发,创新教学理念与教学方法,提升知识传承的针对性与高效性。无论是讲授式教学法还是尝试教学法,无论是传统课堂授课还是翻转课堂教学,只要在达到课程目标的前提下让学生乐于接受并高效内化,就都是有效的知识传承。这种大学在离开政府的庇护与资助后,亦能在市场竞争中生存并发展,具备创业型大学理论鼻祖伯顿·克拉克(Burton R. Clark)所言的自力更生的能力。

二、教学服务类创业型大学的相关概念

创设概念、建立体系、指导实践,应该成为高等教育理论研究"三层楼"的自觉追求。在构建中国特色创业型大学理论大厦的过程中,本文提出并论证"教学服务类创业型大学"这个新概念,无法避开对两个相关概念的解读。一个是刘献君教授于2007年率先提出的"教学服务型大学"概念,另一个则是西方学界于20世纪90年代出现的"服务型大学"(service university)概念。当前,国内不少学者对这两个概念开展过研究,形成了某些基本判断与价值偏向,但较少将这两个概念放在一起进行对比研究,而且学界对于第一个概念亦存在较大的观点分歧。在此,本文从"教学服务类创业型大学"概念的创设角度出发,对这两个相关概念进行相应的学术梳理以及比较分析,由此进一步发掘教学服务类创业型大学的内涵与特质。

(一)"教学服务型大学"的概念创设及其观点分歧

与本文倡导的新概念一样,"教学服务型大学"的提出同样基于高等学

校的类型划分。刘教授认为,在研究型大学、教学研究型大学之后,应该增加"教学服务型大学"这种类型,其后才是教学型本科院校、高职高专院校。[10]但是,作为该概念的提出者,刘教授认为教学服务型不等于应用型,之所以在教学研究型与教学型之间创设教学服务型,是为了打破"高校自我封闭的系统"、解决高校战略定位的问题,而非解决人才培养的类型问题。[11]这个观点在学界存在较大的争议。例如,侯长林教授认为,"教学服务型大学归属于应用型大学";何万国教授进一步指出,"中国高等学校总体上可以分为两类:学术型与应用型,教学服务型大学在类型划分上可以归为应用型大学"[12]。笔者认为,何万国教授等学者的论述,并没有否定刘教授对于教学服务型大学的学术贡献,而且简洁明了地概括了高等教育的某种分类视角及其关系。同时,研究型、教学研究型、教学服务型、教学型、高职高专这五种类型的高校,从学术水平而言,实质上就是五种办学层次。将教学服务型介于教学研究型与教学型之间,在外延上会出现交叠现象。也就是说,我们很难区分教学服务型与教学型、教学研究型三者之间的边界。因此,作为一个概念,教学服务型大学的内涵与外延有待进一步明确,如果"应用型大学"这个概念能够取而代之,那么该概念的生命力就有限了。

(二)"服务型大学"的概念界定及其国际应用

从思想源头看,作为一种本土化创新的概念,教学服务型大学是西方服务型大学中国化的产物。西方这种强调学术应用与社会责任的服务型大学,发轫于美国 19 世纪 60 年代兴起的赠地学院(land-grant colleges,又称"农工学院")。在 1862 年与 1890 年,美国国会先后两次颁布《莫雷尔法案》(Morrill Land-Grant Act),按照各州拥有国会议员人数由联邦政府划拨给各州土地,各州利用这些土地的收益建立一批推动美国农业、机械工业发展的农工学院。从某个角度而言,这是从国家制度的安排上确立与强化美国高校的服务功能。[13]到了 20 世纪 90 年代,"服务型大学"的概念在西方学界开始出现。美国学者威廉·卡明斯(William K. Cummings)曾经指出,所谓服务型大学,是那些"追求学术创新与学术应用相结合并致力于为地方经济发展服务"[14]的大学;对该概念有着重要理论贡献的挪威奥斯陆大学(Universitetet i Oslo)阿瑞德·特捷达夫(Arild Tjeldvoll)教授认为,最能体现"服务型大学"区别传统型大学的组织特性在于其知识生产模式不仅面向学科逻辑,而且遵循市场导向,在创新性的基础上强调知识产品的有用性、实用性与实践性,"生产在知识市场里有竞争力的产品[13]"。相对于传统型院校而言,服务型大学的一切学术活动"以公众和社会需要为标准的,将顾客利益放在学校工作的首位。"[15]相对于我国本土化的"教学服务型大学"而言,西方的服务型大学远远不只是单一的教学服务,而且更加强调创造知识并服务社会,突显知识创新与知识应用的整合功能,突显学术生产与社会服务的双重使命。也就是说,西方服务型大学在早期更多地针对研究型大学。例如,威廉·卡明斯在另一篇关于服务型大学的重要文献中,是以密歇根州立大学(Michigan State University)和纽约州立大学布法罗分校(University at Buffalo, the State University of New York,简称 UB)作为主要研究对象,[16]而这两所公立旗舰大学均属于学术水平甚高的研究型大学。挪威学者斯特兰德(Anne Welle Strand)在论述将继续高等教育作为服务性大学的市场战略时,亦主要以奥斯陆大学等研究型大学作为典型案例。[17]近年来,服务型大学的概念在学界逐渐淡出,但与服务型大学具有相同指向的大学形式不断涌现,例如创业型大学、企业大学、公司大学、都市大学、合作大学等。[18]同时,国内学者在研究服务型大学时,不再局限于研究型大学,例如将韩国最著名的专科学校——永进大学视为服务型大学的典范[19],还有文章提出服务型大学是地方院校的战略目标定位[20]。

(三)概念比较中的教学服务类创业型大学

毫无疑问,中国的教学服务型大学、西方的服务型大学以及本文提出的教学服务类创业型大学,三者均体现服务导向,呈现较强的产品意识、顾客意识与市场意识。但是,三者在内涵与外延上亦存在较大的差异。(详见表1)。

表1　"教学服务类创业型大学"相关概念一览表

概念名称	发源地	出现时间	共同特征	内涵差异	备注
教学服务型大学	中国	2007年	服务导向	倡导以教学学术服务社会的大学	在具体内涵与外延上,学界存在较大争议
服务型大学	美国	20世纪90年代		倡导以现代科技服务社会的大学	早期主要针对研究型大学,近年学界则从更宽泛的外延来运用
教学服务类创业型大学	中国	2018年		以教学作为单一职能且强调自力更生能力的大学	与以教学育人与科学研究双重职能并重的学术应用类创业型大学相对应

教学服务型大学与教学服务类创业型大学虽然都强调了教学服务,但前者将致力于打造科学研究中心的地方本科院校都纳入其中,后者则仅仅针对那些以教学育人作为组织单一职能的高等学校,前者比后者有更加宽泛的外延。同时,教学服务型大学的内涵与外延在学界尚存在争议,本文从创业型大学分类角度提出的新概念,具有明确的指向与清晰的边界,因此我们难以从两者的比较中得出确切的结论。但是,作为该概念的理论奠基者,刘献君教授指出:大学类型的演进遵循两条路径,如图 1 所示,一是"教学型——教学研究型——研究型",二是"教学型——教学服务型——创业型"。[12] 从图 1 可以看出,教学服务型只差一步,就可以发展成为创业型。"在教学服务型大学中,一部分优秀的学校可以朝着创业型大学的方向发展。"[11] 那么,这一步,或者说更加"优秀",主要指称什么呢? 应该说,这就是以教学服务产品本身赢得市场,如前所述,哪怕没有政府的庇护与资助,亦能够直面市场,搏击市场,在市场中自力更生的竞争性能力。

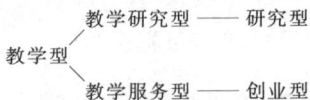

```
                    教学研究型 —— 研究型
         教学型
                    教学服务型 —— 创业型
```

图 1 高等学校分类[21]

服务型大学与教学服务类创业型大学虽然都体现服务导向,但两者之间的差异是明显的。西方的"服务型大学"在概念提出者那里主要针对现代科技服务,对应的高校往往是那些学术创新程度较高的研究型大学乃至部分研究教学型大学,而本文的"教学服务类创业型大学"有着不同的服务面向,主要针对以教学育人作为单一职能与使命的创业型大学。有趣的是,服务型大学的含义与创业型大学的含义有着相同的发展轨迹。例如,美国学者亨利·埃兹科维茨(Henry Etzkowitz)最早正是从研究型大学科技成果转化的角度提出创业型大学这个概念的,在美国学者伯顿·克拉克(Burton R. Clark)率先从教学型院校研究创业型大学之后,创业型大学针对的院校类型就包括了教学型、研究型等各种层次与类型的院校。服务型大学的内涵与外延也同样存在类似的发展轨迹,当前学界已经从包括教学型院校在内的不同类型与层次院校来论述服务型大学。这就不难理解,在提及服务型大学与创业型大学的关系时,有文甚至指出,"在很多学者的论述中,这两个概念可以互换",只不过当前学界普遍采用"创业型大学"这个概念。[11] 显然,从这个角度来看,教学服务类创业型大学仅仅是服务型大学的一个部分,两者属于局部与整体、被包含与包含的关系。

三、教学服务类创业型大学的外延厘定

通过前文对不同指向的"服务型大学"进行梳理与比较,能够发现具有服务精神的创业型大学有着较为宽泛的外延,同时抓住创业型大学以服务本身赢得市场这个最具革命性的特征。但是,教学服务类创业型大学的外延同样很难从上文的比较中体现出来。从定义来看,所谓教学服务类创业型大学,是指那些仅仅依靠教学学术赢得市场、走上自力更生道路的大学。依此来判断一所大学是不是教学服务类创业型大学,主要关注两点:一是属于教学型院校,以教学作为组织的单一职能;二是拥有一流教学服务水平,学习者从教学活动本身受益匪浅,甚至哪怕这种学校不颁发文凭,也会有人主动自愿前来学习,也就是说,这些院校具有随时离开体制并拥有在竞争市场中生存与发展的能力。从这两点解读,我们可以获悉,本文设立的教学服务类创业型大学,区别于国内近年倡导的教学服务型大学,亦不完全局限于克拉克考察的那些教学型院校,而是在遵循创业型大学基本内涵的前提下,体现中国特色、中国需要以及概念提出者的价值诉求。具体而言,教学服务类创业型大学的外延,主要包括以下三种类型的院校。

(一)由高职高专转型而来的创业型大学

高职高专以培养职业型、技能型、技术型人才为主,从总体上而言,对于经验与熟练的要求,要高于理论思维与学术创新,因此这类院校可以定位于教学型院校。如果该类高职高专,以教学服务本身赢得市场,甚至在离开政府的文凭庇护与政策保障之后,亦能凭借卓越的教学服务吸引大批生源,让学校在市场竞争中生存并发展,那么,它们就是名副其实的教学服务类创业型大学,至于这些院校是否自我冠以创业型大学之名则并不重要。特别值得注意的两点是:一是当前中国真正称得上创业型大学的高职高专极为少见,大多数高职高专还是在政府的文凭庇护与政策保障下生存,以现有的教学服务水平,一旦进入自由竞争的教育市场就会出现生源锐减的现象,最后只能关门。二是高职高专不是"忠实取向"的教学服务类创业型大学,这类院校在加快应用性研究步伐之后,可以转型为教学与科研并重的学术应用类创业型大学。在我国台湾,高等职业技术教育与普通高等教育是两条并列平行且地位平等的轨道,都可以通至博士研究生教育阶段。[22]这表明,高职高专既可以转型为教学服务类创业型大学,亦有机会转型为学术应用类创业型大学。

（二）由民办本科、中外合作办学甚至独立学院等高校转型而来的创业型大学

这几类院校当前均属于教学型院校，而且在相当长的时间内，以教学育人作为主要职能，不会在科学研究上投入太多。例如，民办本科院校本身就具有经营理念与市场意识，不会像公办本科院校一样对教师的科研活动有如此大力度的支持与奖励，这类大学对教师的评价，不以科研作为标尺，而是以学生的满意度与教学的有效性作为关键指标。对于中外合作办学，"教学工作始终是其中心工作，教学质量更是该机构和项目生存的关键[23]"。对于独立学院，大多依赖母体高校师资，其专职教师肩负着比新建本科院校教师更重的教学负担，且办学体制的完善还处在不断的探索过程中，在相当长时间内都难以在科学研究上发展起来。但是，这些高校普遍还未真正成为具有市场竞争能力的创业型大学，在很大程度上依赖政府的文凭保护或者政策保障。在未来社会变革之后的某一天，一旦学习者将接受高等教育的动因由获得凭证转向提升素养，那么，该类具有市场取向但缺乏竞争能力的教学型院校同样会面临关门破产的危机。例如，我们寄予厚望的中外合作办学，由师资等核心要件导致的教学质量问题，已经引起社会各界的关注。[24]总体而言，这几类院校在理论上最有可能转型为教学服务类创业型大学，但大多仍处在向教学服务类创业型大学转化的进程中。同时，这些院校也不属于"忠实取向"的教学服务类创业型大学，存在向学术应用类创业型大学转向的可能性与现实性。例如，中国的民办本科院校，在理论上可以像美国的私立大学那样，成为世界一流研究型大学，进而发展成为教学与科研并重的学术应用类创业型大学。中外合作办学，如果进一步发展，成为世界名校在中国的分校，[25]同样在理论上可以成为教学与科研并重的学术应用类创业型大学。我国的独立学院虽然方向尚未明确，但这类院校既有可能走新建本科院校的道路，也可能走前文提到的高职高专的道路，最后都通过应用性科研的提升走上教学与科研并重的学术应用类创业型大学之路。

（三）以兼职教师为主致力于教学服务平台打造的创业型大学

当前，形式多样的教学服务平台层出不穷。例如，针对职业人才培养的校企合作一体化教学服务平台[26]、在开发数字化教学资源基础上的个性化教学服务平台[27]、以"慕课"为代表的网络课程教学服务平台[28]等等。这些教学服务平台，有些是以教学作为单一职能的教学型院校所开设，有些是教学与科研并重的高校所开设，还有的则由大学之外的培训机构所开设。从

大学的角度设置教学服务平台,要提供高质量的教学服务,没有科学研究作为基础,则很难实现可持续发展。但是,这类大学可以仅仅成为一个教学服务的提供平台,大量承担核心课程教学的兼职教师,其科研工作在该校之外完成,而且该校属于提供学历教育的高等教育机构。学校以购买教学服务的方式,包括全程录像,聘请国内乃至世界一流的学者前来授课,再由学校专职的相应课程教师协助负责课程辅导、作业检查、成绩评定等。科研是该校专任教师获得聘任并提升学术影响力的自觉行为,不是学校需要奖励与重申的工作。学校最为关注的一点便是,提供让学习者学有所获、学有所值的教学服务。随着办学声誉的提升,该类高校也会吸引一流的学者加入专任教师队伍,从而使其学术声誉大大提升。但是,这类高校永远不会主动参与乃至关注各种大学科研排行榜,永远只做一件事:打造教学服务平台,引领现代教学革命,培养社会精英人才。因为他们坚信:科研的好与坏,均能从教学上体现出来;不同的科研成果,则有不同的教学方式;如果教学上体现不出来,这样的科研也是伪科研。这样的高校一旦以教学服务水平与声誉本身赢得市场,就成为名副其实的教学服务类创业型大学,而且是"忠实取向"的教学服务类创业型大学,也正是本文当前极力倡导的教学服务类创业型大学。

四、教学服务类创业型大学的两种模式

在前面论述教学服务类创业型大学的过程中,本文多次强调该类院校具有市场竞争的意识与能力。也就是说,这类院校是需要也能够面向市场、以教学服务质量赢得市场的大学。但是,我们千万不要一看到"市场"两字,就以为这类创业型大学都是商业化的大学。高等教育市场确确实实存在,而且一直且永远存在,只是政府这只看得见的手有时会遮蔽教育的市场属性。从中国经济体制改革的走向来看,市场化将是主导方向。例如,"市场在社会主义国家宏观调控下对资源配置起基础性作用",这是我国自改革开放以来逐渐确定的政策方针,在2013年中共十八届三中全会之后,该政策方针已经更改为要让"市场在资源配置中起决定性作用",进一步明确了市场化取向的改革路线。教育体制虽然不能按照经济体制的政策方针进行改革,但宏观的经济环境必定影响教育的改革与发展。例如2015年修订的《高等教育法》,取消了"不得以营利为目的"的条款,在很大程度上为高等教育的市场化提供了政策空间。在面向社会、面向市场办学的过程中,公办高校普遍会坚守公益属性,同时有些高校也许会选择营利属性。因此,这种类型

的创业型大学,可以再细分为营利型与公益型两种模式。营利型的大学并非无视社会声誉,这些大学同样要以教学质量取胜,甚至更需要以办学质量作为生存与发展的准则。营利与公益,只是从办学的第一出发点而言,换个角度说,亦即依据消费者直接承担办学经费的比重而定。同时,营利与公益可以相互转化。例如,一所以教学服务赢得市场的创业型大学,最初可能以获得经济回报作为第一追求,学生承担全部乃至超额教学服务成本,但当该校财力充裕之后再来反哺教学学术,在人才培养上淡化商业色彩,最终因教学质量卓越而赢得社会各界尤其校友的资助,又有可能回到公益型模式。作为公立大学的华威大学最初是否属于营利型的创业型大学尚难定论,但该校从一所名不见经传的教学型院校在短期内发展成为世界著名的研究型大学,这与该校整合学校一切资源包括教学场地来筹措办学经费分不开。现如今,谁也不会否认华威大学属于公益类创业型大学。而且,我们需要看到这样一种事实。"教育私有化趋势出现在世界各地的各级办学层面,而且正在逐步增强。"[29] 既然存在这种趋势,我们应该在大学分类理论中为可能出现的这类创业型大学预留空间。

在遵循等价交换原则的前提下,某种组织是否赚钱不应该成为社会的关注点,该组织能为社会与人们做什么才是重点。美国鲁克(Richard S. Ruch)教授的这段话,更加坚定笔者的这种信念。"坦白地说,几年前我还认为所有的私营教育机构都是学术界的渣滓。因为我无法明白追求利润的动机怎么能够和教育宗旨恰到好处地共存。……现在置身(营利性大学)中,我知道自己对营利性学校的未加检验的看法是错误的,对营利性学校只是为了追求金钱的宗旨的想法是非常幼稚的,对高等教育中营利动机本质的了解是错误的。"[30] 不过,那些完全由专任教师提供教学服务的此类创业型大学在短期内难以获得较高的社会声誉。这是因为,没有一流的研究,难有一流的教学。如果一所大学依靠自己那些不从事研究活动的专任教师来提供教学服务,那么这所大学的教学水平不可能上得去,从而也就走不出一条自力更生的创业之路。当前能够产生社会反响的教学服务型创业型大学,是指那些邀请相应领域的优秀专家、真正以教学育人的社会反响赢得市场的大学,这种大学更多地体现为优质教学服务的提供平台,专家各自的研究活动在这个大学之外完成。这种大学,就是前文所说的第三种教学服务类创业型大学。这种大学可以是公益的,也可以是营利的。例如,一所学生教育成本分担比例较小甚至不用缴纳学费的教学服务类创业型大学,其外显特征就体现出公益性;一所学生教育成本分担比例较大乃至高额收取学费的教学服务类创业型大学,其外显特征就体现出营利性。如果不从大学角度来严格限定的话,那些具有创业取向的教学服务类培训机构,也可以从公益与营利角度进行分类。例如,能够获得社会资助且学员自愿免费选择的常设性培训或学历教育活动,属于公益性的教学服务平台;那些销售课程且主要由学员自愿直接购买教学服务的活动,属于营利性的教学服务平台。

明确教学服务类创业型大学的两种模式,有利于我们抓住创业型大学的精神实质。显然,该种精神实质不是营利与否,而是能否凭借自己的学术优势,从社会上获得办学资源,体现了一种自力更生的意识与能力。如前所述,若是从学习者那里收取全额乃至超额的办学成本,以此作为主要渠道来获得办学资源,则属于营利模式;若是从财政拨款、校友捐赠、社会赞助、成果转化等途径获得办学资源,对学生只收取极少比例甚至不收学费,则属于公益模式。对一所以教学服务为唯一使命的公办院校而言,能否成为教学服务类创业型大学,不取决于其办学资源是否由以财政拨款为主转向以学生缴费为主,而是取决于其从政府那里获得的财政拨款是否与其提供的教学服务质量存在等价关系。也就是说,如果该所公办院校提供的教学服务具有适切性与针对性,学生能够从中获得知识拓展、能力增强与素质提升,哪怕学校没有颁布政府保护的文凭证书,仍然有大量学生前来选学,在毕业校友中获得较高的"母校认同度"[31],那么,这所公办院校就可能成了教学服务类创业型大学。在出现政府财政预算缩减的情况下,该类院校同样能够凭借自己的教学服务质量赢得社会各界的支持与资助,成为浮出水面的名副其实的创业型大学。我们所需要的创业型大学,正是该种类型的创业型大学;我们研究与建设创业型大学,也需要从这个维度出发。至于这些大学选择营利模式还是公益模式,不是判断这些大学是否优劣、能否成为一流创业型大学的标准,这是高校的投资体制、发展阶段与办学定位等因素综合作用的结果。从目前看,无论民办高校、独立学院,还是高职高专,都很难达到以教学育人质量本身赢得生源,并以此获得社会各界的支持与资助,在很大程度上依然凭借政府的文凭庇护。中国当前需要建设一批以兼职教师为主的教学服务平台,在公益与营利两种模式上同时探索,以高质量、有实效、易吸收的教学资源引领教学革命,带动民办高校、独立学院、高职高专等一批以教学服务为唯一使命的高校走上真正的教学服务类创业型大学之路。

结语:教学服务类创业型大学是探索中国特色创业型大学本土化理论而提出的一个新概念,其致力于教学服务平台打造、人才培养质量提升的开创性设想,有助于推动中国建设一批类似的创业型大学,引领现代大学教学革命,最终实现真正以教学服务本身赢得社会各界的支持。在推动该类创业型大学建设的过程中,那些不准备跟随研究型大学发展步伐的单一教学服务型院校,可以矢志不渝地坚守以育人作为唯一天职,转换知识生产模式,放弃对传统学术业绩的追求与攀比,放弃对现有大学学术排行榜的盲从与跟跑,全方位打造"金课",全身心培育"新人",让教师在育人的唯一使命中形成科学研究的自觉,让教师的学术提升仅仅着眼于人才培养的需要,经过多年的努力探索与大胆实践,最后也能像以兼职教师为主致力于教学服务平台打造的创业型大学一样,凭借教学育人的声誉成就具有自力更生能力的创业型大学。这些教学服务类创业型大学的个性发展与办学实绩,会反过来激励与领跑研究型大学、教学研究型大学的教学改革,推动教学育人与成果转化并重的学术应用类创业型大学走上一条和谐共振的学术创业之路,加快中国高等院校多元发展、分类管理时代的到来。

【参考文献】

[1] 阳荣威.我国大学分类的基础性缺失及其改善路径分析[J].江苏高教,2016(4):20-23,80.

[2] 付八军.创业型大学分类体系的探讨与构建[J].高校教育管理,2018(6):74-81.

[3] BOYER E L. Scholarship Reconsidered:Priorities of the Professoriate[R]. New Jersey:The Carnegie Foundation for the Advancement of Teaching, Princeton University Press,1990:25.

[4] 纽曼.大学的理想[M].徐辉,顾建新,何曙荣,等,译.杭州:浙江教育出版社,2003:4-5.

[5] 商友敬.坚守讲台[M].上海:华东师范大学出版社,2005:84.

[6] 吴艳,陈永明.大学课堂教学的现状分析及思考[J].高教探索,2015(11):83-89.

[7] 刘华东.试论大学教学学术的内涵[J].中国高教研究,2017(6):26-29.

[8] 朱炎军.教学学术视角下的高校教师发展:来自美国的经验[J].外国教育研究,2017(3):58-70.

[9] 李慧翔.破产狂潮下的美国大学[N].南方周末,2017-11-30(B19).

[10] 刘献君.建设教学服务型大学:兼论高等学校分类[J].教育研究,2007(7):31-35.

[11] 刘献君.经济社会发展转型与教学服务型大学建设[J].高等教育研究,2013(8):1-9.

[12] 罗家才.教学服务型大学建设:转型战略与本土创新的结合:第二届"全国教学服务型大学建设"学术研讨会综述[J].高等教育研究,2016(6):

106-109.

[13] 徐绪卿,周朝成.教学服务型大学:民办高等学校的新定位[J].中国高教研究,2011(10):59-62.

[14] CUMMINGS W K. The Service University in Comparative Perspective[J]. Higher Education,1998,35(1):1-8.

[15] 黄学军.论服务型大学的缘起和发展策略[J].湖南师范大学教育科学学报,2008(3):97-100.

[16] CUMMINGS W K. The service university movement in the US:Searching for momentum[J],Higher Education,1998,35(1):69-90.

[17] WELLE-STRAND,ANNE. Continuing Higher Education in the Service University[J],European Education,2002,34(1):70-87.

[18] 沈云慈.国外服务型大学的发展背景、策略与启示[J].安顺学院学报,2015(5):76-77.

[19] 吴建新.服务型大学的本质特征及服务边界[J].淮海工学院学报(人文社会科学版),2014(12):126-128.

[20] 郭赟嘉.服务型大学:地方院校发展的目标定位[J].煤炭高等教育,2017(2):10-13.

[21] 刘献君.教学服务型大学在实践探索中发展[J].高等教育研究,2016(7):1-7.

[22] 邬大光,付八军,张宝蓉,等.台湾地区研究生专业设置的历史、现状与趋势[J].理工高教研究,2007(1):1-4.

[23] 林金辉.中外合作办学教育学[M].厦门:厦门大学出版社,2011:114.

[24] 薛卫洋.对中外合作办学质量建设的思考[J].高校教育管理,2017(6):89-94.

[25] 熊丙奇.谁来改变教育[M].上海:中西书局,2014:55.

[26] 李梅芳,张亮.校企共建一体化教学服务平台的建设研究[J].中国信息技术教育,2014(24):52-54.

[27] 高新成,王莉利,刘玉华,等.面向数字化校园的个性化教学服务平台研究[J].黑龙江科技信息,2017(4):161-164.

[28] 韩丽媛.基于 MVC 的慕课教学平台的设计与实现[J].课程教育研究,2015(24):49-50.

[29] 联合国教科文组织.反思教育:向"全球共同利益"的理念转变[M].联合国教科文组织总部中文科,译.北京:教育科学出版社,2017:65.

[30] 鲁克.高等教育公司:营利性大学的崛起[M].于培文,译.北京:北京大学出版社,2007:19.

[31] 许详云,胡林燕.从毕业生"母校认同度"看高校本科人才培养[J].高校教育管理,2018(1):107-114.

创业型大学内涵的溯源性解读①

摘 要:伯顿·克拉克与亨利·埃兹科维茨两位学者奠定了创业型大学的理论基调,均被誉为创业型大学的理论鼻祖。在创业型大学的起点问题、研究角度、理论基础等方面,两位学者的理论见解不尽一致。但是,两位学者在以下几个方面能够达成共识:创业型大学代表了高等教育变革的重要走向;只有教师转型才能带来大学转型并主张推动科研成果转化;建设创业型大学的目的在于通过学术创业来摆脱高校的依附地位;创业型大学的最终实现有赖于大学能够成为社会创新体系的平等主体。两位学者在创业型大学内涵上的最大公约数,是构建中国特色创业型大学理论大厦的前提与基础。

20 世纪 90 年代末,创业型大学(entrepreneurial university)理论被引入中国,并推动中国出现一批高举创业型大学旗帜的本科院校。但是,时至今日,创业型大学的中国实践并未取得满意成果。同时,在理论界,我们不时听到各种对创业型大学的质疑甚至讨伐之声。同样的创业型大学理念,在西方能够引发成功的实践,在中国为何难以实现预期? 应该说,这主要缘于西方的创业型大学理论不适合中国土壤,需要进行本土化改造才能落地生根。于是,从创业型大学理论奠基者那里提取创业型大学的核心要件,就成为中国创业型大学本土化研究的基础性工作。伯顿·克拉克(Burton R. Clark)与亨利·埃兹科维茨(Henry Etzkowitz)在 20 世纪末针对不同的考察对象各自提出了这个概念,两位学者均对创业型大学的理论起了重要的奠基作用,可以同时被追认为创业型大学的理论鼻祖。本文从分析与比较两位学者的创业型大学观出发,首先采取概念界定、价值预设、发展起点、建设路径四维分析框架,分别对各自的创业型大学观进行全面系统的梳理,然

---

① 本文原载《高等工程教育研究》2018 年第 3 期,详见《创业型大学本土化的中国模式研究》(中国社会科学出版社 2018 年版,第 30 至 46 页)。

后提取两位学者在创业型大学内涵上的最大公约数,以此来洞悉创业型大学的本质,吸取西方创业型大学理论的精髓。在此基础上,我们才能根据中国实际与中国需要创造性地构建创业型大学本土化的理论大厦,进而为创业型大学的中国实践提供理论武器。

一、解读伯顿·克拉克的创业型大学观;

二、解读亨利·埃兹科维茨的创业型大学观;

三、提取克拉克与埃兹科维茨关于创业型大学内涵的最大公约数。

创业型大学本土化的内涵诠释①

摘　要：创建创业型大学是国际高等教育变革的重要趋势，中国学习与借鉴西方创业型大学理论需要对此进行本土化的内涵诠释，原因在于：一是创业型大学内涵在学界尚未取得共识，各种观点纷争无法为中国建设创业型大学提供理论指引；二是学术资本化的办学取向以及对大学办学自主权的基本要求，使得西方创业型大学理论不能对接中国创业型大学实践。诠释创业型大学本土化的内涵要点，需要遵循创业型大学理论奠基者的基本要义以及创业型大学中国实践的实际情况与现实需要，采取"建设动因"与"三大使命"四个维度的分析框架，确立学术资本转化而非学术资本主义的办学定位，培育学以致用的实用主义文化而非金钱至上的商业文化。中国特色的创业型大学理论推动创业型大学本土化的实践，中国创业型大学的成功实践最终成就创业型大学理论的中国流派。

20 世纪末，美国学者伯顿·克拉克（Burton R. Clark）和亨利·埃兹科维茨（Henry Etzkowitz）几乎不约而同地提出"创业型大学"（Entrepreneurial University，简称 UE）概念，随后被传入中国，并引发一批高校举起创业型大学旗帜。但是，创业型大学的中国实践至今尚未取得突破性进展。在"双创"的政策背景下，追问中西创业型大学南橘北枳现象的原因，会引导我们寻找创业型大学本土化建设的中国理论与中国路径。诠释创业型大学本土化的内涵要点，是向上构建中国特色创业型大学理论体系的基础与前提，也是向下扎根中国大地建设创业型大学的纲领与指针。在对两位创业型大

---

① 本文原载《教育研究》2019 年第 8 期，主体内容来源于《创业型大学本土化的中国模式研究》（中国社会科学出版社 2018 年版，第 47 至 63 页）。相较于著作内容而言，该文仅从四个维度（去掉了"办学文化"的维度）而不是五个维度来确立创业型大学中国化的分析框架，两者并不矛盾，因为"建设动因"与"三大使命"折射"办学文化"，亦即"办学文化"维度内隐于这四个维度之中，可以单独拿出来讨论，亦可以仅从四个维度来论述。

学理论鼻祖的基本要义进行溯源性解读以及提取两者基本要义最大公约数的基础上,[1]本文从诠释创业型大学中国化的内涵要点出发,围绕其行动的原因(为什么要诠释)、内容(具体如何诠释)及价值(诠释之后有何作用)三个方面展开论述。

一、建立创业型大学本土化理论体系的现实需要

学习与借鉴是进步的起点,中国学习与借鉴西方发达国家的教育理念与制度,是中国大学迈向世界一流大学的必经阶段与必要途径。但是,长期以来,我们习惯用别人的理论解释我们的现象,用别人的模型装我们的数据,落入美国学者阿尔特巴赫(Philip G. Altbach)的教育依附理论窠臼,中国教育研究领域成为西方话语体系的文化殖民地。摆脱依附理论的"中心—边缘"界说,不是我们开展西方理论中国化探索的动因,而是"洋为中用、他为我用"学习与借鉴的自然结果。从麻省理工学院、斯坦福大学以及华威大学等创业型大学典范的成功案例看,中国大学的改革与发展可以尝试吸收西方创业型大学理论。但是,创业型大学的内涵在学界尚未取得共识,而且其对办学自主权的基本要求以及学术资本化的办学取向,使得创业型大学中国实践缺乏具有针对性的现存理论,需要对西方创业型大学理论进行中国化改造与诠释。

(一)学界关于创业型大学理论的三大观点纷争

时至今日,学界对"创业型大学"主要存在以下三大争议:首先,克拉克与埃兹科维茨作为创业型大学概念提出者与理论奠基者,他们虽然在肯定创业型大学的价值上保持高度一致,但在研究视角、发展起点、具体路径等许多方面存在分歧。例如,埃兹科维茨以研究型大学作为观测对象,认为只有研究型大学才能成为创业型大学,国内许多学者依此理论见解,判定教学型院校不能直接成为创业型大学。[2]然而,不仅克拉克研究的创业型大学,许多是以教学型院校作为案例高校,而且中国高举创业型大学旗帜的地方普通本科院校,尤其职业技术学院与民办本科院校,它们仍然属于教研型乃至教学型大学。其次,创业型大学在学界处在风口浪尖的两个极端,一方将之视为"学术界的榜样"[3]1,认为这是中国"迫切需要的大学模式"[4],另一方则将创业型大学等同商业化、创收型大学,[5]认为"创业型大学的本质是反大学"[6]。学界之所以对创业型大学有如此大相径庭的判断,缘于各自对创业型大学内涵的不同理解。最后,创业型大学鼻祖开创的理论模式,处在不

断发展与完善中,不是不容置疑的金科玉律。埃兹科维茨的创业型大学观,建立在其"三螺旋"创新理论上。然而,有学者提出将中介机构纳入进来变成第四螺旋,[7]还有学者正在研究将市民社会等作为第四螺旋,[8]都是对三螺旋理论的进一步发展与完善。克拉克的创业型大学观,建立在其"五大要素"论上。在分析这五大要素的关系时,有学者认为这些要素不是所有传统院校向创业型大学转型的共同特征与必经途径,从而无法提升到"基本要素"的地位。例如,阿切勒·玛苏(Azèle Mathieu)等人在研究比利时布鲁塞尔自由大学(Université Libre de Bruxelles)这所创业型大学时,认为强有力的驾驭核心、多样化的资金来源,尤其拓宽的发展外围,是促进创业活动的决定性要素,而激活的学术心脏地带、整合的创业文化这两个要素,对创业活动只起辅助性作用。[9]马瑞克·克威克(Marek Kwiek)教授研究欧洲私立创业型大学之后发现,这些创业型大学只体现克拉克五大要素中两至三个要素,即强有力的驾驭核心、整合的创业文化(有时包括激活的学术心脏地带)。[10]从中国语境解析克拉克的"五大要素",可以发现这五者不是同等重要的关系,其中"激活的学术心脏地带"是五大要素的中心与目标,其他各要素要么为此服务,要么由此衍生而来。

(二)西方创业型大学对办学自主权的基本要求

西方成功的创业型大学,大都具有独立自主面向社会办学的广阔空间与制度保障,而中国大学在诸多方面严重依赖政府,尚未成为面向社会依法自主办学的法人实体。无论是克拉克提出的"五大要素"论,还是埃兹科维茨倡导的"三螺旋"创新理论,都有一个理论前提,那就是在既定的法律框架里,政府与大学不是指令发布与执行的从属关系,而是平等的协商关系。只有这样,大学才能面向社会依法自主办学,办得别开生面而不是千校一面。正如克拉克所言,"公立大学要成为创业型大学,首先要受到国家轻轻的点触,在运行的优势方面,意味着增加而不是减少信任[11]232"。埃兹科维茨亦指出,中央集权模式的三螺旋,"其改革的第一步就是要放松这种自上而下的控制,提高社会的创造力[12]275"。英国虽然是一个保守与传统的国家,但华威大学依然拥有较大的办学自主权。否则,该校很难将"公开艺术表演、出租剧院和学生宿舍、开办银行、美容室、书店和新闻社等"都当成拓宽办学经费的渠道。[13]麻省理工学院在走上创业型大学之前,有过激烈讨论。但是,他们讨论的问题不是寻求面向社会办学的自主权,而是选择完全基于市场开展学术活动的利弊之争,诸如约翰·邦克教授(John Bunker)警告性地指出,"从专利获得收入,可能危及大学免税的地位"。[3]88中国普通本科院校如福州大学、浙江农林大学、临沂大学等虽然明确将创业型大学作为战略目标，但它们却因为缺乏相应的办学自决性而难以按照西方创业型大学模式真正走上创业型大学道路。例如，中国公办高校领导由政府任命，主要面向政府办学，而且任期较短，从而难以像因"亲工商路线"而一度被赶下台的华威大学首任副校长巴特沃斯（Jack Butterworth）以及因裁撤不能带来收益的古典学科等"市场取向改革"而遭到人身攻击的斯坦福大学转型关键人物弗雷德·特曼（Frederick Emmons Terman）那样，克服一切阻力与困难，坚持不懈地推动大学面向市场与行业办学，加快传统院校向创业型大学转型。正如有学者提出的，中国大学很难办出特色，实现飞跃，但也不会办得太差，因为一切都由政府掌控。[14]在这种情况下，克拉克"五大要素"论中的"激活的学术心脏地带"，以及埃兹科维茨"三螺旋"理论中的"政府、产业与大学三者平等关系"，都不能在中国高等教育实践中落地生根，自然无法指引中国创业型大学的建设。

（三）西方创业型大学对于学术资本化的办学取向

西方创业型大学理论虽然存在各种流派，且两位创业型大学理论鼻祖亦没有明确其商业化、营利性大学的身份，但是，学术资本化、办学商业性特征在各种创业型大学理论流派或多或少地闪现。克拉克虽然是从组织变革角度研究创业型大学，但在具体案例高校的表述中，体现创业型大学商业化、市场化办学特征。例如，华威大学诞生初期的成长史，就是一部亲工商路线的斗争史，当学术创业政策获得全校共识之后，该校"顶部切片和交叉补助"的创收分配方案，[15]还被众多创业型大学移植过来调节校内财富不均。在1997年和1999年，苏格兰斯特拉斯克莱德大学的年报集中于两个专题："商业化"和"使事物发生的科研"。[11]30智利天主教大学创办的电视台，在1999年仍是该校额外储备收入的主要来源：电视广告33％，医疗服务30％，学费20％，政府资金11％。[11]146147……这就不难理解，国内有学者研究克拉克的创业型大学观时指出，"一种赚钱的意识和创收政策（A Earned Income Policy）成为进取性大学（Proactive University）适者逢生的生存方式"[16]。埃兹科维茨从大学、政府与产业三螺旋关系论述创业型大学，其出发点是推动成果转化，而不是筹措办学经费，但是，追求经济利益与遵循商业规范，自始至终都是埃兹科维茨先生论述的基调。他指出，与传统的科学规范不同，近来越来越多的学术科学家开始将学术成果转化为有价产品，同时大学也在为教师研究成果的市场化制订策略。[12]19国内学者普遍将商业性作为埃兹科维茨创业型大学观的重要特征。例如，有学者认为埃兹科维茨将组建公司的能力、学术要素和商业要素整合的能力,当成传统大学转型为创业型大学的关键标志。[17]还有学者认为埃兹科维茨主张以商业应用为导向开展基础研究和应用研究,加速现有科研成果商业化。[18]当然,从商业性、市场化特征界定创业型大学的代表人物,是希拉·斯劳特(Slaughter Slaughter)与拉里·莱斯利(Larry L. Leslie)两位美国学者。他们在其合著的《学术资本主义:政治、政策与创业型大学》一书中提出,"学术资本主义"最能体现利益动机向学术界入侵。[19]从此,创业型大学便与学术资本主义联系在一起,以致国内学者直接将学术资本主义视为创业型大学的组织特性。[20]然而,中国公办普通本科院校迈向创业型大学,无论是在政策上还是在文化上,都难以走上商业化的学术创业之路。例如,中国公办大学没有自定学费的权利,缺乏自主花钱的灵活性与主动性;高等教育仍被社会舆论视为公益事业,忙于赚钱创收被批评为不务正业;等等。这表明创业型大学的中国实践不能沿用以学术资本主义作为组织特性的创业型大学理论,需要对西方创业型大学理论进行中国化改造与诠释。

二、创业型大学中国化的分析框架及其内涵要点

构建具有中国特色的创业型大学理论体系,需要遵循两位理论鼻祖关于创业型大学内涵的共同观点。研究表明,除了认识到"创业型大学代表高等教育变革的重要走向"外,克拉克与埃兹科维茨在"学术成果转化的新增使命、学术资本化的办学取向以及平等主体的办学自主权诉求"三个方面达成共识,亦即"三大共识",成为创业型大学内涵溯源性解读的最大公约数。[1]然而,中国普通本科院校建设创业型大学,不能采取西方高校学术资本化的商业运作之路,同时需要充分利用中国政府主导的办学优势。这就意味着在理顺创业型大学中国化的内涵要点时,不能从两位理论鼻祖"三大共识"的最后两个方面出发,而只能从"学术成果转化的新增使命"出发,突出创业型大学中国实践的建设动因。但是,在强调内涵式发展、坚持"以本为本"、推进"四个回归"的时代背景下,创业型大学的中国实践不只是"成果转化"或者学界所谓第三使命"学术创业"[21]的问题。不关注人才培养的重要性与特殊性、陷入"四唯""五唯"[22]的科学研究,这样的创业型大学都不是中国需要的创业型大学。梳理创业型大学中国化的内涵要点,需要从人才培养、科学研究、学术创业三大使命切入,或者说从知识传承、知识创造与知识应用这样一个完整的学术生产链条切入。根据以上分析,本文从创业型大学中国实践的"建设动因"以及创业型大学的"三大使命"共四个维度的分

析框架进行内涵诠释,确立创业型大学本土化的基本要义与内涵要点。

(一)建设动因:致力于实现学术资本转化,而不是直接筹措办学经费

推动传统院校向创业型大学转型的目的,最能体现办学主体对于创业型大学的价值追求。西方创业型大学普遍诞生于办学经费短缺与知识经济曙光初显的时代背景下,拓宽经费渠道甚至解决生存危机成为西方创业型大学最为直接的建设动因。但是,中国普通公办本科院校向创业型大学转型,正如前文分析指出,着眼点不可能是直接筹措办学经费,而只能是实现学术资本转化,增强高等教育的社会贡献度。本文所谓的学术资本转化,不仅针对科学研究领域里学术成果向现实生产力的转化,还包括人才培养领域里学术资本向人力资本的转化。[23]对于第一个转化,学界普遍没有异议。当前,高校大量科研成果束之高阁,仅供小圈子里几个人为了科研本身的目的而翻阅,成为象牙塔内少数学者的自娱自乐。尽管科研成果的溢出效应能够促进社会进步,但是,科研成果每年不断推陈出新,如果不能尽可能及时转化或者推广,若干年后,面对浩如烟海的理论文献,没有几位学者能够在有生之年研读完毕,更不用说将它们吸收、综合、创新进而应用。不能放弃为了追求纯粹知识而进行的科学研究,大学要给学术本位的科学研究预留空间,但不能否定基于应用目的的科学研究之重要性与迫切性。作为一种办学类型的创业型大学,正是为推动学术成果向现实生产力转化而设,在此核心价值指引下呈现"学以致知"的学术本位文化。至于领会第二个转化,即学术资本向人力资本转化,取决于我们对"学术资本""人力资本"的理解与选择。"学术资本""人力资本"只意味着"学术""人力"属于重要资源,并不表明其必然存在牟利的价值取向。对此,许多学者持相同观点。例如,有文指出,"学术资本"本身没有表明"牟利""商业化"等价值倾向,只说明学术本身相当于一种重要资源,属于不含特殊情感或者价值倾向的中性词。[24]同理,人力资本亦是一个具有多重释义的概念,本文所谓的人力资本,"是指劳动者受到教育、培训、实践经验、迁移、保健等方面的投资而获得的知识和技能的积累,亦称'非物力资本'[25]"。基于这个定义,本文倡导学术资本向人力资本转化,不带任何商业色彩,是指实现教学服务产品向个体内在素质的转化,而非"把教学服务当成赤裸裸的商品,以此提高学费"。

(二)人才培养:面向社会培养创造性人才,强化服务意识与质量意识

针对创业型大学培养什么样的人才、如何培养人才,克拉克与埃兹科维茨论述不多。国内对创业型大学下过定义的学者,也较少论及创业型大学的人才培养,而往往关注科研成果转化。[26]创业型大学研究者较少关注人才培养,不是这些研究者无视创业型大学的人才培养,而是他们未能充分关注创业型大学在人才培养上的特殊性,从而也就没有将创业型大学的人才培养作为一个重要问题提出来。事实上,无论目标定位,还是培养过程,尤其是服务意识,相对传统院校而言,创业型大学的人才培养都有其特殊性。从培养目标看,创业型大学自然要培养创业型人才,只不过这种创业型人才不等于以创办企业作为身份标识的创业工作者,而是培养在校大学生的创业精神与创造能力,成为以此为核心素养的创造性人才。[27]从培养过程看,无论课堂教学这条主渠道,还是合作研发这条新途径,致力于学术成果转化的创业型大学,都要比学术本位、知识本位的传统院校更强调应用型人才的培养,也更有条件按照社会需求培养创造性人才。创造性人才是从思维品质而言,应用型人才是从规格类型而言。强调创造性人才与应用型人才的合一,正是中国创业型大学在人才培养上的价值追求。从服务意识看,创业型大学比传统公办院校在人才培养上更具服务意识,更加重视人才培养的质量与声誉。原因在于:传统公办院校的办学经费依赖政府财政投入,生源市场依赖政府文凭保护,其改革与发展首先着眼于政府的需要而非学生的需要或者说市场的需要,从而服务学生的意识或者将学生作为顾客的意识相对较弱。创业型大学则要努力改变以政府作为单一投资主体的办学模式,凭借其人才培养的质量与声誉赢得包括校友捐赠在内的社会各界资助,从而将人才培养的服务意识、顾客意识、质量意识、市场意识作为其生死存亡的头等大事来抓。对于当前正在向创业型大学转型的中国公办院校,会为面向市场生存与发展、提高人才培养的竞争能力而积蓄力量。例如,这些院校不再局限于认识论的高等教育哲学观,而是按社会需要来培养各种应用型的创造性人才,并力争让学生在接受高等教育服务过程中感到"学有所值",体现人才培养过程中的"等价交换"原则,体现其市场论的教育哲学与务实的育人精神。该种教育价值观与办学观在传统院校并不存在,却是创业型大学的遗传基因,这是它们在有朝一日政府削减公共经费、去除文凭本位价值之后依然能够独立面向市场、自力更生的能力资本与声誉资本。

（三）科学研究：基于社会需求开展研究，确立学术成果贵在转化原则

与传统院校相比，创业型大学的科学研究有以下特点：其一，在研究目的上，以成果转化业绩论英雄。传统院校的科学研究，虽然近年来重视成果转化，但在总体上以发表、出版、获奖、专利等承载的理论成果作为价值追求，对这些成果是否具有转化价值、能否转化并不关心。创业型大学强调学术成果贵在转化，以实践作为检验科研成果的标准，突出科学研究的应用价值。正如埃兹科维茨所言，"创业型大学主动将知识运用于实际[12]284"。创业型大学的人文社会科学知识，同样存在转化的可能与方向。例如，"大学文科教授可以成为大众读物市场的主角、社会人文讲座的明星或者社会智库建设的嘉宾[28]"。其二，在研究类型上，以应用研究、问题研究、政策研究为主。研究目的决定研究类型。在创业型大学，有一种研究值得推崇，那就是在成果转化取得预期目的之后，将研究与转化过程以学术报告的形式呈现出来。这种基于实践的研究范式不仅有利于让同行从中获得知识甚或启发，还可以实现创业型大学文理工不同学科的交叉创新，甚至有机会由此创设全新的概念、原则、规律等基本理论问题。从以传统的学科逻辑演绎生产知识为主线，转到以面向现实需要的应用性研究并由此自然过渡到基础研究为主线的学术模式，成为创业型大学科学研究的基本范式。其三，在研究过程上，科技成果转化机构功不可没。在传统院校，教师将以论文、论著、课题、获奖、专利等形式存在的学术成果交由科研管理部门确认统计之后，其研究过程基本完成。但是，在创业型大学中，科研成果管理部门不只统计成果，更重要的功能在于甄别成果的应用领域与市场前景，并积极协助转移转化。创业型大学教师的主要职责还是教学育人与科学研究，科研产品的"最后一公里"更多落在创业型大学科技成果转化机构上。这正是斯坦福大学首创的技术许可办公室（the Office of Technology Licensing，OTL）成为众多传统院校转向创业型大学之际首先重点学习与借鉴的原因所在。其四，在激励机制上，学术创业的收入取代过去的学术成果奖励。在传统院校，年度学术成果奖励既是激励教师开展科学研究的最大动力之一，也是同一所大学教师收入差距的重要砝码。这种功利化、计量化的资源驱动型科研激励机制，一旦过度运用就会给中国学术带来负面影响。创业型大学在尽可能提高教师岗位津贴的基础上，逐渐淡化对科研成果以奖金、配套经费等方式的额外奖励，公开发表论文论著、争取纵向横向项目、获得各级政府奖项等，属于教师获得学界认可、实现职称晋升、提高学术声誉的重要途径与自

觉行为。而且,创业型大学教师的职称评聘,不重视理论成果数量,在达到基本业绩要求后,重点考评学术成果的社会反响或者转化效果。创业型大学积极协助教师转移转化研究成果,同时成果收益主要归教师个人所有,这是创业型大学教师增加个人收入的重要渠道,也是他们履行其历史使命的重要体现,更是他们自觉走出"四唯""五唯"的制度安排。

(四)学术创业:推动学术资本转为办学资本,走间接筹措办学经费之路

学术创业(academic entrepreneurship,简称 AE)是一个见仁见智的概念,不同学者赋予其不同内涵或有不同侧重。近几年,学界普遍使用学术创业说明学术的资本化、商业化现象。不过,在西方语境下,"创业不等于创办一家企业去盈利,而是一种改变世界的独特思考和行动体系"[29]。克拉克最初选择创业型大学作为该类大学概念,更多地指向组织创新与事业进步。正如有文指出,"克拉克的'创业型'带有'事业'含义——在需要很多特殊活动和精力的建校工作中的执着努力"[30]。本文所谓的学术创业,是指高校将学术资本由潜在的生产力转化为现实生产力的活动,指高校将自身独特的学术资源转化为办学资源的活动,指高校自力更生、坚持不懈地推动大学不断进步的活动。可见,学术创业的内涵相当丰富,已经走出纯粹商业化、学术资本化范畴,指向一项事业的不断变革与进步。学术创业是创业型大学区别于传统院校的标志性外显特征,更体现创业型大学走出象牙塔范式之后大力弘扬的自力更生精神与求真务实文化。创业型大学以学术创业作为身份标识,就是要创造一切可能,"多元化筹措办学经费"[31],推动学校不断发展。然而,创业型大学的中国实践不以直接筹措经费作为建设动因,而是要从"学术创业"的丰富内涵出发,走一条间接筹措办学经费的发展之路。这条道路便是通过提升应用性科研成果的学术含金量与社会贡献度、增强创造性人才培养的针对性与实效性,获得社会各界的充分肯定、广泛支持与持续资助。例如,基于成果转化目的研制创新性学术成果并获得第三方赞助或者以商品形式转让出去,基于办学声誉或者感恩回报而获得社会各界尤其是校友捐赠的非商业化行为,都属于间接筹措办学经费的重要体现。"应用型大学"是一个涵盖力较强的综合性概念,地方应用型本科院校、行业特色研究型大学等都可以纳入进来。从这个角度而言,中国特色的创业型大学要以应用型大学作为第一个发展阶段,应用型大学也是创业型大学中国实践不可逾越的一个发展阶段。当应用型大学能够凭借其人才培养质量与科研成果效应而不是政府的文凭保护来获得社会资源之后,应用型大学

也就自然过渡到创业型大学自力更生能力的展现阶段。因此,中国特色创业型大学的学术创业之路,是一条以名副其实的应用型大学作为建设目标的学术应用、应用学术之路,体现国际趋势、国家战略、社会进步、大学变革、学术革命与人才成长之多重需要。

三、确立中国创业型大学本土化内涵的价值阐发

创业型大学(entrepreneurial university)是一个舶来品,由于其内涵在学界存在争议,且无法指导中国大学实践,因而需要对其进行本土化改造。基于两位理论奠基者关于创业型大学内涵的最大公约数,在此基础上根据现实与愿景创造性构想,本文从以上四个维度对创业型大学本土化内涵要点进行提炼与诠释。该种建立在一定理论依据基础上的学术建构,为创业型大学本土化研究与实践指明方向,有利于消解学界对于创业型大学理论的误解与偏见,吸引更多学者加入创业型大学研究队伍,让该主题成为中国学界的热点话题。当中国像西方那样出现创业型大学的研究热潮,[32]必将推动中国特色创业型大学理论体系的创设,促进创业型大学理论中国流派的形成,尤其有利于指引创业型大学中国实践的推进。

(一)进一步构建创业型大学中国化的理论体系

形成概念、建立体系、指导实践,可以被视为高等教育理论创新的基本范式,成为高等教育理论研究"三层楼"的自觉追求。中国创业型大学理论研究仍处在概念介绍与价值争鸣的初级阶段,既没有像西方创业型大学理论研究一样形成各种流派,也未能在创业型大学本土化概念界定上获得普遍共识,更不用说建立中国特色创业型大学理论体系、指导创业型大学中国实践。确立与诠释创业型大学本土化的内涵要点,虽然处在概念的形成与论证阶段,但这属于中国特色创业型大学理论体系的核心要件,亦属于创业型大学中国实践的逻辑起点。中国特色创业型大学理论体系建设,要以创业型大学本土化的内涵要点作为原点,在此基础上予以内涵扩展、理论升华与体系完善,并从分类角度理顺创业型大学的外延,再探讨创业型大学本土化的实践论乃至价值论,最终成为指引创业型大学中国实践的理论武器。

(二)在国际上展现创业型大学理论的中国流派

针对外来概念或者理论的学习与借鉴,按照"忠实取向"原则采取"拿来主义"策略,该种做法在不少时候值得坚守。但是,当这种做法不符合客观

实际,或者不利于事物发展时,该种坚守就毫无意义。因为中国"借用"西方教育术语的目的不是为了术语本身,而是领会术语背后的精神实质,吸收其合理内核,创造性地应用到中国教育实践,以便加快中国教育的改革与发展。当经过本土化改造的创业型大学理论在实践指引上取得成功,形成具有世界认可的创业型大学之中国案例,那么,创业型大学中国化的理论体系就能在国际上占有一席之地,被全球研究创业型大学的学者称为创业型大学理论的中国流派。在那个时候,中西方的创业型大学研究者能够在同一平台上开展学术交流,彼此吸取对方的思想与智慧以推动各自创业型大学理论与实践的发展,在国际大舞台上形成不同的创业型大学理论流派。这应该是中国学术走向独立自主、坚持理论自信的开始,也是中国学者真正学习与借鉴西方理论、汲取全人类智慧为我所用的标志。

(三)让创业型大学理论研究扎根在中国实践上

世界是变化的,变化是绝对的。来源于世界并用来改造世界的各种理论学说,自然也需要因时因地发生变化。战国末期《察今》(选自《吕氏春秋·慎大览》)一文,深刻地揭示了这个道理。"凡先王之法,有要于时也,时不与法俱至。法虽今而至,犹若不可法。故择先王之成法,而法其所以为法。"对于一个国家的祖训尚且如此,对于西方的创业型大学理论学说,更应该根据其精神实质予以本土化改造与诠释。提炼创业型大学本土化的内涵要点,进而构建中国特色的创业型大学理论,适应当下中国教育改革与发展需要;随着中国创业型大学建设的纵深推进,中国特色创业型大学理论将在实践基础上不断变化、丰富与完善,以适应中国新一轮教育改革与发展需要。教育理论与教育实践"相互滋养、交互生成"[33]的教育研究之路,将推动中国特色创业型大学理论在实践中不断发展,最终让本土化的创业型大学理论永远扎根在中国高等教育实践上。

总之,道路的曲折性并不否定方向的确定性。在社会变迁过程中,大学推动社会发展,社会也在改变大学面貌。面向社会办学的创业型大学,自然会主动对接时代潮流,协调学术文化与创业文化之关系,让两者实现共存共赢,而不是冲突对立。将知识生产、传承与应用结合起来,构筑完整学术生产链条的创业型大学,其秉承"学以致用""应用取向"的实用主义①[34][35]文化会成为大学的精神向导,指引创业型大学沿着自力更生的办学道路走下去,最后成就中国创业型大学的传奇故事。正如伯顿·克拉克所指出的,"一种创业型文化的发展,可以看作从理念(idea)到信念(belief)、到文化(culture)、到传奇(sage)的运动。"[11]113

【注释】

①实用主义经历了以皮尔斯(Charles Peirce)、詹姆士(William James)和杜威(John Dewey)为代表的古典实用主义发展阶段和以古德曼(Nelson Goodman)、戴维森(Donald Herbert Davidson)、罗蒂(Richard Rorty)、普特南(Hilary Putnam)等为代表的新实用主义发展阶段。当前,学界在广泛应用该概念强调知识的应用性、实用性与工具性之际,也有学者质疑实用主义知识观会导致急功近利等负面影响。其实,不能简单地认为实用主义只注重功用,基于价值观的实用主义与基于伦理观的功利主义属于两种不同的哲学范畴。创业型大学的实用主义知识观,并不否定基础知识、基础研究的价值,只是不再"为了知识而知识,为了研究而研究",注重在应用目标的指引下开展基础知识的传承与基础学科的研究。这种从实践需要出发的逆向研究范式,有时反而能够催生重大的基础理论成果。同时,创业型大学只是高等教育多元化的类型之一,作为一种探索中的新型办学模式,可与坚守象牙塔理想、强调学以致知的学术本位大学并驾齐驱共同发展。实践能够证明,哪一种办学类型最终会成为大学的主体,代表未来高等教育变革的方向。

【参考文献】

[1] 付八军,李炎炎.创业型大学内涵的溯源性解读[J].高等工程教育研究,2018(3).

[2] 付八军.创业型大学研究述评[J].黑龙江高教研究,2012(7).

[3] 埃兹科维茨.麻省理工学院与创业科学的兴起[M].王孙禺,袁本涛,译.北京:清华大学出版社,2007.

[4] 马陆亭.创业型大学:我国迫切需要的大学模式[N].中国教育报,2017-5-8(10).

[5] 彭宜新,邹珊刚.从研究到创业:大学职能的演变[J].自然辩证法研究,2003(4).

[6] 王建华.我们需要什么样的大学[J].高等教育研究,2014(2).

[7] 张秀萍,迟景明,胡晓丽.基于三螺旋理论的创业型大学管理模式创新[J].大学教育科学,2010(5).

[8] ETZKOWITZ H, ZHOU C. Triple Helix twins: innovation and sustainability[J]. Science and Public Policy, 2006,33(1):77-83.

[9] MATHIER A, MEYER M. Turning science into business: a case study of a major European research university[J]. Science and Public Poli-

cy,2008,35(9):669-679.

[10] 张卫国.三螺旋理论下欧洲创业型大学的组织转型及其启示[J].外国教育研究,2010(3).

[11] 克拉克.大学的持续变革:创业型大学新案例和新概念[M].王承绪,译.北京:人民教育出版社,2008.

[12] 埃兹科维茨.三螺旋创新模式[M].陈劲,译.北京:清华大学出版社,2016.

[13] 刘叶.创业型大学的发展之道:以沃里克大学为例[J].高教发展与评估,2010(5).

[14] 张应强.我国高等教育改革的反思和再出发[J].深圳大学学报(人文社科版),2016(1).

[15] 克拉克.建立创业型大学:组织上转型的途径[M].王承绪,译.北京:人民教育出版社,2007:25.

[16] 张丽.伯顿·克拉克的创业型大学思想研究[J].天津市教科院学报,2016(4).

[17] 陈笃彬,李坤皇.三螺旋视角下的创业型大学发展范式:以莫纳什大学为例[J].科技管理研究,2014(4).

[18] 张金波.三螺旋理论视野中的科技创新:基于美国创业型大学的分析[J].高等工程教育研究,2009(5).

[19] 斯劳特,莱斯利.学术资本主义:政治、政策和创业型大学[M].梁骁,黎丽,译.北京:北京大学出版社,2008:8.

[20] 温正胞,谢芳芳.学术资本主义:创业型大学的组织特性[J].教育发展研究,2009(5).

[21] 夏清华.学术创业:中国研究型大学"第三使命"的认知与实现机制[M].武汉:武汉大学出版社,2013:36.

[22] 操太圣."五唯"问题:高校教师评价的后果、根源及解困路向[J].大学教育科学,2019(1).

[23] 付八军.创业型大学本土化的理论误解[J].江苏高教,2018(11).

[24] 胡钦晓.何谓学术资本:一个多视角的分析[J].教育研究,2017(3).

[25] 谢沁怡.人力资本与社会资本:谁更能缓解贫困[J].上海经济研究,2017(5).

[26] 杨兴林.关于创业型大学的四个基本问题[J].高等教育研究,2012(12).

[27] 付八军.从创造性人才、创造性教育到创业型大学[J].高校教育管

理,2017(4).

[28] 付八军.学术成果转化:创业型大学教师的历史使命[J].教育发展研究,2017(7).

[29] 李华晶.间接型学术创业与大学创业教育的契合研究:以美国百森商学院为例[J].科学学与科学技术管理,2016(1).

[30] 付淑琼.大学进取与变革的路径:论伯顿·克拉克的创业型大学观[J].教育研究,2010(2).

[31] 宣勇.论创业型大学的价值取向[J].教育研究,2012(4).

[32] 潘黎,侯剑华.国际高等教育研究的热点主题和研究前沿:基于8种SSCI高等教育学期刊2000—2011年文献共被引网络图谱的分析[J].教育研究,2012(6):136-143.

[33] 李政涛."在中国"与"在世界":"生命·实践"教育学的学术景象[J].华东师范大学学报(教科版),2015(4).

[34] 冯典,黄雪梅."以学校发展教育,以教育复兴祖国":李登辉在复旦大学的实用主义教育思想与实践[J].复旦教育论坛,2016(2).

[35] 曾繁相.实用主义教育理念与中国传统文化的结合:浅析台湾应用型本科院校的办学特色[J].教育评论,2016(10).

第二部分

创业型大学教师转型研究

本部分收录了 12 篇论文,基于大学转型与教师转型的同一性原理,从师资队伍建设的角度探讨了创业型大学转型的现状、困惑与路径。在这些论文中,之所以提出创业型大学教师转型、创业型大学转型等组合术语,主要原因是中国的创业型大学建设尚在行进中,许多传统本科院校高举创业型大学旗帜,但还没有真正转型为创业型大学。本部分最后提出的创业型大学教师评价双轨制,是与教师选聘、平台建设等基本路径同样重要但更为迫切与困难的关键环节。

论大学转型与教师转型的同一性^①

摘 要：大学转型与教师转型相互依存，在这种依存关系中，教师转型是第一位的。从学理角度来分析，只有教师的转型，才能带来大学的转型；实现大学的转型，首先要有教师的转型。从历史角度来考察，大学从最初的教学型到研究型，再到后来出现的创业型，均是以教师进行相应的转型为前提与基础的。从现实角度来验证，教师的千人一面导致大学的千校一面，教师的整体素质决定大学的发展状态，表明大学转型对教师转型的高度依存性不容置疑。大学转型与教师转型的同一性，可以成为一种新的理论视角，指引我们从教师转型来研究大学转型，以教师转型作为抓手推动大学转型。

学界不乏关于大学教师的论著，但从教师与大学，尤其是从教师转型与大学转型相关性来探讨的论著少之又少，只在某些篇章有些零碎观点。例如，"教师转型是高校转型发展的前提和基础""大学转型和发展的基础是教师……只有教师转型才能促进大学转型"等。事实上，大学转型与教师转型的相互关系，蕴含着极具实践价值的教育规律，非常值得我们研究与关注。在此，笔者将两者的相关性界定为同一性。本文所谓的同一性，既不同于美国心理学家艾里克·艾里克森（Erik Homburger Erikson）率先提出的"同一性"，他创造的"自我同一性"（ego-identity，有译为"自我统合""自我认同"）是针对青少年时期心理发展、人格成熟状态的一个术语；亦不完全等同唯物辩证法关于矛盾的"同一性"，矛盾的同一性即统一性，是指"矛盾着的双方，依据一定的条件，各向着其相反的方面转化"。在矛盾论中，虽然"依存性是同一性的基本特征"，但对立统一的双方属于一个事物的两个方面或者在同一个层次中相互作用的两个事物。本文研究的同一性，是指大学转型与教师转型两个不同层次的事物具有相互依存关系，尤其指大学转型对教师转

---

① 本文原载《教育研究》2017 年第 4 期，原题为《论大学转型与教师转型》，详见《教师转型与创业型大学建设》（中国社会科学出版社 2016 年版，第 79 至 93 页）。

型的高度依存性。一方面,推动大学转型,能够牵引教师进行相应的转型;另一方面,实现了教师的转型,必然推动大学的转型。在这种依存关系中,教师转型是第一位的。因为大学能否实现转型,最终取决于教师是否转型。如果一所大学占主体地位的教师体现不出相应的类型,那么,无论该所大学将自己定位于哪种类型,都只能是有名无实。例如,当前国内明确冠以创业型大学之名的任何一所高校,其教师在整体上仍然属于传统型,尚未转为创业型,因此这些高校还不属于真正意义上的创业型。又如,南方科技大学定位于国际化高水平研究型大学,当前我们认可其属于这种类型的高校,并不是因为该校的办学目标如此,而是该校教师在整体上实现了国际化高水平研究型大学的水准。在某种类型的大学中,虽然存在不同类型的教师,但教师主体必定属于相应类型,这是我们理解大学转型与教师转型同一性的一个重要前提。例如研究型大学或者农林类大学,并不排斥两者各自包含教学型或者人文类教师,但教师主体必定分别属于研究型或者农林类,否则也就称不上研究型大学或者农林类大学。正如从哲学角度界定事物性质的变化一样,量变积累到一定程度,就不可避免地引起质变。在深刻领会大学转型与教师转型的同一性之后,无论在理论上研究大学的转型,还是在实践上推动大学的转型,我们都会有意识地选择从教师转型视角切入,以小见大、由点及面地来开展工作,获得事半功倍的效果。如前所述,大学转型与教师转型两个方面的相互依存关系并不难理解,可谓一种表象形态的常识,难就难在明确现象背后大学转型对教师转型的高度依存性。也就是说,这种理论视角或者说教育规律的确立,关键在于明确教师转型在两者依存关系中是第一位的。因此,本文主要从大学转型对教师转型的高度依存性出发,试从以下三个方面对此进行系统与深入的分析,以便在理论上确立大学转型与教师转型的同一性。

一、大学转型对教师转型高度依存的学理依据;

二、大学转型对教师转型高度依存的历史考察;

三、大学转型对教师转型高度依存的现实基础。

从教师转型看创业型大学建设的三个命题①

摘　要:传统高校转型为创业型大学,最根本的问题在于实现教师转型,最困难的问题也是实现教师转型。要实现传统教师向创业型教师转型,必须转变评聘标准,建立校级成果转化平台。同时,有些大学教师坚守学术本位,不注重研究的直接应用取向,有其合理性与必要性,故而,创业型大学只是高等教育的一种类型,而不是一个更高的层次。但是,有些大学教师坚守学术本位,不是不想推动成果转化,也不是缺乏相应的评价机制,更不是这些成果不应该实现转化,而是这些低劣的成果不能转化,这就表明建设创业型大学不只是一种主观选择,更是一种能力展现。

自 20 世纪末"创业型大学"这个概念被引入以来,我国高等教育领域曾对创业型大学的未来寄予厚望。在麻省理工学院、斯坦福大学以及华威大学(又译为沃里克大学)等一大批明星创业型大学的激励下,中国不少高校例如福州大学、南京工业大学、浙江农林大学都明确提出过建设创业型大学的战略目标。但是,时至今日,在我国高等教育理论界与实践界,都很难像西方国家那样掀起创业型大学研究与改革的热潮。那些高举过创业型大学大旗的高校,在从传统大学向创业型大学的转型过程中,阻力甚多,并不顺利,以致有些高校已经悄悄地更换了战略定位,创业型大学的字眼淡出了师生员工的视线。针对创业型大学在我国高等教育领域的南橘北枳现象,国内不少学者进行过详尽全面的探索。但是,少有学者从教师转型的角度对此进行深入剖析。其实,有什么样的大学教师,就有什么样的大学,大学转型与教师转型具有固有的内在的必然的联系。可以说,教师转型既是创业型大学理论研究的薄弱学术点,也是推进创业型大学理论研究与实践改革的理想切入点。从教师转型视角切入,以小见大,由近推远,可以较好地理解中国创业型大学建设之所以如此艰难的原因所在,同时能够为创业型大

---

①　本文原载《教育发展研究》2015 年第 9 期。

学的本土化建设提供一幅更加清晰与直观的线路图。本文从教师转型的角度来研究我国创业型大学建设，至少可以让我们较好地获得以下三个命题：

一、从传统教师转型为创业教师的障碍看创业型大学建设的两个基本环节：创业导向的教师评聘标准以及校级层面的成果转化平台

推进创业型大学建设，关键在实现学术成果转化。[1]然而，学术成果的生产主体，正是大学教师。只有大学教师能够生产出可以转化的科研成果，只有他们具有学术创业的意识与热情，传统大学才有可能向创业型大学转型。可以说，有什么类型的大学教师，就有什么类型的大学；有什么层次的大学教师，就有什么水平的大学。"大学的转型和发展的基础是教师，教师是创业型大学转型的核心力量，只有大学教师的转型才能有效促进大学的转型。"[2]无论是开展创业型大学研究，还是推进创业型大学建设，都应该关注教师转型问题。当前，国内致力于创业型大学建设的不少高校，之所以难以转型，虽然存在各种各样的掣肘因素，但是，最根本也是最外显的原因正在于大学教师没有实现转型，他们仍然与传统大学或者原来的工作模式一样，注重形而上的研究，不关注学术的应用。可见，在一所大学中，教师在多大程度上实现了由纯粹的教学科研向"学术创业与教学科研并重"转向，就意味着该校在多大程度上向创业型大学转向了。同时，通过对传统教师转型为创业教师的障碍分析，可以很好地理解传统大学转型为创业型大学艰难的原因所在，从而进一步理顺推进创业型大学建设的基本环节。

实现教师转型，亦即传统教师转型为创业教师，最大的障碍之一在于教师评聘的标准没有发生实质性改变。例如，某所高举创业型大学大旗的高校，在学校层面上，创业型大学建设搞得轰轰烈烈，各种激励学术创业的政策不断推出，可是，在教师层面上，他们仍然与往常一样，在工作内容与方式上没有任何变化，许多参与座谈的教师甚至根本不知道也不想去知道什么是创业型大学。一所致力于走创业型大学之路的高校，教师们之所以难以在传统的"两个中心"基础上再增加学术创业的使命，关键原因之一正是传统的教师评聘标准没有改变，考评教师的指挥棒依然与往常一样。可见，推进教师转型，进而实现大学转型，首先必须转变评聘标准。不过，我们还应该分析，为何那些有志于创业型大学建设的高校，在转变教师评聘政策上仍然这么艰难。本文认为，在现有的学术生态环境中，任何一所高校要推动教师向学术创业的方向转型，都非常困难。其一，大学教师的来源往往较为单

一,基本上是从学校到学校,从学科研究到学科研究,在一个封闭的学术体系中转换场景,缺乏学术创业的意识、经历与本领。其二,政府作为公办高校的管家,主要基于学术标准来评价大学,在此情形下,任何一所高校若按创业型大学的模式来评价教师,关注学术创业,那么,不仅难以获得政策的支持,而且面对周边传统的高校及其同行们,教师们会感到非常孤独,产生抵触情绪,因为"学者对一个学科的忠诚度远远高于对于一所大学的忠诚度"。其三,在中国公办高校,辞退一位不合格的教师比引进一位优秀的教师要难得多,同时,高校在聘请教师、职称评定、岗位聘任等方面,缺少充分的自主权,至少面临着巨大的压力与阻力。以上三点不是全部,但足以表明国内任何一所高校若要实施以学术创业为导向的教师评聘体系,必定困难重重。不过,这也表明,我国传统高校要推动教师转型,加快创业型大学建设,最好形成创业型大学战略联盟,作为一种类型的高等教育院校,共同从政府那里获得必要的政策,以更好的政策环境推动教师转型,同时扩大师资来源通道,加快应用型师资队伍建设。

实现教师转型,另一个最大障碍在于缺乏校级层面的成果转化平台,也就是说,学校没有有效地帮助教师们走向学术创业。可以说,这是任何传统高校转型为创业型大学之初最为基础的一项工作。这是因为,建设创业型大学,推动教师转型,并不意味着所有的教师直接开展学术创业,而是指他们的学术生产由面向发表转为面向应用。对于大学教师来说,他们的基本工作主要还是教学育人与科学研究。他们关注市场,只是为了生产应用性成果以及配合他人实现成果转化。但是,对于作为组织转型的创业型大学来说,则必须组建一支帮助教师转化成果的队伍,形成学术成果转化平台,类似于斯坦福大学的技术许可办公室、我国台湾中兴大学的产学智财营运中心,[3] 而不能仅仅将成果转化看成大学教师个体的事情。否则,具有再多创业教师的大学,也不能称为创业型大学。可是,中国公办高校要组建一个推动成果转化的中介组织,极为不易,更不用说直接创办公司了。其一,这个平台既涉及学科本身问题,还需要财务、法律等许多专业知识,需要各种各样的专业人才,这本身就是一项极具挑战性的工作。其二,自治是创业型大学生存发展的前提[4],中国公办高校不具有美国私立大学那样较为独立的财务自主权,无论是平台的对外联络还是校内的利润分配,都很难让大学作为一个独立法人在市场中进行自由运转。其三,极具学术创业前景的教师或许不满意现有的创业收益提成,他们会自己直接创办公司,这对于成果转化平台的建设与发展来说是有影响的。不过,推动创业型大学建设,目标应该是实现学术成果转化,服务社会经济建设,而不是完全基于一所学校的财政紧缺，以增加办学收入。从这一点来看，有更多的大学教师自己创办公司，转化自己的研究成果，在这个过程中培养更多的学生，值得社会以及大学的鼓励。

从传统教师转型为创业教师的最大障碍来看，一是缺少相应的教师评聘标准，二是尚无有效的校级成果转化平台。因此，要推进创业型大学建设，就必须从这两个根本问题切入，转变教师评聘标准，建好校级成果转化平台。可以说，这是任何一个传统高校转型为创业型大学必须经历的两个基本环节，其他各种转型策略或者政策环境都是为此做准备的。例如，在创业型大学建设途径上，克拉克曾提出实现组织转型的五个要素：强有力的驾驭核心、拓宽的发展外围、多元化的资助基地、激活的学术心脏地带、整合的创业文化。[5]当前，这五个要素成为国内不少理论研究者与实践工作者视为推进创业型大学建设的金科玉律。应该说，这五个要素对于创业型大学建设来说都非常必要，缺一不可。但是，五者之间不少是互为前提与基础的，彼此之间能够相互推论出来，而且，抓住了教师评聘标准与成果转化平台，也就包容了这五个要素。例如，当前国内任何一所高校，若能扭转现有教师评聘机制，建立并推行创业导向的教师聘任体系，必定形成了强有力的驾驭核心，必定能够激活学术心脏地带；在此基础上，形成校级层面的成果转化平台，让教师与学校共同从成果转化中获得利益，这就自然拓宽了发展外围，建立了多元化的资助基地，形成了整合的创业文化。因此，推进创业型大学的本地化建设，就要从中国国情出发，从教师转型视角切入，抓住可以操控的牛鼻子，首先瞄准教师评聘标准的转变，进而建立成果转化平台。

二、从传统教师存在的合理性和必要性看创业型大学的层次与类型之争：创业型大学属于一种办学类型而不是一个更高的层次

创业型大学作为一个舶来品，自被引入中国后，国内学界对其争论就没有停止过。在众多争论的声音中，有一种观点颇受关注，那就是不少学者认为创业型大学是在研究型大学之上的一个发展阶段，亦即表明创业型大学属于一个更高的层次。辩驳这个观点，仅从一般的创业型大学层面来研究，很难给出一个让各方心悦诚服的论据。但是，若从教师转型视角切入，具体而言，这里是从传统教师坚守学术本位的合理性与必要性出发来研究，可以清晰地发现，创业型大学并不是一个更高级的层次，而只是一种办学类型。对此，在抛出"类型观"的论据之前，先来分析学界关于创业型大学的"层次观"。

对于创业型大学的态度,学界存在两种极端。少数学者对创业型大学持抵制态度,甚至有些高等教育理论研究者认为,这些以企业模式运作的创业型大学只是高等教育系统的"渣滓",不值得研究。[6] 国内有学者甚至提出,"创业型大学的本质是反大学的,至少和传统上关于大学的概念是很难相容的"[7]。相对而言,较多的学者对创业型大学持推崇态度,甚至有些学者认为,创业型大学是高等教育系统中一个更高的发展层次,所有的大学都应该转型为创业型大学。例如,创业型大学理论的主要奠基人之一埃兹科维茨是从研究型大学的视角来研究创业型大学的,认为创业型大学的第一个变体是朝研究型大学转变。[8] 也就是说,创业型大学是在研究型大学而不是教学型大学的基础上发展而来的,只有研究型大学才能转型为创业型大学,创业型大学是高等教育发展的第三个层次。还有文章在论述"市场不可阻挡地成为大学发展的决定性因素"之后,总结指出,"各种类型和层次的大学都可以而且应该变革为此类创业型大学"。[9] 从知识使用情况来看,我们可以将大学分为教学型大学、研究型大学与创业型大学。从以下几点来分析,创业型大学确实是在前两种类型大学基础上的一种延伸与发展,似乎属于一个更高的层次。

其一,创业型大学是在知识生产、知识传承的基础上开展知识应用。如果说,教学型大学更多是知识传承,贯彻"一个中心";研究型大学在知识传承的基础上强调知识生产,贯彻"两个中心";那么,创业型大学则是实现了知识生产、知识传承与知识应用的统一,形成了一个完整的知识学术链条,贯彻"三个中心"。从这一点来看,创业型大学并没有否定教学型大学、研究型大学的中心工作,反而在此基础上进一步发展,从而使得创业型大学似乎成为一个更高层次的高等教育类型。

其二,从知识的工具本性来看,如果承认知识有用,那么高校就应该注重学术成果转化。现代大学,是以现代知识作为逻辑起点的。大学履行三大社会职能,都是沿着知识的生产、传承与应用这根链条进行的。知识更多的是我们认识世界、改造世界的一种工具,现代大学传授的这些知识,基本上也是指向应用的。例如,哪怕学者们申报基本理论层面的纵向课题,都要突出其应用价值与社会意义。从学理角度来说,既然知识是有用的,那么,他们就是可以应用的。对于知识生产大户的大学来说,就应该注重学术成果的转化,避免理论与实践相脱节、研究与决策相分离的"两张层"现象。从这一点来看,强调学术成果转化的创业型大学自然成为最理想的高等教育模式,属于更高级别的一种教育类型。

其三,不少学者坚持认为,创业型大学只能在研究型大学的基础上发展起来。坚持这种观点的学者,远远不只是埃兹科维茨。例如,有文提出,创业型大学首先是研究型大学。[10]还有文指出,创业型大学是在研究型大学的基础上成长起来的,是研究型大学的进一步发展和深化,并将以其创业活动和实质性贡献引导新时期大学发展的新方向。[11]这种观点,很容易引导人们将创业型大学定位于一个更高的层次,而不只是区别于教学型大学、研究型大学的一种类型。

但是,从微观的大学教师角度来分析,我们会发现,有些大学教师坚守学术本位,仅仅关注知识的生产与传承,而不关注知识的应用,有其合理性与必要性。也就是说,那种完全埋头于象牙塔之内进行教学与研究的大学教师,仍然对学生有帮助,对社会有贡献,对人类有意义。这就意味着并非所有大学教师都要致力于学术成果的应用,并非所有大学都要走创业型大学的道路,从而也表明创业型大学只是高等教育的一种类型,而不是一个更高的层次。

从其合理性来看,一些大学教师专事知识传承甚或兼顾知识生产属于一种社会分工。早在 19 世纪,英国的纽曼有一段经典的话:"发现和教学是两种迥异的职能,也是迥异的才能,并且同一个人兼备这两种才能的情形并不多见。…… 探寻真理需要离群索居,心无二用,这是人类的常识。……"[12]这段话虽然是针对教学与科研的关系,亦即知识传承与知识生产的关系而言的,但是,对于教学、科研与学术创业,或者说对于知识传承、知识生产与知识应用,是同样适用的。甚至可以说,学术创业与教学科研的迥异程度,较之教学与科研来说要大得多,同时兼备的人更少。这也表明,让一部分大学教师坚守学术本位,有其合理性。而且,学习者们确实能够从他们身上获得思想的力量,产生难以在实际工作中捕捉到的教育正能量;实践工作者们确实能够从形而上的学理中获得思想的光芒,在实际工作中创造意想不到的奇迹。这就可以理解,为何古今中外这么多学者坚持学术至上的价值取向,认为大学主要是心智训练之场所。例如,19 世纪初期,德国的威廉·冯·洪堡认为,大学是从事纯科学的机构,其目的在于探求真理而不是满足社会的实际需要。19 世纪中叶,纽曼提出:大学是保存和传授普遍性知识的场所,其"目的"不能是功利,而是传播永恒真理。在纽曼看来,大学的任务是提供"博雅教育"(liberal education)和进行智力训练。20 世纪以来,美国著名高等教育学者弗莱克斯纳指出:"大学不是一个风向标,对社会每一流行风尚都做出反应。大学必须经常给予社会一些东西,这些东西并不是社会所想要的(wants),而是社会所需要的(needs)。"在我国,蔡元培先生曾从学术本位的角度提出,"大学者,研究高深学问者也";浙江大学前校长竺可桢先生从道德教化的角度指出,"大学是社会之光,不应随波逐流"。

从其必要性来看,社会仍然离不开那些注重理论知识传承或者纯粹科学研究的大学教师。现代社会生产出来的较高层次的理论成果,只有转化为高校课程资源,传承给学习者,才能内化为大众的能力与素质。不少大学教师,他们或许不从事更加专深的研究,仅仅履行知识传承的使命,力争让这些知识高效地传承给学习者。显然,这样的大学教师是现代社会所必需的。这也体现了马克思关于教育与生产劳动相结合的观点。在现代社会,由于现代科技较为复杂,需要人们在专门的时间内接受教育,大学教师正是完成这种教育的普罗米修斯,将连接教育与生产劳动的现代科技知识输送给学习者。再从关注形而上的纯粹研究来看,这样的大学教师也是现代社会所必需的。例如,在自然科学领域,发现某些新元素、新物种以及梳理某些学科知识等,都需要人去做,也在短期内难以转化;在人文社会科学领域,大学教授应该承担社会预警的职责,履行正义使者的角色,这些都不宜变成商业行为,同时需要保证大学教授的相对独立性。当社会物质极度丰富之后,或许我们有足够的条件来养活这些大学及学者,让他们自由自在地研究。而且,这样更能让学者们潜心研究,产出精品。可见,无论大学与社会的关系发展到什么程度,无论有多少大学转型为创业型大学,那种坚持形而上、关注纯粹研究的大学及其教师,都永远存在,永远散发光芒。

三、从创业教师推动成果转化的必要性看创业型大学的未来发展态势:创业型大学是检验应用性成果的重要平台

传统教师转型为创业教师,至少存在三个方面的问题:转型障碍在哪里(蕴含转型路径)、哪些教师不需转型以及哪些教师必须转型。从这三个方面进行分析,都可以推导出关于创业型大学建设的相关命题。前面从教师转型障碍出发,推导到建设创业型大学的两个基本环节;从某些传统教师坚守学术本位的合理性与必要性,亦即不需要转型角度出发,推导出创业型大学属于一种办学类型而不是一个更高的发展层次。在此,再从某些创业教师的学术成果不能转化正是缘于成果低劣,亦即必须实现转型角度出发,推导出创业型大学是检验应用性成果的重要平台。

如前所述,不是所有的教师都必须转型为创业教师,甚至在一所创业型大学,也有一些教师仍然坚守学术本位,体现文化的传承与思想的启迪。至于其原因,正在于不少具有人类终极关怀、体现普适性学术价值的成果,确实不需要从学术创业的角度赋予其社会贡献。但是,从大学教师的角度出

发,我们还可以发现,有些大学教师坚守学术本位,不是不想推动成果转化,也不是缺乏相应的评价机制,更不是这些成果不应该实现转化,而是这些低劣的成果不能转化。对于一所创业型大学来说,占主体地位的创业教师生产应用性成果,并关注学术成果转化,推进学术创业,是其最重要的使命,也是其最显著的特征,可谓创业型大学的外部着力点[13]。一所自我标榜为创业型大学的高校,如果该校创业教师在学术成果转化方面缺乏表现力,本来应该实现转化的大量成果没有转化,那么无论其宣传有多大影响与成就,都不能称为成功的创业型大学。事实上,那些被誉为创业型大学典范的高校,正是学术成果转化、学术创业成效显著的高校。例如,1997 年,美国波士顿银行发表题为《MIT:冲击创新》(*MIT The Impact of Innovation*)的报告显示,如果把 MIT 校友和教师创建的公司组成一个独立的国家,那么这个国家的经济实力将排在世界第 24 位。[14]2012 年,斯坦福大学的一项大规模校友创新创业教育调查显示,当前约 39900 家活跃企业的根源都能追溯到斯坦福大学,如果这些公司组成一个国家,该经济体将成为世界十强。[15]这就表明,建设创业型大学不只是一种主观选择,更是一种能力展现,可谓检验应用性成果的重要平台。

确实,需要转化的科研成果若不能转化,既难以实现成果的社会价值,也难以体现学者的水平。例如,研究癌症的学者,无论他多么强调其理论的先进性和科学性,如果不能治疗癌症病人,那么这种学说就难以服众。又如,在人文社会科学方面,研究人文教育的学者,无论他的理论多么高深,学术成果多么丰硕,如果只能作为学术著作陈列在图书馆,无人关心,无人受益,那么,这些学者的价值或许只是圈内人的自娱自乐;研究企业管理的学者,无论他吹嘘自己的理论多么完美与有效,如果不能被某些企业加以利用并取得成效,那么,这种学说也是纸上谈兵。同时,知识的增长速度惊人,几年之内知识总量就会翻一倍。在古代,有人敢言他读遍天下书;现如今,任何一位学者都不敢说他读遍了自己学科领域的书,更不用说天下书了。如果有用的知识不迅速转化,那么,这些知识就会埋在新知识的下面,越压越多,最后没有几个人有时间翻找出来,更不用说再来重新研究一遍。也就是说,在一个知识爆炸的时代,只重知识生产不重知识转化,最后没有几个人能够在堆积如山的知识海洋中寻找有用知识并加以转化。更重要的一个问题是,世界本来是统一的,而人们的研究越来越专,如果学者们埋着头往前走,不注重转化,导致学术越走越偏,最后或许没有人有能力将这些知识统合起来,还原一个整体与充盈的世界。只有将知识转化后,成为实实在在的一种工具,后人在前人研究成果中摸索的时间才会减少,统合相应知识开拓新领域的时间与精力才能获得保证。再从知识的应用指向来看,知识生产的主体,最清楚知识如何转化。例如,假如一位学者发明了一种机器,能够把太阳光转化为电源,那么,他肯定会在最短的时间内想到这种机器的应用价值与应用领域;而且,他也最清楚如何将这种原理运用到现实生活中。事实上,如果一位学者一辈子能够做好这么一件事情,那么,其社会价值就体现出来了,其经济效益也随之而来。可见,无论从彰显大学办学活力以及服务国家创新体系来看,还是从教师学术水平展示来看,我们都应重视学术成果转化工作,同时,建立创业型大学就是推动教师转型、检验应用性成果的重要平台。因此,在现阶段,我们应该顺应大学组织变革的重要趋势[16],大力倡导发展创业型大学,让那些应该坚持学术创业方向的高校迈上创业型大学之道。

【参考文献】

[1] 付八军.创业型大学研究述评[J].黑龙江高教研究,2012(7):4-8.

[2] 龚春芬,李志峰.创业型大学教师发展:目标选择与实现途径[J].黑龙江高教研究,2008(11):98-100.

[3] 张鹏,宣勇.创业型大学学术运行机制的构建[J].教育发展研究,2011(9):30-34.

[4] 高明,史万兵.麻省理工学院的创业型大学之路及对我国的启示[J].东北大学学报(社会科学版),2012(2):170-173,179.

[5] 克拉克.建立创业型大学:组织上转型的途径[M].王承绪,译.北京:人民教育出版社,2007:3-7.

[6] 温正胞.大学创业与创业型大学的兴起[M].浙江大学出版社,2011:24.

[7] 王建华.我们需要什么样的大学[J].高等教育研究,2014(2):1-9.

[8] 埃兹科维茨.三螺旋:大学·产业·政府三元一体的创新战略[M].周春彦,译.北京:东方出版社,2005:38.

[9] 刘叶.建立创业型大学:管理上转型的路径[D].武汉:华中科技大学,2010:5.

[10] 王雁.创业型大学:美国研究型大学模式变革的研究[D].杭州:浙江大学,2005:70.

[11] 李世超,苏竣.大学变革的趋势:从研究研大学到创业型大学[J].科学学研究.2006(4):552-558.

[12] 纽曼.大学的理想[M].徐辉,顾建新,何曙荣,译.杭州:浙江教育出版社,2003:4-5.

[13] 付八军.创业型大学的外部着力点在于实现成果转化[N].中国教育报,2012-04-30(6).

[14] 王雁,孔寒冰,王沛民.创业型大学:研究型大学的挑战和机遇[J].高等教育研究,2003(3):52-56.

[15] 郑刚,郭艳婷.世界一流大学如何打造创业教育生态系统:斯坦福大学的经验与启示[J].比较教育研究,2014(9):25-31.

[16] 黄容霞.全球化时代的大学变革(1980—2010 年):组织转型的制度根源[D].武汉:华中科技大学,2012:15.

创业型大学教师转型的探索与实践

——基于两类院校的比较①

摘　要：实现大学转型，关键在于教师的转型。在建设创业型大学的过程中，国内不同类型的高校在实现教师转型上有着不同的方向与路径。对于普通本科院校来说，更多的是从业绩奖励出发，关注教师的科研成果转化；对于高等职业技术院校来说，更多的是从教师招聘与在职培训出发，注重教师对创业人才的培养。不过，从未来的长远发展来看，或许创业型大学的本土化建设应该把现有的两种模式结合起来，打造一支基于实践又高于实践的创业型师资队伍。针对普通本科院校，注重提高教师的社会实践能力；针对高等职业技术院校，注重提高教师的技术创新能力。

作为一个概念，创业型大学是一个舶来品，在 20 世纪 90 年代末引入我国。此后，创业型大学的本土化探索逐渐由理论走向实践。时至今日，国内已经有不少高校曾经或者正在高举创业型大学大旗。例如，2008 年，福州大学明确提出创建"创业型大学"；"十二五"规划期间，南京工业大学提出建设"有特色、高水平创新创业型大学"。2011 年，浙江省人民政府办公厅第 54 号文件（浙政办发〔2011〕54 号），提出了关于创业型大学建设试点的省级教育体制改革试点项目，并确定省内 7 所高校为试点院校。在探索与实践过程中，不同类型的院校结合实际，演绎出不同的创业型大学模式，体现出不同的建设路径。对此，若从教师转型路径的差异出发，可以更好地领会创业型大学的内涵，从而更全面与深入地推进创业型大学建设。

一、教师是实现大学转型的基本力量

教师是学校各项事业的建设主体，是大学使命与组织目标的具体承担

---

①　本文原载《中国高等教育》2015 年第 22 期，原题为《实现教师转型是建设创业型大学的关键》

者。有什么层次的大学教师,就有什么水平的高校;有什么类型的大学教师,就有什么类型的高校。一句话,有什么样的教师,就有什么样的学校。办大学的第一法则,就在于激活教师。因此,要办出什么样的大学,就要引导教师往既定的方向转型。教师没有转型,大学就不可能转型;教师转型了,大学也就自然转型了。在我国,推动传统高校转向创业型大学,就必须着眼于教师的转型。评价一所大学是否建成创业型大学,重要标准之一就是看该校教师是否成功实现转型。正如有文所言:"大学的转型和发展的基础是教师,教师是创业型大学转型的核心力量,只有大学教师的转型才能有效促进大学的转型"[1]。

传统大学转型为创业型大学,关键在于实现教师的转型。同时,只有明确创业型大学的内涵与外延,理顺创业型大学的建设目标,才能把握创业型大学教师转型的方向。然而,不同的学者对创业型大学的理解不尽一致,甚至连创业型大学的两位理论鼻祖伯顿·克拉克与亨利·埃兹科维茨都是从各自观测到的现象来命名创业型大学。应该说,无论创业型大学有多少种定义,从其实践与使命来看,创业型大学建设的着力点主要有两个:一个是内部着力点,培养创造性人才[2];一个是外部着力点,实现学术成果转化[3]。从教师转型的方向来看,也就是要从有利于培养创造性人才与实现学术成果转化两个角度来推进教师转型。前者,更多地关注学生创业,而不是教师直接创业;后者,更多地体现以学校整体带动的师生共同创业。前一种模式,在欧洲国家的创业型大学中较为常见;后一种模式,在美国的创业型大学中较为常见。正如有文研究指出的:"如果说美国创业型大学理念的提出主要侧重于科研成果转化的话,欧洲创业型大学的实践更加注重创新型人才的培养"。[4]对于我国创业型大学的实践来说,既应该关注创新创业人才的培养,也要注重科研成果的转化。只有这样,才能实现大学与社会的有效对接,提高高等教育的社会贡献率。事实上,只要在体制机制上理顺了关系,培养创新创业人才与实现科研成果转化,两者不会此消彼长、相互对立,而是相辅相成、相互促进。因此,推动我国传统高校转型为创业型大学,必须从培养创新创业人才与实现科研成果转化两个目标出发,并以此来引领与评价创业型大学教师的转型。

二、不同类型院校的教师转型差异分析

建设创业型大学,推动教师转型,要从培养创新创业人才与实现成果转化两个方向出发。不过,不同类型与层次的高校,对这两个方向有不同的侧

重,并且形成了不同的途径与举措。从国内正在积极探索创业型大学的高校来看,普通本科院校与高等职业技术院校呈现出不同的改革路径。在此,可以选择作为省级试点创业型大学建设的两所不同类型院校,即普通本科院校 A(简称"普 A")与高职院校 B(简称"职 B"),从教师转型的视角来分析大学转型的策略。

(一)在转型方向上,"普 A"更多地强调教师转化科研成果,"职 B"更多地强调教师培养创业型人才

确实,在突显由传统普通本科院校转型而来的创业型大学有何组织特性上,仅从培养人才的角度来看,在短期内是不明显的。例如,当前国内任何普通本科院校都在强调培养创新创业人才,而且,这种人才的培养,并不意味着学生们要在就读期间或者毕业之后马上开展创业工作,更多的是培养他们的创业意识、创业技能以及创业精神,从而,创业型大学与当前国内传统的普通本科院校在培养创新创业人才方面,很难显现自己的独特性。另外,推动学术成果转化,通过自己的学术优势来争取办学资源,解决发展经费短缺的瓶颈,成为传统高校转型为创业型大学的动力源泉之一。因此,作为创业型大学的"普 A",特别注重学术成果转化,推动教师往这一方向转型。

创业型大学的学术成果转化,属于学术创业,并非普通劳动产品的生产与销售。从而,如果没有一定的学术积累[5],缺乏创新性的可应用的独特学术成果,很难开展学术创业。我国的高等职业技术院校,办学历史普遍较短,科学研究气氛不浓,学术成果积累缺乏,也就难以推动学术创业。在这种情况下,他们面向市场办学,只得注重培养适应市场需要的人才,同时特别注重创业型人才的培养,实现由就业向创业的转变。事实上,关注学生就业,培养创业人才,这既是这些院校的生存策略,更是这些院校实现跨越式发展的重要途径。通过培养创业型人才,面向未来造就一批有影响力的校友,说不定若干年以后,这些优秀的校友就成为学校的宝贵资源与亮丽名片。

(二)在转型策略上,"普 A"更多地通过绩效奖励来推动教师转型,"职 B"更多地通过培养或者引进双师型人才来实现教师转型

大学的各种改革与发展,最终都要依靠教师来实现。推动传统大学转型为创业型大学,最关键是要找到推动教师转型的方向与策略。如前所述,

在转型方向上,"普 A"更多地强调教师转化科研成果。为此,在转型策略上,普通本科院校倾向于从业绩奖励出发,通过激励机制来提高教师生产并转化应用性成果的积极性。例如,为了鼓励和扶持师生创业,"普 A"出台了"学术创业业绩评价与计算办法""知识产权作价入股开展创业的实施办法""校院两级创业团队组建及认定方案"等一系列配套政策。在这些政策中,注重强调学术创业绩效与教学科研绩效等值评价,重视激发基层学术组织的创业热情,关注教师对学生创业的贡献与回报。例如,每项创业所获得的经济收益中,学校按一定比例提取,学校再根据学校获益多少,按 5 个业绩点/万元对创业者进行奖励;创业团队或个人所获收益,作为教学科研或创业基金或奖学金进入学校的,按 2 个业绩点/万元进行奖励;在指导学生自主创业活动上,计 2 个业绩点/学生创业团队,每人每年不超过 3 个学生创业团队;通过吸收学生参与创业,解决毕业生就业或促成学生自主创业(正式注册实体)的,另计 2 个业绩点/学生。在该校,创业业绩为年度评价,与教学科研业绩评价同步进行;创业团队业绩经学院(部)初评后,由校创业领导小组确定;创业团队业绩由负责人按贡献大小分配给成员,计入相应学院。创业业绩等效于教学科研业绩,纳入学院和个人岗位考核体系;在个人岗位业绩考核中,超过岗位额定业绩点部分,创业业绩津贴从创业收入中列支。

高等职业技术院校向创业型大学转型,着力点在于培养更多的创业型人才,关注学生的就业与创业。达此目标,"职 B"更多地通过教师转型为双师型教师来实现。一方面,"职 B"从社会上招聘那些有一定社会实践经历、具有本科或者硕士研究生及以上学历的专业人才担任教师,最终培养成合格的双师型教师。确实,当前职业技术院校尚未实现教师招聘的博士化,而硕士学位的获取相对较为便捷,从而那些本科毕业后在企业工作并获得在职硕士学位的专业技术人才,就成为职业技术院校重要的师资来源之一。另一方面,"职 B"注重在职教师的职业技能培训。毫无疑问,不少职业技术院校寄望转型为普通本科院校。但是,政策与实力的制约让他们不得不更多地面向市场,解决生源与财源两个基本问题。在此情形下,"职 B"等一批职业技术院校不热衷于学术竞争,而是注重双师型教师的开发,重视在职教师的培训,以更有针对性地培养学生的创新创业能力。

(三)在转型效果上,"普 A"往往比"职 B"见效稍慢

"普 A"以推动成果转化为努力方向,尽管实行了各种各样的创业奖励政策,但是,收效并不明显。原因在于:其一,传统的教师评价体制仍然没有改变,加上校级科研成果转化中心难以有效运转,教师们仍然愿意花更多的

时间与精力从事学术论文的发表、纵向课题的申报等，而不会投入大量时间关注学术创业。其二，对于直接获取经济回报的学术创业来说，创业业绩的经济激励作用非常有限，若教师们真要从学术创业中获得经济回报，他们一般会绕过学校组织层面，独立自主地从事学术创业工作。其三，普通本科院校的教师，大多从学科到学科，从学校到学校，缺乏对市场的了解，难以有针对性地开展应用性研究，难以形成能够实现经济效益的研究成果。正因为此，国内不少曾经高举创业型大学大旗的高校，例如福州大学、南京工业大学等，现在已经不再明确地将"创业"写进学校的战略定位。

相对于"普A"来说，"职B"在创业型大学的道路选择上更为坚定，收效也相对明显。确实，"职B"要在激烈的生源竞争中赢得市场，必须形成自己的办学特色。这种特色，显然不是学术优势与科研排名，而是学生的就业率、就业质量。注重创业人才培养，不只是引导学生由就业向创业转变，更是培养学生创新精神、创业意识以及提高他们适应社会的能力的重要途径。这就像普通本科院校提高教师科研素养、提升学校声誉需要鼓励教师申报国家课题一样，职业技术院校正是通过提高学生创业率、培养更多的创业明星来打造学校声誉，造就双师型教师的。例如，"普A"毕业生的创业率，达到13％以上，并且涌现出一批年利润在百万元以上的创业典范。

三、不同类型院校教师转型应该取长补短

创业型大学已经成为国内众多后发型高校追赶超越的战略选择，是"高等教育机构将自身最有价值的产品推销出去的有效途径，也是高校自主发展的有效途径"[6]。不过，由于办学定位不同、价值追求不同，不同类型的高等院校在发掘创业型大学的内涵上有所侧重，从而在培养与打造创业型师资队伍上产生不同路径。如前所述，普通本科院校更多地瞄准了创业型大学的外部着力点——实现成果转化，注重通过业绩激励来推动创业型师资队伍建设；高等职业技术院校更多地瞄准了创业型大学的内部着力点——培养创业型人才，尤其注重通过教师招聘与培养来打造一支创业型师资队伍。应该说，无论是普通本科院校还是职业技术院校，在迈上创业型大学的道路后，都离不开对于前沿科学或者一流技术的追求，更离不开对于创新创业人才的培养。在许多情况下，两者是合而为一且相互促进的。正如有文指出的，博学多能的师资队伍必是创业型校园文化的重要推手。[7]因此，对于两类创业型院校的师资队伍建设来说，应该取长补短，相互借鉴。

（一）普通本科院校的创业型师资队伍建设重在增加社会实践能力

理论是在实践中总结与提炼出来的，来源于实践，又高于实践。对于一位学者来说，如果其理论体系的建立完全依靠间接经验，没有亲身体验，那么，这种理论学说无异于空中楼阁，缺乏根基。例如，一位市场营销学的教师自己都没有从事过相关工作，从书本到书本，从理论到理论，那么，他在将相应知识有效地传承给学生时，既缺乏相应的情感因素，也缺乏必要的情景知识，难以达到预期教育效果。当前不少理论课程，过于注重学科概念与逻辑体系，而不关注知识内容的针对性与可读性，殊不知，这正是造成闭门造车以及形成空洞理论的重要因素之一。一位具有相应社会实践经验并且不断学习、不断反思的教师，从他那里流转出来的知识是鲜活的，对学生的帮助是非常大的。当前普通高校转型为创业型大学，就应该开发这样的课程资源，从而也就应该重视这方面教师的培养。应该说，培养创业型大学教师的实践能力，既要从源头上拓宽师资来源渠道，注重从学校系统外招聘高层次人才，还要在培养上转变思路，让更多的教师能够在企业与市场中得到锻炼。

（二）高等职业技术院校的创业型师资队伍建设重在提高技术创新能力

一流的教师，才能培养一流的学生。对于大学教学来说，一流的研究，才能形成一流的教师。教师们在自己的学科领域从事过一定的研究并取得成绩，不但能传承更前沿的知识，还能将基础知识与基本技能在最短的时间内以更简捷的方式有效传承给学生。而且，对于创业型大学的成果转化或者学术创业[8]来说，绝不是简单的劳动加工与服务贸易，而应该是带有原创性的科学技术成果。因此，高等职业技术院校走上创业型大学的道路，同样必须致力于科学研究，从而就有必要鼓励教师们在实践的基础上深入钻研，形成自己的原创性成果。只不过，他们的科学研究，不是那种纯粹的理论研究，而是技术开发或者管理创新。事实上，许多技术可以脱离基础理论研究而获得独立发展。例如，当人们还在研究计算机某些方面的基本原理时，许多操作性的技术产品就已经问世了，并且获得了大众的认可。同时，创业是一种个人力量的驱动，是一种社会需求的应接，对于各种创业若过于鼓动，不仅不利于培养高层次的人才，也不利于和谐社会的建设。只有以自己独特的学术成果来带动创业，让师生创业成为一种个人自觉与社会责任，才能把大学引向文明的前沿,让高等职业技术院校走向一流。

【参考文献】

[1] 龚春芬,李志峰.创业型大学教师发展:目标选择与实现途径[J].黑龙江高教研究,2008(11):98-100.

[2] 付八军.创业型大学的内部着力点在于培养创造性人才[N].中国教育报,2012-03-06(6).

[3] 付八军.创业型大学的外部着力点在于实现成果转化[N].中国教育报,2012-04-30(6).

[4] 吴伟,邹晓东,陈汉聪.德国创业型大学人才培养模式探析:以慕尼黑工业大学为例[J].高教探索,2011(1):69-73.

[5] 宣勇,张鹏.激活学术心脏地带:创业型大学学术系统的运行与管理[M].北京:高等教育出版社,2013:5.

[6] 温正胞.大学创业与创业型大学的兴起[M].杭州:浙江大学出版社,2011:14.

[7] 李洪波,张徐,任泽中.创业型校园文化建设的思考[J].中国高等教育,2014(5):54-55.

[8] 黄扬杰,邹晓东,侯平.学术创业研究新趋势:概念、特征和影响因素[J].自然辩证法研究,2013(1):79-83.

贡献度:创业型大学教师转型的重要指针[①]

摘　要: 在传统型大学,以学术业绩作为指针,已经产生了严重后果。在创业型大学,若以经济指标作为指针,则会产生更加严重的后果。因为经济指标比学术指标具有更强烈、更直观的功利性。推进创业型大学建设,要从社会贡献度的角度引导教师转型。当前,至少可以在这样三点上努力:在评价机制上矫正恶性膨胀的逐利动机;淡化数字业绩的宣传,突出社会贡献的介绍;从长远利益上对待大学的学术创业,让利于师。这种努力,对接了创业型大学诞生的历史使命与社会责任,更加让人们坚信:创业型大学这个名字或许会变,但这种发展方向不会改变。

21 世纪以来,随着创业型大学理论[1]的引入,我国高等教育领域兴起了一批创业型大学。近来,还有学者提出,创业型大学可以解决我国应用型大学面临的诸多问题,[2]要让应用型本科院校走出困境,应该探索创业型大学的发展模式。[3]尤其在"大众创业,万众创新"的政策导向下,建设创业型大学的社会呼声更加高涨。推进传统型院校向创业型大学转型,关键在于实现教师的转型。[4]要实现传统型教师向创业型教师的转型,我们都会关注到教师创业观念的确立、教师评价机制的完善以及师生创业平台的建设等方面,却往往忽略了我们到底要培养教师什么样的学术创业观。若同样以数字业绩作为指针引领教师的学术创业,那么这只能将创业型大学引入商业化大学、企业化大学之路。显然,这不符合创业型大学作为"非营利性组织"[5]的基本属性,更不能体现创业型大学诞生的历史使命。当前,要让更多的传统型院校转型为创业型大学,并且得到社会各界的认可与支持,必须将社会贡献度作为教师转型的重要指针。所谓社会贡献度,在此是指大学教师履行基本职责时所体现出来的实际作用、价值与贡献。例如,在人才培

---

① 本文原载《大学教育科学》2016 年第 4 期,详见《教师转型与创业型大学建设》(中国社会科学出版社 2016 年版,第 215 至 220 页)。

养上,贡献度强调教师对学生实际的帮助以及在多大范围内影响了学生,而不再单纯以各种工作统合而成的课时数作为衡量标准;在科学研究上,贡献度强调教师的科研成果对科学发展、社会进步以及人们生活水平提高带来的实际贡献,而不再是以论文、课题、获奖、专利等学术业绩统合而成的科研分作为评价尺度。总之,贡献度是一种着眼于人与社会本身得以发展的实用型评价观,是一种倡导在服务他人中实现自我价值并获取幸福的社会文化观。文化是慢慢形成的,以此来引领教师,并不可能一下子改变浮躁的大学学术文化,但是,无论怎样,这是社会发展的最终走向。否则,那种对数字业绩的过度追求会将我们引入恶性竞争的窘境。在此,试从指引教师发展的现状、强调贡献度的理由以及落实贡献度的策略三个方面进行论述,进而获得关于创业型大学的新认识。

一、指引教师发展的现状;

二、强调贡献度的理由;

三、落实贡献度的策略;

四、重塑创业型大学的形象。

论创业型大学教师转型困难的客观因素①

摘 要:大学的转型,最终依靠教师的转型。国内那些高举创业型大学大旗的高校,并没有从传统型真正转向创业型,最根本的原因正是教师尚未从传统型转向创业型。创业型大学教师转型之所以这么艰难,与教师们自身的价值取向、学术能力等主观因素有关,更与评价机制、平台建设、大学文化等外在的客观因素有关。应该说,传统的评价机制没有改变,也很难改变,这是创业型大学教师难以转型的关键因素;有效的平台建设匮乏,再加上反大学创业文化的存在,在很大程度上影响了大学教师从传统型顺利转向创业型。

自 21 世纪以来,在 MIT、斯坦福大学、华威大学等一大批成功的创业型大学的激励下,我国已经有一批高校,例如福州大学、浙江农林大学、南京工业大学等,明确提出了创业型大学的战略目标。然而,这些高校的教师在整体上并没有从传统型转向创业型,有些高校甚至中途放弃了创业型大学的战略定位。创业型大学教师转型之所以如此艰难,固然有职业价值认同、学术创新能力、个人负荷超重等教师个体自身的主观因素,但是,这些主观因素有不少正缘于客观因素。因此,本文结合从调研中得出的代表性观点,进一步具体分析教师转型困难的客观因素。

一、教师转型的制度建设:传统的评价机制没有改变;

二、教师转型的条件保障:有效的平台建设严重匮乏;

三、教师转型的外在环境:整体的大学文化导向不足。

---

① 本文原载《教育学术月刊》2016 年第 9 期,详见《教师转型与创业型大学建设》(中国社会科学出版社 2016 年版,第 173 至 189 页)。

论创业型大学教师转型困难的主观因素①

摘　要：推进创业型大学建设，最终依靠教师的转型。现实的困惑在于，创业型大学的旗帜高高举起，然而这些高校的教师没有任何变化。创业型大学教师转型困难，固然有评价机制、平台建设、整体文化等外在的客观因素，但也有教师自身的主观因素。寻找推进创业型大学教师转型的钥匙，首先要从教师自身这个内因着手。从调研情况来看，保守的思想观念、低劣的研究成果以及繁重的各种压力，是教师转型困难的三大主观因素。我国普通本科院校借鉴西方成功的创业型大学模式，需要从有利于学术应用的制度环境寻找突破口，结合中国实践来推进创业型大学的本土化建设。

自创业型大学理论于20世纪90年代末传入中国，国内就有一批高校例如福州大学、南京工业大学、浙江农林大学等，先后提出了创业型大学的战略目标。但是，时至今日，在"大众创业、万众创新"的有利政策环境下，这些创业型大学的教师整体上是传统型的，尚未转向创业型，甚至某些高校更换了创业型大学的战略定位。例如，2013年，南京工业大学的战略定位由"创业创新型大学"正式更换为"综合性、研究型、全球化"高水平大学。传统学术型高校向创业型大学转型之所以困难，关键在于教师难以在整体上从传统学术型转向创业型。分析教师转型困难的深层原因，我们既要看到传统的评价机制没有改变、有效的平台建设严重匮乏、整体的大学文化导向不足等外在的客观因素，这是教师个体短期内很难扭转的，也要看到教师个体自身的问题，这是教师转型困难的内因。本文试结合对多所创业型大学调研得出的代表性观点，具体分析创业型大学教师转型困难的主观因素。

一、教师转型的价值取向：保守的思想观念难以扭转；

二、教师转型的核心要件：低劣的研究成果难以转化；

三、教师转型的条件保证：各种繁重的压力下难以抽身。

---

①　本文原载《大学教育科学》2017年第6期，详见《教师转型与创业型大学建设》（中国社会科学出版社2016年版，第189至204页）。

学术成果转化:创业型大学教师的历史使命①

摘　要:推动学术成果转化,成为大学共同追求。相较于传统型大学,创业型大学的学术成果转化,不只是人才培养与科学研究的自然延伸,还变成了彰显组织特性的一项历史使命。教师是大学使命的履行者,学术成果转化自然成为创业型大学教师的历史使命。从战略路径出发,创业型大学引领教师实现学术成果转化,既要从整体上推进,让学校全体教师瞄准学术创业,也要有重点地推进,以此推动全校所有学科与所有教师的成果转化工作。同时,大学文科教授可以成为大众读物市场的主角、社会人文讲座的明星或者社会智库建设的嘉宾。

20 世纪末期,美国学者亨利·埃兹科维茨与伯顿·克拉克几乎不约而同地提出了创业型大学(entrepreneurial universities,简称 EU)的概念。在信息化时代,我国学者对西方的学习并不落伍,该概念一问世便迅速将之传入中国。然而,我国针对创业型大学的理论研究,还处在概念辨析与理论援引阶段,远未结合中国实践创造性地开展前瞻性、战略性研究。在不少学者看来,创业型大学等同于企业化大学、创收性大学。这种思想观念在很大程度上影响了创业型大学在中国的发展,不利于高等教育类型多元化的推进。为了更好地体现创业型大学的组织特性,有针对性地推动创业型大学建设,本文从便于我们理解的教师视角切入,分析创业型大学教师独特的历史使命及其实现路径。

一、学术成果转化成为创业型大学教师历史使命的学理依据

从某个角度看,大学可以分为三种类型:教学型大学、研究型大学、创业型大学。[1]相对于教学型、研究型等传统型大学,创业型大学独特的历史使命在于学术成果转化。如果这个命题成立,那么,相对于传统型大学的教师

---

①　本文原载《教育发展研究》2017 年第 7 期。

而言,创业型大学教师独特的历史使命便是学术成果转化,或者说"学术创业"[2]。这是因为,教师是大学使命的履行者,一所大学的历史使命必定是由教师完成的。正如睦依凡教授所言,教师是大学办学的主体、人才培养质量的决定者、优良学风的酿造者、学校声誉的建树者,"一所名校的辉煌历史,其实就是其一代代名教授的杰作"[3]。因此,若能论证学术成果转化属于创业型大学的历史使命,那么,其同样属于创业型大学教师的历史使命就具有了坚实的理论基础。

(一)从理论学说中寻找创业型大学独特的历史使命

作为创业型大学的两位理论鼻祖,伯顿·克拉克与亨利·埃兹科维茨均未对创业型大学做出明确的定义,而且各自考察的对象不一样。伯顿·克拉克以欧洲的教学型院校作为考察对象,关注其通过组织创新实现大学快速发展,典型的案例高校便是华威大学;亨利·埃兹科维茨以美国的研究型大学作为考察对象,关注其通过政府、企业与大学的合作来推动创业型科学的发展,典型的案例高校便是 MIT。显然,亨利·埃兹科维茨正是从学术成果转化的角度来理解创业型大学的。他还认为这"是大学摆脱其以往从社会其他部门获得支持的接受救济或者是慈善机构形象的过程"[4],并称这种注重成果转化的"MIT 模式,正在取代哈佛模式成为学术界的榜样"[5]。至于伯顿·克拉克,我们也能从其论述中判断出这种新型大学的组织特性在于学术成果转化。例如,伯顿·克拉克提出了大学转型的五个要素:一个强有力的驾驭核心、一个拓宽的发展外围、一个多元化的资助基地、一个激活的学术心脏地带、一个整合的创业文化。[6]仔细分析这五个要素,我们可以发现"学术心脏地带"才是转型的内容,其他四个均属于保障、条件性要素。正如伯顿·克拉克所言,"学术心脏地带"是指"传统的学术价值观扎根最牢固的地方"。[7]结合"拓宽的发展外围""整合的创业文化"等其他要素,我们便不难理解,激活"学术心脏地带"正是激活学术成果,推动学术成果转化。尽管华威大学早期是以学校整体作为运营对象,但作为学术成果的教学学术仍是其运营的重要内容,而且后期逐渐转向学者的科研成果与学校的科研产品。

在国内外其他学者的研究中,学术成果转化普遍被视为创业型大学区别于传统型高校独特的历史使命。例如,美国学者希拉·斯劳特与拉里·莱斯利虽然没有明确提出创业型大学这一概念,但在描述各种形式的学术创业活动时,主张采用学术资本主义(academic capitalism)这个术语,以体现"利益动机向学术界的侵入"[8]。此后,不少学者将学术资本主义作为创业型大学的组织特性。[9]这就意味着,是否推动学术成果转化,并将学术当作资本进行运作,成为创业型大学与传统型大学的分水岭。又如,国内较早研究创业型大学的学者王雁等认为,创业型大学注重在研究基础之上的创业,都是属于一些具备理、工、管理学科实力和崇尚"解决现实问题"的研究型大学。[10]那些在大学管理上具有丰富实践经验的学者,亦有不少将创业型大学定位于注重学术成果转化与直接服务社会经济的大学。例如,杨德广教授认为,除少数顶尖研究型大学外,大部分高校应该走出"象牙塔","转变为与经济、企业、社会紧密结合,参照国外创业型大学模式,构建创业教育体系,成为创业型大学[11]"。在管理学科领域,有些学者将学术创业称为大学的第三使命,并认为"重视大学的第三使命,建设创业型大学,拓展大学衍生企业发展路径和模式,是中国大学在功能延展上的有益尝试[12]"。"在大学将教学与科研同知识资本化相结合的过程中,诞生了一种新的大学模式——创业型大学。"[13]总之,学者们普遍将学术资本运作、学术成果转化视为创业型大学的标签,至于这种历史使命是否会带来学术文化与商业文化的冲突,那就是另外一个话题了。

(二)从建设实践中寻找创业型大学独特的历史使命

MIT、斯坦福、华威大学在国际上被誉为创业型大学的典范。在实践中,三所高校无不以注重社会服务、推动成果转化、倡导创新创业作为办学特色。例如,在 MIT 的成立宪章中,就确立了这样的办学宗旨:协助科技进步,并且积极推进科学研究的商业应用。[14]1997 年,美国波士顿银行发布的《麻省理工学院创新的影响》(MIT The Impact of Innovation)展示了 MIT 创新创业的成绩:MIT 校友创办的公司遍布全球,仅 1994 年来看,若视这些公司为一个国家,其创造的财富在全球可列第 24 位。被誉为"硅谷心脏""加州发电站"的斯坦福大学,首创技术许可办公室(Office of Technology Licensing,简称 OTL),在成立之后的 40 年里,产生了约 2700 件专利,完成近 3000 项许可,累计获得超过 13 亿美元的许可收入。[15]2012 年,查尔斯·埃斯利(Charles Eesley)与威廉(William F. Miller)教授合作开展的一项大规模校友创新创业教育调查显示,约 39900 家活跃企业的根源都能追溯到斯坦福大学,如果这些公司组成一个国家,该经济体将成为世界十强。[16]至于华威大学,在岗时间长达 20 年的首任副校长巴特沃斯,不顾一切阻力推行"亲工商界"的办学路线,使其一诞生就走上一条学术创业的道路。在探寻华威大学的成功秘诀时,学界普遍将之归因于"以经营的理念办大学,即用企业的精神办大学"[17]。

创业型大学理念传入中国后，国内一批高校例如福州大学、南京工业大学、浙江农林大学等，明确提出过创业型大学的战略目标。在这些高校建设创业型大学的实践过程中，同样是以注重社会服务、推动成果转化、倡导创新创业作为新的使命与追求。例如，福州大学在国内较早成立了专门从事科技成果转化、技术成果转让、技术培训、技术咨询、技术合作开发等服务工作的校级管理部门，即科学技术开发部。南京工业大学虽然于 2013 年将"创业创新型大学"的办学定位更改为"综合性、研究型、全球化"的高水平大学，但是，该校早在 2004 年就出台了《科技成果产业化管理办法》，规定技术入股 70% 股权归成果完成人所有。截至 2014 年年底，南京工业大学控股、参股的学科型公司已达 100 多家，其中 4 家已经上市，校内参与学科型公司创立的教师 50 多位，占全校专任教师的 3%。[18]浙江农林大学成立了全国独具特色的创业管理处，在几年时间里，该处推出了《浙江农林大学"十二五"创业发展规划》《浙江农林大学关于鼓励和扶持创业的若干意见（试行）》（简称"创业 15 条"）《浙江农林大学学术创业业绩评价与计算办法》《浙江农林大学知识产权作价入股开展创业的实施办法》《浙江农林大学院校两级创业团队组建及认定方案》《浙江农林大学创业孵化园管理办法（讨论稿）》等大量文件。[19]

总之，无论从理论研究还是从实践活动来看，我们已经把学术成果转化作为创业型大学的身份标识。毫无疑问，不少传统型大学亦在提倡学术成果转化、推动学术创新创业，但是，只有创业型大学，将学术成果转化当作高校的一项历史使命，与人才培养有着同样的地位与价值。在创业型大学，科学研究只是手段，成果转化才是目标。有文从其他视角的研究亦表明，相较于传统型高校，创业型大学以推动学术成果转化作为自己的组织特性，以知识应用作为自己的办学文化。[20]显然，身处创业型大学内部的教师，作为创业型大学独特使命的履行者，必然以推动学术成果转化作为自己的核心任务。实现学术成果转化，也就成为彰显创业型大学教师身份的标志性使命。

二、创业型大学引领教师实现学术成果转化的两大战略选择

当明确学术成果转化成为创业型大学教师的历史使命之后，如何推动创业型大学教师的学术成果转化，就成为我们重点关注的课题。当前，传统型院校亦在强调学术成果转化，但并未上升为教师的历史使命，更多的是一项"加分"性质的工作内容。然而在创业型大学，学术成果转化成为每位教

师的基本职责,每位教师都要为新的历史使命做出贡献,着眼于全校教师的整体转型。例如,20世纪中期,特曼在斯坦福大学的改革,目的就是要推动学校整体转型,甚至不惜削减不能带来效益但颇有影响力的古典学系,实现"美国的学术科学家都是创业者"[21]的目标;与此同时,该校戴维斯力亦主张取消那些没有为"教育领跑者"做出贡献的课程与学系,同时开辟所有能引起企业关注的新领域。[22]不过,这并不意味着创业型大学所有学科、所有教师同等程度地开展学术创业。无论是在创业型大学的转型初期,还是在创业型大学的建设过程中,一所创业型大学往往会重点推进某些学科,以此带动全校其他学科与所有教师的成果转化工作。因此,从创业型大学引领教师实现学术成果转化的策略角度而言,整体转型与重点推进是其两大战略选择。

(一)从整体上推动创业型大学教师的学术成果转化

在传统型大学,就如蔡元培先生提出的"兼容并包"思想一样,存在各种价值取向的教师。但是,在创业型大学,其组织特性与办学文化则要求教师整体转型。尤其在"创业文化的认同感还未高度形成"[23]的今天,一所传统型高校率先走上创业型大学道路,外部负向的舆论环境压力较大,如果内部未能形成一种声音,其组织转型就更加艰难。具体而言,其理由可从以下方面进一步分析。

第一,文化上的要求。在一所高举学术创业大旗的高校,一部分教师积极推动学术成果转化,另一部分教师很难安心固守学术象牙塔。在一所大学中,学术创业的文化氛围就像一个大旋涡,会将每一位教师卷入其中。那些处在学术创业最佳阵地的教师,会在一些成果转化大户的带动下,积极加入学术创业阵营,或者自立门户,或者跟随团队;那些处在学术创业不利阵地的教师,比如文史哲乃至基础理学等学科教师,他们会在硬性的政策引导与软性的环境熏陶下,走出原有纯粹论著取向的研究,实现理论成果向现实生产力的最后一跃,产生社会效应与经济效益。总之,在学校打开紧闭的学术生产大门并且积极推进学术创业政策之后,例如"更加认可教师创业者,将创业整合到教师的任职和评选过程中",[24]创业文化必定会影响每位大学教师。只不过,不同的教师以不同的方式参与到学术创业活动中来。

第二,冲突上的要求。冲突也属于一种文化,可以归入文化范畴。只不过,这里是为了揭示教师之间角色对立带来的负面影响。在理想的创业型大学模型中,许多人以为,对于专任教师来说,一部分教师专事教学育人工作,一部分教师重点关注学术成果转化,他们分工合作,共同推动大学整体的学术创业。"美国模式中的创业反应是基于学科特色而发生在特定院系的革命,并非全局性的。"[25]应该说,这对于注重统一规范管理模式的中国大学来说,在现实中是难以实现的。一是因为若各自不熟悉对方的工作,缺乏对应用研究或者基础研究的理解与包容,双方的工作都难以达到最完美的程度;二是双方互不理解,也难以达成理解,最后使这种冲突上升为学校的矛盾,影响学校的改革与发展。例如,那些在教学育人上投入较多时间与精力的教师,会抱怨那些热衷于学术成果转化的教师,批评他们不重视人才培养,甚至对学校的创业政策予以抵制,而那些积极推动学术成果转化的教师,则抱怨这些传统型教师拖了学校的后腿,影响到他们经济收入的分配,甚至谴责他们从书本到书本、从理论到理论的课堂教学质量低劣。事实上,任何一种类型的教师,要做好相应的工作,都不容易,更何况那些既要承担教学育人工作又要推动成果转化的教师。可见,在一所创业型大学内部,尽管通过所谓的"顶层切片"[26]予以平衡不同类型教师的利益,但由于缺乏角色体验,仍然会产生不少矛盾,影响学校的和谐与发展。这就要求创业型大学所有的教师,均能从成果转化的方向出发,至少要从关注学术创业的角度做好相应的工作,为学校整体的学术创业做出自己的贡献。

第三,分工上的要求。在某些定位于创业型大学的高校,一方面不乏一些大学教师开启了学术成果转化工作模式,但另一方面,却时常听到某些教师在课堂或者会议甚至媒体上公开声讨学术创业。这就可以想象,该所大学无论在整体的学术创业,还是创造性人才的培养上,必定存在着人为的阻力与障碍。对于一所成熟的创业型大学来说,所有的教师均能从情感上接受既定的办学定位,并结合自己的工作与特长,投身于学术成果转化与创造性人才培养工作中来。那些暂时没有走向市场甚至决定固守象牙塔的大学教师,只要他们信奉学术的生命在于应用,认可大学的成果贵在转化,接受创业文化有利于创造性人才的培养,他们就可以对学校整体的创业文化以及创造性人才培养工作带来积极的正向影响。也就是说,在一所创业型大学,任何教师都要为学术创业这种新的历史使命做出贡献。只不过,不同的教师,有不同的分工与表现形式。有些时候,我们甚至以为某些教师与大学转型之前的教师没有任何区别,但在他们内心深处,其精神追求、工作状态与价值取向,都发生了变化,不会对学术创业的战略定位带来反向作用力。一旦他们能够投入相应的学术创业,在一所大学内部各种分工合作、共同创业的氛围就形成了,这所大学就能以整体推进的方式迅速走上卓越的创业型大学之路。

(二)有重点地推动创业型大学教师的学术成果转化

创业型大学教师的整体转型,不等于创业型大学教师的同步转型。事实上,同步转型既不科学,也不现实,通过重点推进来带动整体转型,是创业型大学引领教师实现成果转化的必然选择。至于其原因,主要有这么几点:

第一,任何一所大学,只能在有限的若干个领域出类拔萃。世界上任何一所著名的学府,往往只有那么一个或者几个世界著名的学科,很难在其所有学科领域都建成世界一流,更不可能开办出所有的学科。这对于创业型大学的建设来说,也是一样的。创业型大学的创业活动,是一种学术创业,一流的学术成果是其活动开展的前提与基础。要打造出一流的创业型大学,首先要在一个或者几个学科领域中做出品牌,成为自身最为亮丽的特色与优势,其他高校难以替代与超越,从而在市场上占有一席之地。在这些学科领域的科技开发、管理决策以及其他各种服务,大家首先考虑的便是该所创业型大学。然而,处在建设初期的创业型大学,办学经费紧张,甚至这些高校走上学术创业道路,正是为了缓解办学经费压力。例如,福州大学、浙江农林大学先后提出创业型大学的战略定位,动因之一正是为了扩大财源,走出负债经营的窘境。[27]在这种情况下,创业型大学只能有重点地推动学术创业。事实上,任何一所大学,其财力、人力等各种资源,都是有限的。要在激烈的教育市场竞争中脱颖而出,并且利用自己的特色与优势更好地服务社会,只能把有限的办学资源用在少数学科领域上。越是资源有限的学校,其重点发展的学科领域就越少,越应该关注在短时间内最能显示自身特色与亮点的学科。

第二,抓住重点与优势,可以迅速有效地形成创业品牌。在推进创业型大学建设的过程中,瞄准一个或者几个学科领域,重点推进,不仅缘于一所大学的办学资源总是有限的,而且这也有利于快速提升学校的知名度与美誉度。当一所大学的综合实力还不被别人熟悉的情况下,人们往往根据其了解的某些学科实力来判断。毫无疑问,那些最体现学校办学实力的学科在领域中越有影响力,这所大学就越被大众认可。在社会分工越来越细、产业领域越来越多的今天,任何一个组织或者个人,不仅要抢占有限的领域,而且只要在一个领域做出成绩,成为行业一流,也就成为世界一流了。在高等教育领域,有许多高校因其独特的学科优势与特色而受到社会的推崇。暂且不说世界或者国内的一流大学,就连那些难以在大学排行榜上跃居前列的地方院校,也会因为其致力于某一个学科领域的研究与成果转化,而获得较大的声誉,甚至形成了一定的品牌。例如青岛科技大学的橡胶研究与应用、吉首大学的猕猴桃研究与推广等,都成了学校的创业品牌,在全国产生了重要影响。

第三,在一个环境内部,只要产生一个榜样就能带动一片。一所成熟的创业型大学,必定要求整体上的学术创业,而不是某个学科或几位教师的学术创业。这应该是创业型大学的发展方向,亦是创业型大学教师的理想状态。但是,这并不意味着所有学科的同步创业,更不意味着所有教师的同步发展。事实上,各种事物的发展,总是不平衡的。这就像国家选择共同富裕的道路一样,必然要走先富带动后富的道路。在古今中外历史上,任何寄望于同步富裕、同步发展的社会改造最终都成了空想或者乌托邦。同理,创业型大学要实现其所有教师的全面转型,必定要在少数创业型学科与少数创业型教师的带领下,从思想观念到实际行动,逐步转型,最后成为各自领域的创业型教师,融入该所创业型大学中,成为其中的一分子,与大学同命运共呼吸。而且,这些榜样学科与教师的力量非常巨大,绝不亚于学校各种激励性的创业政策。可以说,最好的政策,就是形成最好的榜样,最后潜移默化地影响他人。

三、创业型大学人文社科领域的教师如何实现学术成果转化

全面推动创业型大学教师的学术创业工作,从重点上推进只是战略上的一种发展策略,最终的方向还是要实现大学教师的整体转型。可是,一旦论及这个问题,许多人便认为在创业型大学,并不是所有的教师都需要转型,尤其是那些人文社会科学,根本难以实现成果转化。应该说,在我国致力于创业型大学建设的高校,虽然不能实现教师的同步转型,但要将教师整体转型当成一种战略目标。以人文社会科学领域的学术创业为例,从当前较为保守的路径来看,创业型大学教师的转型方向至少有这么三条:

第一,大学文科教授可以成为大众读物市场的主角。在大学中,人文社会科学领域的教授们,开发的课程资源涉及人、社会甚至自然的方方面面,只要转换文字呈现方式,力争用深入浅出的大众语言表达,这些课程都可以也应该成为高校之外的大众读物。这既是文科教师推动学术成果转化的重要方式,更是他们服务社会、履行学术创业使命的重要体现。让各种庸俗、低水平书籍占领市场,既是文化市场的悲哀,更是大学文科教师的失职。就像有文指出的,改革开放以后社会大众中文化氛围日渐消散,转而为商业氛围所取代,书店中的畅销书再也不是文学、艺术,而是所谓的成功学、创业教程之类的。[28]其实,商业氛围并不可怕,可怕的是那种过分甚至缺乏市场规

范的包装与宣传,将许多优质的书本排斥在市场之外,或者挤压在浩瀚的书海之下。

第二,大学文科教授可以成为人文社会讲座的明星。文科教师走出书斋,走向大众,推动成果转化,其实并非没有方向,而是需要实力。例如,高等院校的学者走出学校,在社会上开设各种精品文化讲座,以一种科学性、艺术性和口语化相结合的表现形式展示学者风范和知识神韵,比人们坐在电视前没完没了地看那种生活、武侠之类的电视剧,应该更加隽永和真切,这对于学校、学者、听众乃至社会都有着不可低估的意义和作用。这种讲座,正是文科教师的学术成果转化,在许多情况下,还是扩充高校资本的重要途径。大学教师针对校外学习者开设的各种讲座,包括各种培训班的授课活动,都属于知识的社会应用,都可以走向学术创业。社会所需要的,不在于这种讲座是否属于有偿服务,而是这种讲座能否给大众带来知识、智慧与快乐。从这一点来看,那些在更广范围内受大众追捧的大学教师,最后都可以成为社会的文化明星。

第三,大学文科教授可以成为社会智库建设的嘉宾。创业型大学的文科教授们走出大学,走向市场,除了著作与讲座的大众化呈现之外,还可以将研究成果变成产品,直接交给社会各种组织,包括政府机关。例如,承接各种企事业单位的委托课题,为政府部门提供各种政策咨询等,都属于这种形式。现在的问题是,政府每年发布大量纵向课题,教师的考核指标体系都与此挂钩,使得教师再也难以挤出时间从事各种社会服务工作。而且,各种纵向课题的结项要求,大都属于纯粹学术取向的论文专著,这些成果基本上被淹没在浩如烟海的理论文献堆中。在创业型大学中,若真正实现了从学术成果转化的角度来评价教师,做到了"以转化实绩论英雄"[29],那么,上述问题就会迎刃而解。在这种情况下,鼓励与推动大学教师服务社会的重要方式之一,便是吸收他们为社会各种组织贡献智慧,或以横向课题的委托形式,或者以咨询谋划的参与方式,这都相当于发挥智库[30]的作用。

【参考文献】

[1] 刘叶.建立创业型大学:管理上转型的路径[D].武汉:华中科技大学,2010:40.

[2] 汪泽.学术创业:内涵、瓶颈与推进策略[J].教育发展研究,2013(17).

[3] 眭依凡.大学校长的教育理念与治教[M].北京:人民教育出版社,2016:232.

[4][5][21] 埃兹科维茨.麻省理工学院与创业科学的兴起[M].王孙

禹,袁本涛,等,译.北京:清华大学出版社,2007:1,171,208.

[6][7][26] 克拉克.建立创业型大学:组织上转型的途径[M].王承绪,译.北京:人民教育出版社,2007:3-4,6,25.

[8] 斯劳特,莱斯利.学术资本主义:政治、政策和创业型大学[M].梁骁,黎丽,译.北京:北京大学出版社,2008:8.

[9] 温正胞,谢芳芳.学术资本主义:创业型大学的组织特性[J].教育发展研究,2009(5).

[10] 王雁,孔寒冰,王沛民.两次学术革命与大学的两次转型[J].浙江大学学报(人文社会科学版),2005(3).

[11] 杨德广.应将部分研究型大学转变为创业型大学:从"失衡的金字塔"谈起[J].高等理科教育,2010(2).

[12][13]夏清华.学术创业:中国研究型大学"第三使命"的认知与实现机制[M].武汉:武汉大学出版社,2013:179,276.

[14] 胡微微.解构美国大学技术转移的 MIT 模式[J].高等工程教育研究,2012(3).

[15] 顾征,李文.创业型大学知识产权管理经典模式[J].高等工程教育研究,2011(6).

[16] 郑刚,郭艳婷.世界一流大学如何打造创业教育生态系统:斯坦福大学的经验与启示[J].比较教育研究,2014(9).

[17] 雷茹.经营大学:一个新的大学管理理念:以英国沃里克大学为例[D].西北师范大学,2007:30.

[18] 李向光.南京工业大学的"斯坦福之路"[EB/OL].(2014-12-22)[2017-03-19].http://cqt.njtech.edu.cn/xcb/Artcle_view.asp?id=16673.

[19] 付八军.纵论创业型大学建设[C].杭州:浙江工商大学出版社,2014:81-87.

[20] 付八军.学术资本转化:创业型大学的组织特性[J].教育研究,2016(2).

[22] 洛温.创建冷战大学:斯坦福大学的转型[M].叶赋桂,罗燕,译.北京:清华大学出版社,2007:87.

[23] 陈笃彬.地方高校建设创业型大学的理论与实践[M].福州:福建教育出版社,2016:176.

[24] 赵中建.创建创新创业型大学:来自美国商务部的报告[M].上海:上海科技教育出版社,2016:10-11.

[25] 刘叶,邹晓东.探寻创业型大学的"中国特色与演变路径":基于国内三所研究型大学学术创业实践的考察[J].高等工程教育研究,2014(3).

[27] 付八军.国内创业型大学建设的路径比较与成效评析[J].高等工程教育研究,2016(6).

[28] 于翔.我国社会科学研究成果转化的困境与机遇[J].前沿,2015(5).

[29] 夏宝龙.立德树人要成为高校立身之本[N].浙江日报,2017-02-22(1).

[30] 宗河.发挥高校优势　打造新型智库[N].中国教育报,2014-03-12(7).

创业型大学教师选聘的来源分析与价值甄别①

摘　要：一所大学从传统型转向创业型,关键在于教师从传统型转向创业型。然而,大学教师坚持学以致知抑或学以致用的学术价值取向,在他们担任大学教师之际就相对稳定了;同时,在以传统型大学占主导地位的高等教育生态环境中,顺利推进创业型大学建设有赖于该所大学整体的学术创业文化。因此,我国那些正在或者即将高举创业旗帜的大学,要将教师选聘作为工作的起点,针对不同类型的师资来源,采取不同的甄别方式,尽可能选择那些具有学术创业价值认同的教师。

大学转型,关键在于教师转型。21世纪以来,我国有一批普通本科院校借鉴华威大学、MIT、斯坦福等西方成功创业型大学的经验,高举创业型大学旗帜,准备从传统学术型转向创业型。但是,时至今日,这些高校的转型并不成功,形成了中西创业型大学的南橘北枳现象。[1]产生这种现象的原因,关键在于教师没有从传统学术型转向创业型。推进创业型大学建设,既是我国后发型高校尤其是行业特色院校对接"大众创业,万众创新"号召的战略选择,[2]也是贯彻落实《国家中长期教育改革和发展规划纲要(2010—2020)》"优化结构办出特色""建立高校分类体系,实行分类管理"的重要举措。因此,如何让那些选择创业型大学道路的高校加快教师从传统学术型向创业型转变,就成为我国高等教育改革与发展的现实课题。在以传统型院校作为主导的高校生态环境中,我国这些勇于探索的创业型大学若要走向成功,需要在全校范围内形成文化自觉,培育全体教师的学术创业价值认同,才能顺利实现教师从传统型转向创业型。显然,这在教师"入口"环节上就须把好关,重视创业型大学教师选聘的来源分析与价值甄别,选择具有学术创业价值认同的教师加盟。

①　本文原载《教育发展研究》2017年第23期。

一、创业型大学教师选聘的意义阐释

办大学，其实就是抓师资。有什么水平与层次的教师，才有什么水平与层次的大学；有什么类型与结构的教师，才有什么类型与结构的大学。要培育一支高水平的师资队伍，首先要选择一批优秀的教师。可以说，严把"进人关"或者说"入口关"是师资队伍整体实力提升的前提与基础。然而，我国高举创业型大学旗帜的若干所普通本科院校，在教师招聘这个环节上与传统型院校没有任何区别，甚至连选择具有创业价值认同教师的意识都没有。这就不难理解，创业型大学如此热火朝天地宣讲学术创业理念乃至出台如此让人鼓舞的成果转化政策，不但不能激起大批教师的创业热情，反而会受到少数教师的冷嘲热讽。可见，如果一所高校准备确立创业型大学的战略目标定位，并立志坚持下去，成为一所成功的创业型大学，那么，该校必须全方位谋划，落在实处，从教师选聘的第一个环节就要予以重视，而不能再停留在高喊口号的发动阶段。为了说明创业型大学选聘具有创业价值认同教师的重要性与必要性，本文试从以下三个方面予以分析。

其一，个人的价值观在心理结构中具有可塑性，但在一定年龄与阅历之后便趋于稳定。一般而言，价值观是指人对客观事物之价值、意义与作用的总体看法与评价，是决定人们行为活动的心理基础。在学理探究上，美国心理学家奥尔波特（Gordon W. Allport）等学者在价值观研究方面做出了巨大贡献。[3]时至今日，学界较少纠缠于价值观的概念辨析，而是将价值观作为一种分析视角应用到各种事物的研究中。在对价值观的研究与应用中，学者们普遍认识到，"价值观具有稳定性和持久性"[4]"个人的价值观一旦确定便具有相对的稳定性"[5]。大学教师在入职之际，普遍接受了系统的教育，有一定的社会阅历，在许多事情上能够做出自己的判断，人生观、世界观与价值观基本定型。尤其在自己的学术研究领域中，科研成果的社会价值在哪里，该不该在第一时间内实现转化，能否在学校的推动与帮助下实现转化，对于这些学术创业价值的认识问题，或许许多大学教师在入职前没有思考过，但在他们的心目中形成了初步的答案。然而，这些正是创业型大学在选聘教师时必须特别关注的问题。所谓创业型大学，是将知识的生产、传承与应用融于一体的大学，在教学科研的基础上倡导创业职能、积极推动学术资本转化的大学。[6]相较于传统的学术本位型教师，创业型教师坚持学以致用而不是学以致知的科研观，认可知识的商品属性，强调科研成果贵在转化。如果一所高举创业型大学旗帜的高校选聘了大量具有反对学术创业文化的学术本位型教师,而且他们的学术价值取向又具有稳定性和持久性,那么在推动这所大学从传统型转向创业型的过程中就会面临各种各样的阻力与困难。事实上,没有该所大学教师的整体转型,也就没有该所大学的真正转型。

其二,公办高校"只进不出"的师资通道,限制了创业型大学能动更换教师的自由。教育问题从来不是孤立的,与社会有着千丝万缕的联系。就拿公立高校的师资队伍建设来说,虽然目前校方与教师大都按照企业用工方式签订了聘用合同,规定了几年一聘,但基本难以作为学校辞退不胜任、不满意教师的依据,除非教师触犯了国家法律或者校纪校规。完全依照合同聘用教师,任期结束之后主动辞退不合格教师,这倒不是高校不可以这样做,而是高校不应该这样做。重要原因之一在于,社会化的保障体系并没有完全建立起来。这正如葛剑雄先生在《中国的教育问题还是教育的中国问题》一文中提到的,"钱学森之问"不是问大学,而是问社会。[7]假如有一天,社会上所有人都按照在岗时的社会奉献与所缴纳的个税来从社会上统一领取退休金,不再实行双轨甚至多轨的养老保险制度,那么,事业单位的企业属性就非常明显了,大学按照合同管理教师就有社会保障了。但是这样的一天,在中国还有较远的路程,这就注定了中国的创业型大学在选聘师资时,需要选择那些具有学术创业价值认同的教师,否则"只进不出"的师资通道难以优化创业型大学的师资队伍。站在高校管理者的立场,我们对于这些问题就能很好地理解。对此,有文从招聘风险的角度亦提到,"招聘工作的一次性与高校用人事实上的终身性是当前我国高校教师招聘风险中最为显著的特征"[8]。

其三,创业型大学的中国实践尚处在探索初期,需要培育学术创业共同体的文化氛围。自福州大学于2008年明确提出创业型大学的战略目标定位以来,国内一些普通公办本科院校亦先后高举创业型大学旗帜,曾经一度引发了传统型院校转向创业型大学的建设热潮。例如,浙江省人民政府办公厅2011年第54号文件(浙政办发〔2011〕54号),提出了关于创业型大学建设试点的省级教育体制改革项目,并确定浙江农林大学、浙江万里学院、杭州师范大学等7所高校为试点。但是,创业型大学的办学理念并没有得到学界的普遍认可,更没有转化为广大普通本科院校的战略定位与办学实践。而且,"在主流的高等教育评价体系中,在政府办学资源的配置中,创业型大学都处于不利的地位"[9]。因此,创业型大学在中国还处于理论的诠释期与实践的探索期,亟须在那些高举创业旗帜的普通本科院校形成并巩固学术创业共同体,最终不至于因校内教师的抵触而让创业型大学本土化的探索与实践半途而废。确实,在我国公办院校中,教师的意志在很大程度上影响学校的决策。西方创业型大学在转型过程中,就出现过类似的问题。例如,20 世纪 30 年代 MIT 副校长凡尼佛·布什关于专利的商业提案就遭到教师的反对;[10]20 世纪 40 年代斯坦福校长特里西德的改革就遭到以布莱克韦尔为首的教授会的反对,斥责斯坦福管理者是"一帮最坏的从不放下长矛的流氓",教授会到了"维护其权利"的时候了;[11]1969 年,华威大学首任副校长巴特沃斯因推行亲工商路线被赶下台,反对者认为学校被工商界收买了,拜倒在资本家的"石榴裙下",甚至上升到意识形态层面,将华威大学贬为"土丘上的克里姆林宫"。[12]因此,那些有志于创业型大学建设的学校领导,从一开始就必须为学校的远航选好教师,为后来的接任者储备人才,为学校团结一致、同舟共济的创业型大学文化奠定基础。

二、创业型大学教师选聘的来源分析

从教师选聘这个第一环节上抓好师资队伍建设,首先需要我们分析创业型大学的师资来源到底有多少条途径,当前最可利用的有哪些。为此,笔者从某高举创业型大学旗帜的高校获取了该校近六年的教师选聘信息,根据研究需要汇制成表 1。从该表来看,当前创业型大学的师资来源可以合并为三类:

表 1　××创业型大学 2011—2016 年师资选聘一览表

年份	招聘总数	性别		教师类别			师资来源					学历层次			境外背景
		男	女	专任教师	管理人员	辅导员	应届毕业	高校调入	科研机构调入	企业转入	其他来源	博研	硕研	本科	
2011	46	20	26	39	3	4	33	11	1	1	0	25	21	0	6
2012	98	53	45	75	7	16	64	29	1	2	2	57	39	2	8
2013	84	44	40	79	2	3	58	16	4	2	4	57	25	2	16
2014	59	30	29	47	8	4	42	13	3	1	0	47	10	2	13
2015	30	12	18	17	7	6	15	7	2	3	3	17	12	1	9
2016	42	23	19	35	6	1	24	10	4	2	2	32	9	1	12

注:

1.本表根据该校历年新进教师信息统计整理而成;

2.实验员纳入管理岗位计算,其他专技岗纳入辅导员计算;

3.在教师类别一栏中,自 2016 年始专列了科研人员岗位,本表将该岗位纳入专任教师计算;

4.没有工作单位的博士后纳入应届毕业计算,有工作单位的博士后根据原单位性质计算;

5.海外境外背景指在海外或者境外工作或者学习三个月以上的教师。

　　一是刚从学校毕业的研究生,主体是博士研究生,同时,由于招收辅导员、行政管理人员等,硕士研究生仍占一定的比例。应该说,这是师资来源的主要通道,在创业型大学中同样占绝对优势。例如,在 2011 年,该校选聘教师 46 名,应届毕业生就有 33 人,占比 71.74%;同时,该年引进的师资队伍中博士学历教师 25 人,占比 54.35%,合并硕士研究生学历的教师,研究生学历的教师占比 100%。接下来的几年,应届毕业生的比例呈现下降趋势,但师资来源的结构比例大体如此。例如,在 2016 年,该校选聘教师 42 名,应届毕业生就有 24 人,占比 57.14%;同时,该年引进的师资队伍中博士学历教师 32 人,占比就有 76.19%,本科学历 1 人,是以家属的身份调入。另外,从海外境外选聘的师资中,以应届毕业生人数最多,从而我们可以在此对此进行分析。从该表可以发现,该校具有海外境外背景的教师呈现增长趋势。例如,从 2011 至 2016 年每年选聘该类人才的数量分别是 6、8、16、13、9、12,在历年选聘教师总数中所占比例分别为 13.04%、8.16%、19.05%、22.03%、30.00%、28.57%。总体而言,从应届毕业生中选聘师资,普遍学术功底扎实,科学研究基础较好,同时,年龄相对较轻,具有学术理想,处于出成果的黄金年龄阶段。从一位大学教师的成长过程来看,其成果创造的高峰期,大都处在博士毕业之初的那几年,不只是职称晋升的需要,更是因为从学术训练场走向学术实战场,对于年轻的职业学术人来说,有精力也有激情展现自己的学术创造力。另外特别值得一提的是,那些刚从学校毕业的研究生,许多正是从学校到学校,在职场上可谓白纸一张,只要不具有强烈的反学术创业倾向,较容易在创业型大学这样的全新文化中适应并走向卓越。

　　二是从其他教学研究机构调派过来,包括上表中的"高校调入"与"科研机构调入"两种类型。在这类教师中,以高层次人才的流动最为突出。从 2011 至 2016 年,该校从其他教学研究机构调入的教师人数依次为 12、30、20、16、12、14,在当年所引进教师的总数中依次占比 26.09%、30.61%、23.81%、27.12%、40.00%、33.33%。这表明,从其他教学科研机构选聘教师所占份额并不小,历年招聘平均人数远远超过了 1/4,成为仅次于应届毕业生的师资来源通道,同时,这条师资来源通道还有逐渐扩大的趋势,尤其是从独立设置的科研院校转入高等院校的科研人员有增加的趋势。当然,限于数据量,我们还不能判断这是不是我国教学科研机构的整体趋势。不过,人才流动日益频繁,这是毫无疑义的。就这类师资来源渠道的优劣来说,从其他教学研究机构尤其是从高校中选聘的教师,熟悉高校的教学科研规程,适应期大大缩短,而且往往属于学术骨干,经验丰富,能够在学校发挥引领作用。事实上,从其他高校等引进的优秀学术骨干或者学科带头人,往往要比本校土生土长的教授更有号召力,能够快速引领大家推动相应学科迈向学术创业的新方向。但是,这类教师的可塑性较差,如果年龄偏大,则难以完全凭借个人能力产生创造性成果,更多的是利用个人经验在相应的平台上发挥团队领导作用。

三是从企业等非学术性组织选聘过来,包括上表中的"企业转入"与"其他来源"两种类型。这类人才,若作为专任教师引进,一般也属于专业技术类人员,往往被界定为双师型教师。但是,这类人才的数量较为有限,所占比例总体上并不高。从 2011 至 2016 年,该校从这两类非学术性组织机构选聘的教师人数依次为 1、4、6、1、6、4,在当年所引进教师的总数中依次占比 2.17%、4.08%、7.14%、1.69%、20.00%、9.52%。在这六年招聘的教师总数中,非学术性组织选聘过来的教师占比不会超过十分之一。表现特别突出的 2015 年,从应届毕业生、教学科研机构、非学术性组织依次选聘教师 12人、12 人、6 人,所占比例依次为 40.00%、40.00%、20.00%,非学术性组织选聘过来的教师仍然是最少的。不过,由于学科竞赛主导的院校发展方针没有改变,高等院校完全自主招聘教师的权力有限,再加上大学教师的薪酬体系缺乏竞争优势,[13]从而在相当长一段时间内,创业型大学难以将企业等非学术性组织作为选聘创业型教师的主要渠道。就这类师资来源渠道的优劣来说,从企业等非学术性组织选聘过来的教师,往往属于双师型人才,具有一定的社会实践能力,较熟悉市场行情,容易认可学术创业理念,能够更好地架起理论与实践、大学与社会的桥梁,但普遍缺乏学术积累,在按传统的教师考评标准来评价时会显得业绩平平。

可见,国内高举创业型大学旗帜的高校在教师选聘上与传统型大学并无二致,应届毕业的研究生仍然是创业型大学师资的主要来源;同时,不同类型的师资各有优劣,创业型大学必须继续坚持并不断完善多元化的教师选聘通道。在这种情况下,创业型大学选聘教师最简便可行的办法就是在坚持原有的学术标准前提下,增加学术创业价值认同的甄别工作。正如有文所言,"一个高校生态文化圈中的氛围,以及价值判断,将影响着高校做什么,不做什么"[14]。"能否招到合适的教师,决定着高校能否实现其教育理念和办学目标。"[15]因此,如何甄别前来应聘的教师哪些能够融入学术创业的文化,哪些可能会带来反大学学术创业的亚文化,最后选择具有学术创业价值认同的教师,就成为创业型大学相对于传统型院校在人才招聘工作上需要特别关注的问题。

三、创业型大学教师选聘的价值甄别

我国那些高举创业型大学旗帜的高校,普遍绘制了学术创业的宏伟蓝图,开展了声势浩大的宣讲活动,很容易让校内教职工感受到创业型大学理论鼻祖之一亨利·埃兹科维茨(Henry Etzkowitz)所言的"MIT 模式正在取代哈佛模式成为学术界的榜样"[16],或者我国学者杨玉良院士所言的"创业型大学将是未来发展的一个重要阶段"[17]即将变成现实,但是,这些高校在选聘教师时,依然像往常一样,也与其他高校一样,只关注学术业绩,不考虑文化认同,甚至连一点意识都没有。这种现象,值得我们反思与深思。事实上,世界上许多名校在选聘教师时,非常重视其个人价值取向与学校办学理念的融通性。例如,有些高校在招聘教师时,要求通过陈述教学理念来展现自我价值观,以便寻找到理念相似、频率相似的人,以提高团队战斗力。[18]也正如有文指出的:"一个合格的重点大学教师,除了科研能力外,教学水平、发展潜能、思想道德素质、团队合作精神等所构成的综合素质甚至更为重要。"[19]对于当前尚处于高等教育生态边缘的创业型大学而言,所谓的团队合作精神就是学术创业价值认同。创业型大学在教师选聘时,如何辨别教师具有学术创业价值认同,[20]针对不同类型的师资来源,会有不同的辨别方式。

(一)应届毕业生的学术创业价值甄别

对于那些刚从学校直接毕业的研究生,若作为专任教师引进,要辨别其学术创业价值认同,至少有两个环节:第一,分析其公开发表的学术论著,看看其应用价值如何。我国不少高校在教师招聘时,往往不太关注其公开发表的论著写了什么,而是关注其论著发表在什么级别的刊物上。对于创业型大学来说,要选择到具有学术创业价值认可并且尽可能走上学术创业道路的教师,就必须分析其研究成果的内容与取向。第二,在面试环节直接提问,从性格倾向甚至个人观点获悉其创业价值认同。应该说,这个环节比其理论研究成果更具可信度。因为他们在校期间,关注理论研究或者跟随导

师一起做课题,在新的环境与条件下,研究方向能够根据自己的价值取向迅速调整。从面试实践来看,那些特别有个性的应聘者能够坚持自己的价值取向而拒绝迎合性的回答,而那些对学术创业政策不置可否的性格平和者日后大多能够融入学校文化。

(二)教学科研单位人员的学术创业价值甄别

对于那些主要从其他教学科研机构选聘过来的专任教师,对其考察则有三个环节。除了分析其公开发表的研究成果与在面试环节直接提问两个环节外,还要特意考察其在原单位的表现及调离原因。当然,我们要充分考虑到创业型大学教师招聘中的两难。一方面,希望他们在学术领域非常优秀,进入学校之后,能够跟随或者带领团队推动学术成果的转化;另一方面,那些在学术上极其出色的研究者,往往个性鲜明,若无这种学术创业价值认同,则很难融入创业型大学文化环境。无论如何,我们要知道,我国创业型大学建设正处在缓慢爬坡的艰难转型期,不像那些传统型高校可以招聘各种个性鲜明的教师以体现大学兼容并包的办学精神,而是需要统一思想、团结一致,保证在整个大学学术文化中显得微弱的创业火花不被舆论吹灭。在某些情况下,一所创业型大学主要领导的更换会使其办学定位也相应地更改,至于其原因往往不是新任领导想改弦易辙,而是反大学创业文化的教师太多,反应太激烈,逼得这些领导不得不放弃创业型大学的定位。2013年,南京工业大学将创业创新型大学的办学定位更改为"综合性、研究型、全球化"高水平大学,在很大程度上正是因为反大学创业文化的声音强烈,[21]使得新上任的学校主要领导更换办学定位。

(三)非教学科研单位人员的学术创业价值甄别

对于那些从企业等非教学科研单位招聘过来的专业技术人员,从我们的调研情况来看,他们更倾向于学术创业。当然,目前创业型大学在人才招聘上,与传统型高校相比并没有更为特殊与优惠的政策,利用有限的教师编制招收有限的企业人才,目的正是提高双师型教师的比例,培养学生创新精神与实践能力,加快学术创业的步伐。对这类人才创业价值认同的甄别,与前面从其他高校招聘教师的环节大体相同。只不过,我们分析的重点是他在市场经济中的表现。不少从企业转入高校的专业技术人才,虽然在价值取向上支持学术创业,但他们却是因为厌倦了市场经济的躁动与多变而转进来的,寄希望在高校寻找一片自由宁静的天空。对于这种情况,学校就要准确估计,他们原有的优势在来到学校之后是否仍然产生影响。

（四）管理岗位应聘者的学术创业价值甄别

对于包括辅导员在内的管理岗位教师招聘,可以通过这么两个环节来辨别其学术创业价值认同:一是前面所说的在面试中直接提问。在提问中,对于那些普遍硕士毕业的应聘者,不能像招聘专任教师那样直接,最好让他们在不经意的表述中,透露自己对于学术创业价值的认同。因为管理岗位教师的招聘,供大于求,隐蔽自己的价值取向远远没有落实岗位重要。当然,获取这些人员真实的创业价值认同感,并不完全针对其价值取向本身,更重要的理由实际上还在于了解这些应聘者对于工作本身的态度。这是因为,只有那些踏实可靠、不打无备之战的应聘者,才会特别关注学校的基本情况与办学特色,这种品质在以后的行政管理工作中非常重要。二是当前不少高校的管理岗位人员招聘,一般要求采取公开招考的方式,而且报名者较多的还要求以笔试作为初试形式,从而在由创业型大学自己组织的笔试环节中,可以通过设置某些题目来间接测试应聘者的创业价值认同。例如,某创业型大学在招聘管理岗位的教师时,其中设置了一道"两选其一"作答的题目:"你觉得大学的产品是毕业生,还是教育服务?请说明理由。"或者"大学与企业的相似点是什么?区别是什么?"在130位报名考试的应聘者中,只录取2—3名,这道题目起到了一定的筛选与甄别作用。

总之,创业型大学不是所有高校的必然选择,而且其实践模式多种多样,但是,只要寄望通过高举创业旗帜来加快科技成果转移转化,在人才招聘第一环节就必须有意识地选择具有创业文化认同的教师。

【参考文献】

[1] 付八军. 国内创业型大学建设的路径比较与成效评析[J]. 高等工程教育研究,2016(6).

[2] 樊丽明. 大众创业万众创新时代的大学新使命[N]. 解放日报,2015-07-21.

[3] 金盛华,辛志勇. 中国人价值观研究的现状及发展趋势[J]. 北京师范大学学报(社科版),2003(3).

[4] 岳炜. 不同文明背景下的中美大国责任观比较研究[D]. 苏州:苏州大学,2015.

[5] 郭峰. 价值观　社会理想　意志力[J]. 法制资讯,2012(9).

[6] 付八军. 创业型大学研究述评[J]. 黑龙江高教研究,2012(7).

[7] 葛剑雄. 中国的教育问题? 教育的中国问题?[EB/OL]. (2014-12-

18)[2017-05-21]. http://news. xinhuanet. com/2014-01/06/c_125963538. htm.

[8] 韩亮,文涛. 高校教师招聘风险及其规避策略探析[J]. 扬州大学学报(高教研究版),2014(1).

[9] 付八军. 纵论创业型大学建设[C]. 杭州:浙江工商大学出版社,2014:52.

[10][16] 埃兹科维茨. 麻省理工学院与创业科学的兴起[M]. 王孙禺,袁本涛,等,译. 北京:清华大学出版社,2007:98-100,1.

[11] 洛温. 创建冷战大学:斯坦福大学的转型[M]. 叶赋桂,罗燕,译. 北京:清华大学出版社,2007:112.

[12] 克拉克. 建立创业型大学:组织上转型的途径[M]. 王承绪,译. 北京:人民教育出版社,2007:12.

[13] 付八军. 论应用型大学师资队伍建设的内生模式[J]. 浙江社会科学,2017(6).

[14] 罗兰. 再论高校年轻教师选聘文化[J]. 教书育人·高教论坛,2016(9).

[15] 王春春. 以教学为中心:美国文理学院的教师招聘机制分析:以麦卡莱斯特学院为例[J]. 大学教育科学,2012(2).

[17] 陈统奎. 复旦:又一次华丽转身[EB/OL]. (2005-09-21)[2017-07-30]. http://news. sohu. com/20050921/n227021310. shtml.

[18] 罗兰. 美国哈佛大学教师选聘及其借鉴[J]. 中国高等教育,2017(8).

[19] 姚云,李福华. 重点大学教师招聘优先群体的路径选择[J]. 国家教育行政学院学报,2015(1).

[20] 乐园罗. 高校教师岗位分类管理的价值认同[J]. 高等工程教育研究,2015(5).

[21] 黄维. 改革统领全局 以创新推动发展 以团结凝聚力量 以实干成就事业:在 2014 年新学期全校工作会议上的讲话[EB/OL]. (2014-03-05)[2017-07-25]. http://tyb. njtech. edu. cn/view. asp? id=5735&class=929.

创业型大学"四位一体"的教师教学评价①

摘　要：我国的创业型大学建设，较多地关注成果转化，普遍忽略人才培养。创业型大学既要以转化业绩论英雄，更要以育人实效谋未来。从课程、态度、评语、效果四个维度评判创业型大学教师教学质量。

作为一种教育实践，创业型大学于 20 世纪中期在西方发达国家开始出现，MIT、斯坦福以及华威大学，被誉为创业型大学的典范；作为一种教育思潮，创业型大学于 20 世纪末期才出现，并迅速传入我国，引发了我国一批高校迈上创业型大学的道路。时至今日，这种思潮较好地对接了国内"大众创业，万众创新"的政府呼声。但是，正如科学研究被引入高校容易造成教学育人的疲软一样，学术创业被引入高校之后更容易造成人才培养中心地位的疏忽。无论高校的职能演化出多少个中心，人才培养是大学的第一中心，属于教师的第一使命。大学因有学生而存在，没有学生也就无所谓大学。当前社会对于创业型大学的批驳与抵制，在很大程度上是担忧创业型大学带来学术文化与商业文化的冲突，导致教学育人中心地位的进一步旁落造成的。因此，在我国推进创业型大学建设过程中，如何通过考评机制进一步强化人才培养的中心地位，就显得非常急迫与重要。相对于传统型大学而言，考评创业型大学教师教学育人质量，需要瞄准以下不同维度的四个"突出"，形成"四位一体"的创业型大学教师教学评价。

一、在显性业绩上突出课程资源开发

长期以来，无论我国的基础教育还是高等教育，普遍不重视教师的课程资源开发，某些地方院校甚至将教师编写教材视为不务正业。至于其原因，与我国过度整齐划一的教材使用情况有关，同时，学校不相信自己的教师能够编好教材，从而在文件上规定必须使用国家统编教材。从传统型大学转

---

① 本文拟发某报刊，后来因故推迟，最后放弃发表。

型而来的创业型大学,当前在教材管理以及使用上并无区别,显然不适应创业型人才的培养。可是,创业型大学没有既定的国家统编教材,只能依靠自己开发与编制。从国内高举创业型大学大旗的普通本科院校例如福州大学、浙江农林大学、临沂大学等来看,这些高校普遍没有将课程资源开发作为教师的基本职责,甚至尚未意识到创业型大学人才培养疲软的重要原因之一在于相应课程资源的匮乏。事实上,在国外不少高校,课程资源的开发能力与业绩,正是考评教师的重要依据之一。这就不难理解,为何美国那些顶尖大学拥有丰富多彩、质量上乘的数千门课程。

创业型大学教师开发课程资源有三个方向:一是对于国家明确规定的必修课程,教师应该注重教学方法的创新、教学内容的呈现。例如,国家统一要求的高校"两课",无论学校还是教师,都不能在课程本身上有多大变革,但可以改进教学方法,发掘课程内容背后的故事与现实,力争将教学内容以更加可信、有力、生动的方式呈现出来。二是对于那些具有统一教学考试大纲的必修类基础课程,教师可以在提高课程教学效率的基础上增添鲜活的实践素材。例如,"无机化学"属于理学的基础课程,虽然不同高校使用了不同版本的教材,但有着统一的教学要求,创业型大学教师应该在贯彻教学要求的前提下,提高理论的实践指向性,增强学生理论学习的自觉性。这种课程的改革效果,在文科领域表现更加明显。例如,"教育学"作为师范生的基础课程,教师可以压缩理论教学时间,把更多精力用在理论与实践相结合的阐释上,针对每个知识点或者理论观点,通过可以感知的实例激活它们。当然,要真正上好一门课、上活一堂课,关键在于教师对这门课程学问掌握的量度、深度与厚度。三是对于大量可由学生选择的课程,教师可以结合自身特长、学生成长及社会发展之需要大胆创新。例如,笔者针对本科生开发了一门做人成才与追求幸福的导航课程,属于大学人生课程资源的开发。在笔者看来,我们既要把人类数千年积累下来的科技文化知识传承给学生,也要把人类数千年或者成人数十年积累的各种人生智慧传承给学生。许多学富五车、能力出众的失败人士,不是败在事业本身,而是败在生活上。总之,创业型大学的课程资源应该比传统型大学更加丰富,更加实用,更加吸引学生,创业型大学教师不仅要关注前面两类课程资源的完善,更要重视第三类课程资源的开发。

二、在隐性品质上突出教师职业态度

职业道德、学科研究和教学专业,是高校教师专业化建设的三个方向。

然而,在教师考评中,职业道德往往被虚化,成为一个可有可无的评价指标。不少高校虽然贯彻师德一票否决制,但只针对那些被定性为违规违纪者,而且这样的教师一年也难以出现一个。现实困惑在于,那些职业态度不端正却又难以被定性的教师并不少。例如,教师 M 在课堂上对学生说:"我是某某学院教师中最有钱的,创办了一个公司,手下有十多个员工,来这里上课仅仅玩玩而已……在大学是学不到什么东西的,你们现在学的这些内容,都没啥用,真正提高你们能力的,还是在你们参加工作之后的社会实践……"这种极不负责任的言语,教师自己可能还没意识到,就已经对学生的健康成长产生了负面影响。更可怕的是,这种教师居然能在学生评教中获得高分。究其原因,主要在于创业型大学中那些真正有趣而且对学生有正向帮助的课程资源太少了,从而这类"插科打诨"式的教学反而受到学生的欢迎。

可以说,一位对教学育人没有真正投入感情的教师,是一位没有职业操守、社会公德与社会使命感的教师。或许他们会说,作为创业型大学的组织特性,成果转化更重要,对学校的平台提升更有积极意义。但是,成果转化本身不是目的,甚至学校平台的提升亦不是最终目的,这些都是实现人的发展的手段而已。在我们推崇的创业型大学中,成果转化不是为了提高学校的办学收入,而是着眼于社会的发展,最终目的正是人们的幸福。在学校面对学生时,连活生生的人都没有看到,这样的大学教师不可能关注那些无法具体感知的社会大众;连学生眼前成长与进步的需要都没有看到,他们更加不可能想到社会的进步与人类的幸福。因此,放弃教学育人的基本职责,而一味地美化成果转化的社会意义,从人文关怀、终极关怀角度来宣扬创业型大学的历史使命,那是自欺欺人、自相矛盾,最后必然又回到传统型大学的原点,只看到数字化的业绩,看不到成长中的学生。

在教师考评中突出职业态度,还与创业型大学文化氛围、独特使命有关。相较传统型大学教师而言,创业型大学教师承担更多的职责与使命,他们是在教学育人、科学研究的基础上,延长学术生产链条,关注学术成果转化。如果说传统型大学的学术生产,发表就是目的,那么创业型大学的学术生产,转化才是目的。从而在创业型大学,奉行学以致用与实用主义,商业文化气息浓厚,若缺乏有力的政策保障,容易滑入功利主义。在这种文化环境下,大学教师更容易放弃对于教学育人主阵地的坚守。可见,创业型大学的学术创业文化,容易把教师引导到经济至上的功利主义旋涡中,从而在评价教师教学育人质量时,要将教师职业态度作为一个重要方面予以关注。同时,以成果转化作为独特使命的创业型大学,在考评教师时"以转化实绩论英雄",并以此来评判教师的学术水平。以这种学术水平判断教师的教学效果,需要参考教师的教学投入、精神状态等态度问题。可以说,教师的教学态度端正,教学效果就会与教师的学术水平成正比;反之,教学效果与教师的学术水平没有相关性。因此,相对于传统型大学来说,创业型大学的教师教学评价更加需要突出教学态度。例如,各个二级学院在评价教师培养创造性人才业绩时,可以针对职业态度撰写符合实际却又个性各异的结论,而不是惯常的可以套用在任何一位教师身上的老生常谈。事实上,只要二级学院领导以及教师稍微留意,再结合学生的主观性评价,身边的教师有着什么样的职业态度,大体都能如实把握。这些结论虽然不能作为教师教学业绩等级确认的砝码,但能作为一种预警信号敦促教师端正教学态度,在教师群体中培育良好的教学文化。

三、在信息来源上突出学生主观评价

在我国,大学教师的教学质量到底由谁说了算,一直是一个颇具争议性的问题。毫无疑问,教学质量的评价,专家或者同行最为准确。但是,我们评价大学教师的教学情况,往往不是评价教学质量,而是评价教学效果。因为教学的目的不是为了教师,而是为了学生。因此,评价大学课堂教学,只能从学生的学习效果出发。而且,应该以学生作为评价主体,甚至由学生说了算。至于其理由,除以上原因外,更重要的是学生完整地听取了教师的一门课程,而专家学者往往只听取了教师的一堂课,两者不能相提并论。可以说,那些教学态度不端正、专业功底不扎实但口头表达能力还不错的教师,要上好一堂课并不困难,但要上好一门课程则是难以想象的。对此,创业型大学与传统型大学是一致的。

近年来,大学生日益参与到教师的教学评价中来,在不少高校已经成为教学评价的主体。但是,在评价标准的设置上,基本上都是客观试题;同时,高校很少组织人员去了解学生眼中的好教师好在哪、差教师差在哪。最后,学生给教师打出的这些分数,根本没有多大实际价值,因为影响学生评教的因素太多了。例如,笔者所在的二级学院有一位教师,上学期某门课程在全院教师中得分最高,而到下学期该门课程在全院教师中得分最低。经过多方探讨与全面分析,我们发现原因主要在于该教师授课对象不同。上学期,该课程在本院开设,学生评分高;下学期,该课程在体育学院开设,学生评分低。又如,笔者曾做过调查,发现有时教师得分偏高,缘于他们对学生要求较松、课程极为重要或者教学内容偏向娱乐;有时教师得分偏低,在于他们对学生要求太严厉、课程内容多而难。显然,这样的学生评教结果,不仅教师普遍不认可甚至不接受,而且单纯的分数达不到引领教师专业成长的目的。

利用学生评教完善教师教学工作,达到提高人才培养质量的目的,需要重视学生的主观评价,并将评价结论反馈给教师,让教师知道自己教学的优点与不足。正向的评价,是一种动力,激励教师继续努力;负面的评价,是一面镜子,引导教师认真反思。因此,在组织学生评教时,创业型大学应该通过多种方式,鼓励学生进行主观性评价。事实上,评价某位大学教师某门课程的教学效果,听听该班到课率较高的几位学生的意见,就能大体评出高低与优缺。同时,学生的意见,正是我们课程不断改进与完善的重要方向,对于一位追求教学进步的教师来说,可以自我调查一下学生的评价。例如,笔者曾有一门校本特色课程,开设几周后,个人感觉学生的兴趣不高,于是设计了三个题目:一是老师上课的可取之处;二是老师上课的不足之处;三是对老师上课的建议。不要求学生署名,鼓励学生写出自己最真实的想法。将学生意见收上来之后,笔者才发现,在课程目标、内容安排、课程管理、教学形式等许多方面,确实存在问题。应该说,对于这门课程的学生评价与自我反思,让本人获益匪浅。强化教师教学育人职责,弥补创业型大学功能短板,更需要倾听学生的声音,由此引导教师重视人才培养工作,协调好教学育人与学术创业的新关系。

四、在业绩呈现上突出人才培养实效

创业型大学培养出来的创业型人才,不等于实际的创业工作者,更多的是一种创业潜质,可以归为创造性人才。因此,创业型大学的建设目标主要有两个:培养创造性人才与实现成果转化。从培养创造性人才的轨道来看,总体方向正是突出教师在人才培养方面的实际效果。这既是创业型大学贯彻人才培养中心地位的指导方针,也是教师开展教学育人工作的基本准则。应该说,以上各项评价指标都是为了提高人才培养实效。除此以外,无论创业型大学,还是教师个体,都应该关注优秀学生的跟踪与推介。例如,作为专任教师的班主任或者本科生导师,应该建立班级学生档案,在学生毕业之后能随时互通有无,并将那些在社会上崭露头角的优秀校友发掘出来,从榜样示范与校友推广的角度加以宣传。对于创业型大学来说,更应该重视校友资源,从一种长远规划的角度建立校友信息库,将优秀的校友当成学校一张张最为闪亮的名片。

创业型大学之所以需要如此重视优秀校友的归档与宣传,至少有这么几个方面的原因。其一,榜样的力量无穷,优秀校友对于在校学生的激励作用巨大;其二,在市场经济时代,生源决定学校存亡,优秀学生就是最好的广告;其三,随着社会经济的繁荣与大学公益属性的彰显,未来大学办学经费的依靠力量,将有一定比例来源于校友;其四,加强校友之间的联络,有利于创业型大学精神同盟的确立,推动更多传统型大学走向创业型大学;其五,创办大学的直接目的之一是培养人才,彰显优秀的校友正是体现人才培养质量最有说服力的证据。可见,从大学的本义来看,优秀校友的归档与宣传是大学的基本工作。但是,以上不只是创业型大学重视校友资源的理由,同样也是传统型大学加强校友工作的出发点。创业型大学之所以要以此强化教师的育人实效,最重要的理由不是以上原因,而是在于:我国创业型大学建设,较多地关注成果转化,忽略了人才培养;而且,在不少学者看来,创业型大学只忙于赚钱而忘记了学生的存在,只忙于瞄准市场需要而放弃了学生发展需要,从而要对学术创业主义予以抵制。对于那些有理想、有信心、有规划的创业型大学,就应该充分发掘与推出优秀校友资源,尤其要从教育增量的质量观角度出发,突出创业型大学在人才培养方面的巨大成就。可以说,创业型大学在这一点上胜利了,哪怕在成果转化上不尽人意,学界乃至社会上再也很难有如此尖锐的讨伐之声。

【参考文献】

[1] 汪泽.学术创业:内涵、瓶颈与推进策略[J].教育发展研究,2013(17).

[2] 卢萍,邵光华.2014 年教学教材研究与发展国际会议综述[J].课程·教材·教法,2015(4).

[3] 陈汉聪,邹晓东.发展中的创业型大学:国际视野与实施策略[J].比较教育研究,2011(9).

[4] 高国希,叶方兴.高校课程体系合力育人的理论逻辑[J].中国高等教育,2017(23).

[5] 江利.论高校学生评教中学生主体性的发挥[J].大学教育科学,2014(6).

怪胎抑或榜样:创业型大学建设的中国实践

——基于创业型大学教师的访谈研究①

摘　要:教师是大学转型的最终决定因素,检验创业型大学本土化建设成效,最可靠的路径便是获悉这些院校教师的真实感受。从教师座谈会、结构式访谈、非结构式访谈等多种途径对不同群体的创业型大学教师开展访谈调查发现:创业型大学本土化建设尚未真正启动,最多处在宣传发动阶段,远未对教师产生实际影响;创业型大学在具体实践中具有多种模式,我国那些迈上创业型大学道路的高校,往往根据某种需要选择某种模式,并不一定符合中国的实际情况;创业型大学教师的各种创业行为,更多的属于教师个体行为,推进创业型大学建设,有利于加快学术成果转化,但绝不是解决办学经费短缺、实现跨越式发展的战略选择。可见,创业型大学在我国称不上一个怪胎,也还谈不上成为一个榜样,在高等教育办学模式多元化的探索实践中,中国创业型大学本土化的建设仍在行进中。

一、问题的提出

作为一个概念,"创业型大学"(entrepreneurial university)于20世纪90年代末传入中国,并引发国内一批高等院校走上创业型大学道路。例如,2008年,福州大学提出要"确立创业型大学理念,走区域特色创业型强校之路",成为国内第一所明确高举创业旗帜的全日制普通本科院校。随后,南京工业大学、浙江农林大学等本科院校先后以创业型大学作为学校的发展战略目标定位。近十年时间过去了,我们需要分析与总结创业型大学在中国的实践经验,以期更好地服务于高等教育多元化办学模式的探索。然而,无论在理论上还是实践上,我国对于创业型大学建设均存在明显分歧。一

---

　① 本文与赵忠平博士合作,原载《复旦教育论坛》2019年第2期。本文质性分析法的贡献归功于赵忠平博士。

方面,许多学者坚持这样的观点:"建设创新型国家,需要创业型大学。"[1]复旦大学原校长杨玉良院士甚至提出"创业型大学将是大学未来发展的一个重要阶段"[2]。同时,不断有高校加入创业型大学行列,"发挥自身特色,对接国家战略,打造创业型大学"[3]。另一方面,对创业型大学的质疑声音不绝于耳,不少学者认为"创业型大学的学术活动受利益驱动,不是好奇心驱动,而且学术与创业是对立的,各自需要不同的能力,两者难以兼容"[4]。对于建设创业型大学的热情给予更加沉重打击的是曾经定位于创业创新型大学的南京工业大学,于2013年将办学定位正式更改为"综合性、研究型、全球化"高水平大学。于是,尽管处在"大众创业,万众创新""鼓励办出特色,实行分类管理"的有利政策背景下,我国那些准备尝试迈入创业型大学道路的高校仍然徘徊在十字路口,急需高等教育理论研究者做出明确的答案。基于"教师转型与大学转型具有天然关系,只有教师的转型才能带来大学的转型"这个理论视角,[5]本文试图从那些实施创业型大学战略的高校教师访谈入手,了解他们在创业型大学的文化氛围中是一种什么样的体验与感受,以期为我们从实践的角度提供相应的答案。

二、研究设计

(一)访谈样本

本课题主要通过教师座谈会、结构式访谈,以及非结构式访谈三种方式获得相关信息。样本覆盖了创业型高校的专任教师和管理者群体,有理工科教师,也有人文社科教师;有已经实践学术创业的教师,也有未实践学术创业的教师。在结构式和非结构式访谈中,样本的选择采取滚雪球取样模式,保证了样本信息含量的丰富性。具体情况如下:

教师座谈会:笔者在某创业型高校工作期间,该校高举创业型大学的旗帜,不仅在全校进行了广泛的宣传,而且出台了一系列文件,以推动全校师生学术创业,促进学校科研成果转移转化,鼓励各位创业型教师浮出水面。为了推进该项工作,同时了解自学校确定创业型大学战略目标以来,教师们有何困惑与期望,该校组织学校中层干部赴各个二级学院调研。笔者所在的调研小组,前后去了三个二级学院,参加座谈的专任教师总数约90人,理工科类教师约60人。在座谈会上,笔者就教师对创业型大学的态度、对学校创业型大学建设政策的看法,以及就大学教师该不该进行学术创业等问题进行了交流,获得了相对丰富的一手资料。

结构式访谈：深入进行结构式访谈的教师有两位：教师 N 与教师 F。他们均为"双肩挑教师"，对学校的政策以及教师的状态较为了解。他们与笔者均不在同一所大学，也不在同一座城市。在访谈前，笔者与他们有过多次电话以及网络联系，在彼此较为熟悉的基础上，预设访谈要点，约定见面时间，笔者直接去对方所在高校，与他们有针对性地进行交流。在建立信任的基础上，从他们那里获知的创业型大学发展现状以及教师转型情况，要比从专任教师那里全面得多。

非结构式访谈：笔者曾工作于某创业型大学，熟悉其他若干所创业型大学，容易接触到不同岗位不同学科背景的创业型大学教师，并且围绕学校的战略定位、教师自身的工作体会，在不设防的情况下，与他们轻松自由交流。这种非结构式访谈，较具代表的专任教师有 6 位，分别来自 A、B、C 三所创业型大学。（见表 1）

表 1　参与访谈的代表性样本特征

访谈类型	样本编码	性别	年龄	职称（职务）	学科	是否有创业经历
结构式访谈	教师 N	男	42	主任	工商管理	否
	教师 F	男	48	处长	高等教育	否
非结构式访谈	教师 A1	男	36	副教授	机械工程	否
	教师 A2	女	40	副教授	比较文学	否
	教师 B1	男	42	副教授	环境科学	是
	教师 B2	男	38	副教授	电子信息	是
	教师 C1	男	45	教授	广告学	否
	教师 C2	男	56	教授	药学	是

（二）数据采集与整理

遵循访谈伦理与要求，在征得受访者的同意后，就"如何看待创业型大学建设"等问题对受访对象进行深度访谈，得到受访者对创业型大学建设、教师创业、创业与教学及研究取得平衡等问题的深度看法，以 Word 文本的形式逐句转录形成访谈文本。将访谈文本导入 Nvivo 11 软件，遵从扎根理论的研究范式，对访谈文本进行编码分析。

首先，对高信息含量的 8 位受访者的访谈文本逐句进行自由编码，初步得到 53 个参考点。主要涉及的主题内容有：创业型大学宣传、对创业型大学建设的态度、创业与否、创业成效、成败归因等。其次，进行轴心编码，建立树状节点的层级体系，通过整合与归类相关节点，得到 42 个参考点，形成新的类属：创业型大学宣传成效、对创业型大学建设的态度、教师创业的影响因素等。最后，结合自由编码和轴心编码的相关结果，提炼和整合各类属的节点，同时核查各类属节点是否存在交叉和重复编码的问题并改正之，最终得到 37 个参考点。（见表 2）

表 2　受访者对创业型大学建设访谈内容的编码

类别	参考点	占比	参考点实例
政策了解	3	8.1%	"学校宣传""主动了解""不了解"
支持与否	2	5.4%	"反对""支持"
是否创业	3	8.1%	"创业""未创业""准备创业"
创业成效	2	5.4%	"效果好""不如预期"
建设预期	3	8.1%	"乐观""不确定""悲观"
归因:自身因素	3	8.1%	"性格保守""家庭不支持""精力不够"
归因:学生培养	6	16.2%	"提供实践机会""缓解经济压力""提高学习兴趣""分散学生注意力""廉价劳动力""开拓学生视野"
归因:教研与创业兼顾	7	18.9%	"创业教学难以兼顾""创业有利于教学""科研促进创业""创业促进科研""创业影响科研精力投入""市场实现科研价值""科研内容与市场难以对接"
归因:高校评价标准	4	10.8%	"科研奖励政策""职称评审制度""教学业绩要求""其他评价标准"
归因:高校支持	4	10.8%	"仅口头支持""政策倾斜支持""激励措施不够""学校盘剥"

三、研究结果

作为高校的核心影响因素，教师对创业型大学建设的支持与否是取得成功的关键变量。结合 Nvivo 11 质性分析软件的编码结果，从教师"支持"或"反对"创业型大学建设的归因来看，"教研与创业兼顾""学生培养""高校评价标准""高校支持"，以及"自身因素"是重要的几类考虑因素。围绕教师对创业型大学建设持"支持态度"和"反对态度"两个维度,笔者进行了进一步的分析。

(一)对创业型大学建设态度的"一热一冷"

从笔者的调研情况看,在被定位为或正在争创创业型大学的高校中,高校教师对创业型大学建设的态度呈现出明显的"一热一冷"特征,并且,目前并未表现出能够有效调和的迹象。这种态度上的分化,表现出鲜明的群体性特征。具体而言,高校中的管理者群体(包括中高层领导)对创业型大学建设总体秉持支持态度,并且在构建创业型大学的宣传上充满热情。但与之相反的是,普通教师的态度总体则要消极得多,与管理者对创业型大学建设的侃侃而谈不同,普通教师甚至在学校已经推行创业型大学建设多年后,依然对相关的政策一脸茫然或知之甚少。在参加笔者调研座谈会的90多位教师中,没有一位教师主动提及自身压力来源于学校的创业政策。教师们更多谈论的,主要是学校其他方面的政策调整导致的收入变化、工作任务增加以及教学条件改善等。当笔者主动询问某些教师,自学校走上创业型大学道路之后,他们有何感受与压力时,基本上都没有体现出对创业型大学的关注,更谈不上有多大的压力。其中某位教师的观点或许具有代表性:"当前,教师的压力就够大了。每周要承担这么多课程,每年都要有这么多科研分值,忙都忙不过来的,根本没有时间去准备学术创业……"高校管理者与普通教师在创业型大学建设上的态度分化,说明高校的创业型大学建设政策与普通教师的需求未能形成有效的契合与共振,从而形成了"各说各话"的尴尬局面。

而在普通教师群体中,对创业型大学建设的态度也存在"一冷一热"的分化,表现出一定的专业性特征。具体而言,所研究专业与市场需求契合度高的教师(主要是理工科教师)对学术创业表现出一定的热情,但基础研究和人文社科类教师对学术创业的态度总体表现消极。如在笔者结构式访谈的样本中,教师B1(环境科学)、教师C2(药学)均支持学术创业,但其他的教师则持反对或保留态度。这说明,高校中专业类别的复杂性,应该成为创业型大学建设中需要充分考虑的维度,忽视这种内部差异的创业型大学建设政策设计,必然会面临诸多的反对。

(二)高校教师对创业型大学建设的争论

在支持者的眼中,创业型大学的创建可称为大学发展的模板和榜样,因为其鼓励教师走出书斋,面向市场,实现了知识的市场价值,同时也激发了高校教师的活力和创造力。但在反对者的眼中,创业型大学的创建更像是功利性价值导向所催生的怪胎,市场化导向损害了高校作为知识生产场所的纯粹性和神圣性,而评价制度与创业型大学建设的适切性问题导致教师的热情不高。借助访谈资料,笔者拟就高校教师对创业型大学建设所争论的问题展开进一步的剖析。

1.学术研究应该坚持市场导向还是理想导向?

学术研究应该坚持市场导向还是理想导向,其实质是关于"什么知识是有价值的",以及学术研究成果应该由谁去实现其社会价值的问题。当然,关于"什么知识是有价值的",是一个深奥复杂的哲学问题,此处不做讨论。高校教师对创业型大学建设中学术研究导向的分歧,主要表现在由谁去实现学术研究成果的社会价值方面。创业型大学建设的一项重要内容是,鼓励高校教师将学术研究与学术创业结合起来,以面向市场的学术创业来实现学术研究的最大价值,是典型的市场取向的价值指引。此价值指引所隐含的意思可理解为,高校教师的学术研究是否具有价值,是否具有市场价值是检验的重要标准。在笔者的调研中,支持创业型大学建设的教师对此价值指引深表认同,如教师 B1 所言:"从我的经历来看,大学教师确实应该转型。因为我身边的不少同事,就在争那几个课题,发那几篇文章,我实在看不出有多大社会价值。可以说,当他们还在研究的时候,其创新性的思想早就在我的产品中体现出来了。"

但在反对者的眼中,高校教师的学术研究应该更纯粹一些,应该是理想主义的,为了寻求真理而不断努力,而不应该以是否具有市场价值为指引。这里有两个方面的含义:一是高校教师应该是知识的生产者,而不是销售者。教师 A2 的观点具有代表性:"大学教师的主要职责,除了教学育人,应该是生产知识,从事科学研究,创造学术成果,至于这种成果是否要转化,是否为社会所采纳,则是企业家的事情。社会本来就存在分工的,大学就做大学应该做且能够做好的事情,否则,社会也就不需要这么多机构了,干脆都用一个组织名称,因为这个组织什么事情都能做。"二是高校教师的知识生产应该是高于现实的,要起到引领作用。教师 C1 的观点具有代表性:"大学教师最大的追求,应该是自己的思想王国,在那里找到自己的精神世界。有了这种世界,可以培育优秀的学子,可以造福人类,可以颐养天年。那些做企业的人,应该从这里找到思想养料,然后再来推动自己的发展。这种养料,当然不是直接的营养,而是结合实践进行加工的养料,最后变成自己的工作智慧。我认为,大学教师应该高于实践工作者,并与实践保持一定的距离,以保证自己的思想基于现实而又超然于现实。"

2.高校应该选择怎样的模式来支持教师的学术创业?

创业型大学是舶来品,在西方发达国家已经有相对成型和成功的模式,比如英国的华威大学模式、美国的斯坦福大学模式以及 MIT 模式等。但我国的创业型大学建设目前尚处于探索阶段,还未形成比较成功和有影响力的模式。在高校如何支持教师学术创业的模式选择中,有两方面内容显得尤为重要:一是学校如何管理学术创业的教师,这一问题关涉到高校教师队伍建设。在笔者的访谈中,教师的争论点在于:高校一方面鼓励教师进行学术创业,面向市场推广并销售其学术成果,这必然会占用教师大量的时间和精力,而另一方面,高校对教师的教学和科研业绩考核,依然采用传统评价模式,要求其完成与其他非学术创业教师一致的教学与科研成绩。这种模式是否合理? 如果不如此管理,那应该采取何种管理模式?

二是教师学术创业的收益如何分配。在华威大学模式中,更多的是将学校作为整体来运作,学校是教师学术创业的依托机构,获得市场收益后,学校与教师按照一定比例分配收益,其中教师获得更高比例。而在斯坦福大学模式中,学校鼓励教师进行学术创业,较少从中直接获取经济利益。对于学术创业的收益分配,高校教师的争论点在于应该借鉴哪种模式。从教师访谈中可以发现,教师认为高校在自己学术创业过程中普遍未能提供多少帮助,但当获得收益后,高校则按比例抽成,或者以"管理费"的方式"横切一刀",对此表现出不满。教师 C2 的话具有代表性:"就学校那点创业业绩奖励,根本吸引不了我,说不定最后还要从我这里提取管理费,可是他们能够给我什么帮助呢?"

3.市场规则与高校评价制度的矛盾如何调和?

高校一方面高举创业型大学建设的旗帜来鼓励教师进行学术创业,但另一方面,在教师的评职晋级、科研要求等评价方面,却并没有做出能够顺应学术创业的足够的改变。正如教师 F 所言:"教师难以转型的主要原因在于原有的评价体系仍在发挥作用,而且是最不可动摇的指挥棒。……现在学校做不到让'转化效益'代替'学术论文',学术创业最多只是教师的一项副产业……学校的科研奖励政策、职称评聘制度、其他高校的教师评价标准,都吸引着教师坚持走原路,坚决不冒险。"以及教师 B2 所言:"学校在职称评聘与人才选拔上,真的不应该过分看重那些 SCI、EI 等,这种导向使得教师只顾发表,不关心也不敢再往前走,从而很难验证这些成果,到底能否转化,到底是否有意义。"这里所体现出的,是学校和市场在评价导向上的矛盾:高校教师的学术创业是面向市场的,创业是否成功及成功到何种程度,盈利能力——或者教师学术的"转化效益"是其主要衡量标准,转化效益越高,可认为教师的学术创业越成功。但在高校内部,评价教师学术是否成功的标准却并非是市场化的,而是遵循着制度化的逻辑。教师要在这种制度化中获得前进的机会(如获取更高的职称、更多的科研奖励),则需要遵循制度化的规则——即更多数量和更高质量的科研产出,而这些科研产出究竟能不能有市场"转化效益",则不是考虑的重要因素。即便教师在学术创业中获得高的"转化效益",也不能足够有效地为其在学校制度化的评价中增加优势,而如果教师的学术创业失败,他们不仅要承担失败所带来的市场风险,同时,因为前期学术创业中大量的时间和精力投入,相较于专心学术研究的同行,他们的学术产出往往更少,在学校的评价制度中也会处于劣势地位。因而,高校在鼓励教师进行学术创业的同时,却并没有在学校评价制度上有效调和与市场面向的学术创业评价标准的矛盾,这是阻碍教师学术创业的重要因素。

4. 高校教师的学术创业对学生的影响是积极还是消极?

教与学是教育的一体两面,教师与学生也是相互成长、相互促进的关系。那么,当高校教师进行学术创业时,其对学生会产生何种影响呢?据笔者的调查,高校教师在此问题上表现出完全相反的观点,各有其理,争执不下。觉得学术创业对学生会有积极影响的教师认为,学术创业一方面能够促进学生的成长,能为学生"提供实践机会""开阔学生视野""提升实践能力""提高学习兴趣"。教师 B1 的观点具有一定代表性:"那些从书本到书本的课堂教学,学生听之都索然无味,哪还谈得上教学质量呢?对于大学生来说,书上许多内容,他们都可以自学了。大学教师所起的主要作用,还是把学生引入五彩缤纷的知识宝殿,让他们感受到这里的丰富与奥秘,在适当牵引与辅导的情况下,然后让他们自我探索,自我教育。"另一方面,学术创业也能够为学生提供一定的经济补助,缓解他们的经济压力,让他们有更多的时间和精力用于学习之上。如教师 C2 所言:"让一些学生进入我的研究与销售……如果公司运营良好,我还会给他们支付更多的报酬,大大缓解了他们的经济压力。"

而觉得学术创业对学生会有消极影响的教师则认为,学术创业分散了学生的学习注意力,对学生的深入学习会产生不良影响,并且,教师在学术创业中带入学生,有将学生作为"廉价劳动力"的倾向,是对学生的变相剥夺。教师 A2 激愤地讲道:"在我们学校,一些教师还没有站稳讲台,就准备在岗创业,拉着一帮学生,做他们的廉价劳动力,美其名曰'锻炼学生',实际上是祸害学生。连基本功都没打好,就想着搏击市场经济浪潮,造成学生急功近利的思想倾向,这种腐蚀学生灵魂的行为,其危害比耽误他们的学业还要严重。"诚然,教师 A2 的言辞较为激烈,但也不得不引起我们思考。作为高校教育工作的核心影响因素,高校在鼓励教师进行学术创业时,是否充分考虑和评估了学术创业对作为受教育者的学生的影响呢?

5.高校教师能否有时间和精力进行学术创业?

人的精力是有限的,高校教师也不例外。那么,高校教师如果同时兼顾教学科研工作和学术创业,是否有足够的时间和精力? 如果没有,高校鼓励教师进行学术创业,是否会造成高校教师更大的负担? 对于此一问题,笔者访谈的样本教师有截然相反的看法。一些教师认为,教学科研和学术创业是完全可以兼顾的,并且二者之间可以起到很好的相互促进作用,科研成果可以用于学术创业,学术创业过程中的新想法、创新点又能汇聚成科研成果。如已进行学术创业的教师 B1 讲道:"当他们还在研究的时候,其创新性的思想早就在我的产品中体现出来了。"但一些教师认为,在当前环境下,高校教师依然背负着沉重的教学、科研压力,还有来自家庭的生活压力等,难以有时间和精力开展学术创业。教师 A1 的观点具有代表性:"我的心分成了三份:一份要交给学生,教学育人的任务不轻,现在评职称,对教学工作都有量与质的要求;一份交给科学研究,每年都要出成果,否则无法完成当年工作量,这也是评职称最重要的一杆秤;还有一份交给家庭,要照顾孩子、关心父母、体贴妻子、承担家务,作为一个平凡的职业人,这里的任务一点都少不了。在这种情况下,我既挤不出更多的时间从事创业活动,也没有太多精力去与各方面打交道,获得创业信息与资源。"从笔者的角度而言,高校教师能否兼顾好学术创业与家庭、教学、科研的关系,尤其是如何在沉重的科研压力下进行学术创业,都是需要思考的问题。

四、讨论

经过上述访谈,在"创业型大学到底是榜样抑或怪胎"问题上,本文得出以下三点结论:

其一,创业型大学本土化建设尚处在宣传启动阶段,从而无法判断创业型大学到底是榜样抑或怪胎。创业型大学在中国这么多年的实践,至今没有产生积极影响,容易让人觉得这种办学模式不适合中国。确实,西方那种注重市场运营的创业型大学也许不适合中国土壤,但是,我们不能从创业型大学本土化建设的疲软推导出中国创业型大学是一个怪胎。从教师座谈会可以看出,一所确定创业型大学战略发展目标数年之久的大学,教师居然感受不到创业型大学办学定位给他们带来的压力或者动力,这足以表明创业型大学尚未对教师产生任何实质性的影响。更重要的问题是,学校领导大张旗鼓地宣传创业型大学,而不少教师对此毫不知情。这就表明,这些高校虽然高高举起创业型大学大旗,实际上还没有向创业型大学迈出第一步,至多称之为宣传发动阶段。中国尚未真正启动创业型大学建设,我们能由此证明中国的创业型大学建设失败吗?能由此证明创业型大学在中国就是一个怪胎吗?或许我们会反问,这么多年仍处在发动阶段,而且有些高校更改办学定位了,不正表明创业型大学在中国失败了?应该说,这是两个性质不同的事情。一所曾经实施创业型大学办学定位的高校,突然不再提这种办学定位,而是提出新的办学定位,也许与其他原因有关,不能由这种尚未真正启动的创业型大学实践来承担责任。我国某些高校提出了创业型大学的战略目标,但一直没有推动学校从传统型到创业型的真正转向,必定有其无法回避的深层次原因,这个原因同样特别值得另行研究,但不能由此断定创业型大学就是一个怪胎。例如,应用型大学建设在学术界获得一致推崇,许多高校若干年以前就高举应用型大学旗帜,但我国至今也没有几所地方院校真正实现其由传统学术型转向应用型。

其二,创业型大学在具体实践中具有多种模式,我国某些高校主要领导按照自己的期望迈上创业型大学道路,其失败或者受阻不能由此断定创业型大学就是一个怪胎。20世纪90年代中期,美国学者伯顿·克拉克(Burton R. Clark)根据欧洲一些教学型院校寻找组织变革并实现学校快速发展的现状,提出了创业型大学这个概念,其典型的案例高校便是华威大学。正如前面教师N指出的,华威模式采取学校整体运营的策略,直接目标是获取经济利益,以便支撑学校办学。与此同时,美国的另一位学者亨利·埃兹科维茨(Henry Etzkowitz)根据美国某些研究型大学寻求科技成果转移转化并由此实现学校快速发展的现状,同样提出了创业型大学的概念,其典型的案例高校是MIT与斯坦福。MIT模式着眼于学术成果转化,以此服务社会,在这个过程中,学校并没有从中获取直接的物质利益,反而要为教师转移转化科技成果提供各种服务。埃兹科维茨认为,MIT模式"即将取代哈佛模式而成为学术界榜样"[6]。可见,在两位创业型大学理论鼻祖这里,创业型大学的基本内涵与实践模式就不一致,更别说在具体实践中创设出来的其他模式。这表明,创业型大学具有多种实践模式。我国那些勇于创新的高校领导,往往根据学校面临的主要矛盾,选择某种创业型大学模式,尤其为缓解办学经费压力而选择了华威模式,寄望通过创业型大学解决经费瓶颈然后寻求学术提升。然而,我国公办高校的办学自主权有限[7],市场主体地位并未确立,很难按照市场规律将学校整体纳入运营轨道,甚至学校以及教师都得接受与其他高校一样的外部评价,从而经营模式很难有效推行。显而易见,如果我们认定华威模式在中国无法推行,但不能由此否定其他创业型大学模式不能在中国运行,更加不能认定创业型大学就是一个怪胎。

其三,各种形式的学术创业更多的属于教师个体行为,对于国内许多大学尤其综合性地方院校而言,寄希望于通过创业型大学战略定位来实现跨越式发展是不太现实的。从前面的访谈可以看出,许多教师对学校鼓动学术创业的行为极为反感,他们认为人才培养属于教师的本职工作,至于是否开展学术创业,则是个人选择的问题。同时,对于开展了学术创业的教师,不管成功与失败,他们的行为均与学校关系不大。可以说,许多教师的学术创业行为,并不是在学校的鼓励与激励政策之下诞生的。正如教师C2指出的,学校那些有限的奖励根本吸引不了卓越的研究者推进学术创业,只会增加管理成本的攀升。这样看来,学术创业更多是大学教师的自然呈现,当他们拥有相应的科研成果,在适宜的条件下就会迈上学术创业的道路。对于高校而言,是否要冠之为创业型大学并不重要,无论什么层次与类型的高校,都应该支持高校的科研成果转化。而且,科研成果转化的目的是服务社会经济的发展,其收益应该归于研究者个人,而不是学校筹措办学经费的途径。这就表明,创业型大学本土化的实践只是为了给教师提供更多的服务,以便加快学术成果的转化,这与我国广义的应用型大学[8]建设在学以致用的学术追求上是一致的。如果我们将创业型大学模式作为快速增加学校办学经费、实现学校跨越发展的战略路径选择,那么,这不仅是错误的而且也是危险的。

总之,创业型大学既不是一个怪胎,也不能将之上升到一个榜样,由于其实践模式多种多样,中国创业型大学本土化建设还有一个很长的过程。但是,对于我国公办普通本科院校而言,注重整体经营的华威模式不适合我国高校对于创业型大学道路的选择,创造各种环境帮助教师实现成果转化的 MIT 模式才是我国创业型大学本土化建设的前进方向。

【参考文献】

[1] 王军胜.建设创新型国家需要创业型大学[N].光明日报,2013-03-31.

[2] 陈统奎.复旦:又一次华丽转身[EB/OL].(2005-09-21)[2017-07-30].http://news.sohu.com/20050921/n227021310.shtml.

[3] 张力玮,等.发挥自身特色对接国家战略打造创业型大学[J].世界教育信息,2017(5).

[4] 温正胞.大学创业与创业型大学的兴起[M].杭州:浙江大学出版

社,2011:170-171.

　　[5] 付八军.论大学转型与教师转型[J].教育研究,2017(2).

　　[6] 埃兹科维茨.麻省理工学院与创业科学的兴起[M].王孙禺,袁本涛,等,译.北京:清华大学出版社,2007:1.

　　[7] 孙卫华,许庆豫.差异与比较:我国高校办学自主权的思考[J].浙江社会科学,2017(4).

　　[8] 付八军.学以致用:应用型大学的灵魂.教育发展研究[J],2016(19).

创业型大学培育教师创业观念的宣传策略^①

摘　要：创业型大学在中国的发展，要尽快走出翻译与介绍的阶段，进入实质性的创建阶段。加强宣传力度，培育创业氛围，形成文化自觉，可谓创业型大学迈入创建阶段的第一步。在宣传策略上，创业型大学要把理论宣讲作为起点，抓住关键、深入浅出、与时俱进；要把政策宣讲作为重点，在酝酿环节上调动教师、在制订过程中吸收教师、在发布之际鼓舞教师；要把案例宣讲作为亮点，开设专题、注重推广、转为资源。

在重学轻术的大学学术生态背景下，要转变创业型大学教师的思想观念，宣传手段非常重要。当前，中国的创业型大学处在创建初期，普遍重视宣传工作，铺天盖地的"创业"信息，让教师们淹没在创业的热潮中。但是，这种宣传往往缺乏实效，教师们最终还是没有明白什么是创业型大学，为什么要走上创业型大学，更不知道他们在创业型大学中该如何做，最后这种宣传缺乏持续性，就像一阵风，刮一阵就没有了。那么，如何才能使宣传富有实效呢？本文认为，创业型大学的理论宣讲要抓住关键、深入浅出、与时俱进；政策宣讲要在酝酿环节上调动教师、在制订过程中吸收教师、在发布之际鼓舞教师；案例宣讲要开设专题、注重推广、转为资源。

一、要把理论宣讲作为起点；

二、要把政策宣讲作为重点；

三、要把案例宣讲作为亮点。

---

①　本文原载《中国高等研究》2017 年第 3 期，详见《教师转型与创业型大学建设》（中国社会科学出版社 2016 年版，第 211 至 215 页）。

创业型大学教师评价的双轨制^①

摘　要：创业型大学的基本目标有两个：人才培养与成果转化。至于科学研究，则是实现这两个目标的手段而已，属于大学教师获得社会认同、实现自身价值的自觉行为。因此，推动教师从传统型向创业型转变，创业型大学要从人才培养效果与成果转化业绩两个方向开展双轨评价。可以说，实现大学转型，关键在于教师转型；实现教师转型，关键在于评价机制。在实行教师评价双轨制的过程中，创业型大学需要从有利于推动成果转化的角度，重新定位科研管理部门功能，提高教师各级岗位津贴，淡化各种类型的科研业绩计件奖励。

创业型大学是我国迫切需要的大学模式^[1]，尤其在鼓励高校科技成果转移转化、开展"大众创业、万众创新"时代背景下，推进创业型大学建设具有有利的政策环境。例如，浙江省人民政府办公厅 2011 年第 54 号文件（浙政办发〔2011〕54 号），提出关于创业型大学建设试点的省级教育体制改革项目，并确定浙江农林大学、浙江万里学院、杭州师范大学、绍兴文理学院等 7 所高校作为创业型大学试点院校。但是，时至今日，创业型大学中国实践仍然停留在战略目标的宣传发动阶段，其理论研究亦停留在文献介绍、概念辨析与价值论证阶段，远未发展到西方发达国家的渐弱型前沿。^[2]创业型大学本土化建设的愿景与现实存在巨大反差，从高校自身角度而言，主要原因在于未能建立实现教师转型的有效评价机制。国内那些高举创业型大学旗帜若干年的高校，教师在价值追求与岗位职责上仍然与以前一个样。本文基于创业型大学建设的两个基本目标，根据大学转型依存于教师转型的基本规律，试提出并论证从两个目标引导教师专业成长的双轨评价机制，简称"创业型大学教师评价的双轨制"，为中国特色创业型大学理论体系的构建迈出重要步伐。

---

①　本文原载《高教探索》2019 年第 11 期。

一、创业型大学教师双轨评价机制的内涵

评价机制是非常有效的指挥棒,对于教师转型与创业型大学建设起着定向与激励作用。研究表明,创业型大学的建设目标主要有两个:培养创造性人才与推动成果转化。至于其他目标,属于阶段性目标,服务于这两个目标。[3] 在传统大学,科学研究被视为与教学育人并列的"两个中心"之一。在创业型大学,科学研究只是人才培养与成果转化的手段而已,其贡献率体现在人才培养实效与成果转化业绩,不再体现在论文论著的发表、课题奖项的获得。因此,推动教师转型,加快创业型大学建设,可以从这两个目标出发,实行教师评价的双轨制。其实,教师评价的双轨制不是一个新概念,只不过不同学者基于不同轨道,形成不同内容指向的双轨制。例如,有文早年提出,基于两个中心的冲突与共存,基于教师个体的差异与分工,应将大学教师评价模式由现行的综合评价,转变为教学与科研的双轨道评价。[4] 后来不少高校先后出现的教师分类评价,尤其在职称评定上,体现教学型、科研型、教学科研型、社会服务型等不同系列的职称晋升轨道,则是教师双轨制评价理论在实践中的应用与发展。在本文中,针对创业型大学教师评价的双轨制,意味着教师要从两个方面接受考评:一是看其在创造性人才培养中的业绩与贡献,例如课堂教学的数量与质量、学生论文与竞赛的指导、担任本科生导师以及各种校内讲座等,称之为教学育人轨;二是看其在科研成果转化上的业绩与贡献,例如文科教师的社会讲座、政策咨询、大众读物等,称之为成果转化轨。为了进一步解析其内涵,本文对创业型大学教师评价的双轨制再做如下阐述:

一是设轨的独立性。在传统大学,普遍将人才培养、科学研究乃至社会服务统合在一起评价,各自折算成分数,最后统计总分。但是,创业型大学教师评价的双轨制,则是分轨评价,不是合轨评价。也就是说,这两条轨道相对独立,不会将它们按比例折算成分数统合在一起。例如,假定张三与李四在教学育人轨各自得分 90、60,在成果转化轨上各自得分 50、85,这并不意味着李四的总业绩高于张三,只是表明张三的教学育人业绩远远胜出李四,李四的成果转化业绩强于张三。至于这种评价结果如何应用,则根据具体情况由评委判断,体现专家评估的作用与价值。

二是育人的基础性。学术成果转化作为创业型大学外显的组织特性,自然成为创业型大学教师的新增使命。但是,创业型大学首先属于大学,教学育人是其作为大学存在与发展的依据。不管什么类型的大学,如果远离

教学育人这个中心,那么这个组织也就不能被称为大学。因此,在创业型大学,教学育人同样是教师履行天然使命的基础性工作,成果转化则是教师服务社会的拓展性工作。也就是说,成果转化是创业型大学教师科学研究的自然延伸,是激励教师面向应用开展科研但绝不是强迫每位教师必须履行的一项工作。可见,创业型大学在开展双轨评价时,一位教师可以在成果转化轨上毫无建树,但必须在教学育人轨上达到合格标准。例如,创业型大学在年终评选优秀教师时,不仅会从两条轨道分别评选出优秀教师,还会从综合业绩角度评出在两条轨道上都胜出的优秀教师。但是,无论哪一种类型的优秀,只要在教学育人轨上不合格,无论成果转化业绩多么显著,对于专任教师来说,都会与优秀教师无缘;同时,只要在教学育人轨上优秀,哪怕成果转化业绩为零,该教师仍会受到全校师生员工的尊敬。

三是评价的模糊性。当前传统大学的教师评价,总体上主张数字化测量,突出学术业绩,强调量化评价。创业型大学教师评价的双轨制,虽然采取分轨评价,分轨计分,但突出社会贡献,倾向模糊评价。例如,创业型大学教务管理部门在评价教师的教学育人业绩时,主要分析"量"与"质"两个方面:一是包括课堂教学、论文指导、课外竞赛等在内的工作量,达到基本工作量方有参评资格,超额部分同时通过加大单位时间报酬来体现;二是学生通过分数、评语等方式对教师进行的质性评价。根据教务部门整理出来的这两个方面信息,专家可以对相应教师进行量化评价或者等级评价。显然,这种评价只是相对的,倾向于模糊评价。事实上,许多学者在设计教师评价制度时,亦强调评价方法的简约化,主张"放弃定量评价,引入模糊评价"[5]。这种评价,其实属于价值导向的评价。美国大学教师的评价机制,就经历了从科学管理导向到价值导向的转变。[6]

四是运用的广泛性。创业型大学在贯彻落实教师评价的双轨制之后,不再承袭传统大学"以论文论英雄"的评价模式,而是以教学育人业绩为基点,关注学术成果的社会贡献度。凡是涉及教师评价的各种选拔性工作,均以双轨评价结果作为判断依据。例如,在最为广大教师关注的职称评聘中,双轨制的操作规程主要有三个环节:资格审查、分轨评价与专家评价。以教授职称评定为例,资格审查主要关注学历要求、年限要求、教学育人工作量及质的要求、代表性理论成果四个方面。在通过资格审查之后,参评教师只需从教学育人与成果转化两个方面,由相应的职能部门进行评定。最后,由校评审委员会专家根据第二个环节的材料确定聘任推荐名单。显然,与传统大学相比,创业型大学对于理论成果的要求并不是越多越好,不会出现"科研能力突出,就可破格评为教授"[7],甚至更希望是在成功应用与实践基础上的理论提升或者研究报告。

二、创业型大学实行教师评价双轨制的理由

如前所述,相对于传统大学的教师评价机制而言,创业型大学教师评价的双轨制具有许多显著特征。创业型大学之所以实行这种全新的教师评价机制,理论基点在于创业型大学有着区别于传统大学的基本目标。例如,除了所有不同类型大学的共同目标——人才培养外,传统大学的另一个基本目标是科学研究,这种科学研究往往停留在学以致知的理论成果上,而创业型大学的另一个基本目标则是成果转化,这是在科学研究基础上再往前走一步,延长学术生产链条,致力于学以致用。也就是说,在创业型大学,能够产生实际价值、迅速转化为生产力的学术成果,最为该类大学所推崇。这种实用主义科研观,决定创业型大学不再沿用传统大学的教师评价机制。同时,按照创业型大学建设的两个基本目标加快教师转型,遵循教师转型与大学转型高度依存原理,可以最大限度减少中间环节,是推进创业型大学建设的最短路径。除了以上基于创业型大学建设基本目标的理由之外,创业型大学实行教师评价的双轨制还有如下原因:

其一,两者属于不同性质的活动,体现不同的价值指向,很难实现折分换算。良师必为学者,但学者未必良师。这就表明,教师职业具有自己的技能要求,不是任何科学家都能胜任,我们必须特别关注教学育人的特殊性。正如纽曼(John Henry Newman)所言:"发现和教学是两种迥异的职能,也是迥异的才能。"[8] 更重要的理由在于,培养人才往往属于重复性劳动,工作业绩主要体现在学生的成长与发展,而不是个人成果的累积与显现;然而推动研究成果转化则不一样,这是一个不断探索的工作,在科学研究基础上实现成果转化,重复性劳动少,而且成果积累归教师个人所有。这样的两种工作,我们很难科学合理地进行等价交换。在传统大学,常常将一个科研业绩点折算若干个课时,其质疑与反对声音就没有停止过,现如今要在创业型大学将一个学术成果转化的业绩点折算成若干个课时,所遇到的合理性挑战与抗议性力量就更大。

其二,有利于激励教师关注自己的两大主要责任,警示自己不能顾此失彼。在传统大学的综合性评价标准中,完全量化的科研业绩占有绝对优势,往往遮盖教学育人业绩,"陷入评价制度的误区"[9],成为高校重研轻教的重要原因。在创业型大学中,人们最担心的问题之一,正是教学育人工作的疲软。确实,人才培养在传统大学都难以真正受到重视,在创业型大学则更加

容易边缘化。这是因为,创业型大学教师将有三大任务:教学育人、科学研究与成果转化。虽然科学研究没有成为创业型大学的建设目标,但实质上包括在成果转化之中,属于学术创业、成果转化的应有之义。于是,创业型大学教师的任务更加繁重与艰巨,更容易将被视为"见效慢,收益低""干好干坏一个样"的教学育人工作抛之脑后。因此,在创业型大学,需要从培养创造性人才与实现成果转化两条轨道出发,分轨评价,互不替代,齐头并进。

其三,有利于相应的职能部门方便管理,并为研究教师评价机制提供现实素材。管理不是目的,但方便且有效的管理却是推进工作必不可少的手段。当前,我国传统大学本身备受诟病的重要原因之一正在于管理体制僵化、行政成本过高、自主发展动力缺失。正如有文指出的,当下中国大学之管理文化整体上处于"非我"状态,极少数趋近"本我"境界,未来的发展走向则可能是步入"超我"境界。[10]创业型大学崇尚务实的办学文化,追求简洁有效的管理手段,其针对教师评价的双轨制,正是一种方便且高效的管理手段。学校将教书育人与成果转化分成两个目标领域,分别由相应的职能部门独立评价,互不干扰。教师主要围绕这两个目标开展工作,直接推动创业型大学两大基本目标的实现。在这个过程中,量化考评为辅,质性评估为主,减少中间环节,强化目标管理,使得管理工作量大大降低,服务教师的文化不断升温,实现教师从"管理对象"向"服务对象"的角色转变。

三、创业型大学教师评价双轨制瓶颈的破解

当前,无论在传统大学,还是明确其战略目标定位的创业型大学,科研奖励都是一项常规工作,甚至成为激励教师从事科学研究的重要推动力。[11]所谓科研业绩奖励,是指学校对教师的学术成果进行额外的经济奖励。这种奖励的成果范围包括公开发表的学术论文、出版的论著、主持的纵向甚至横向课题、获得的各级政府奖项、取得的各种专利等。对待科研奖励政策,高校有这么几种趋势:一是继续全面加大学术奖励,提高学校的科研总排名,力推学校在某些排行榜上上台阶;二是将学术奖励投放在某些重点领域及重点成果,放弃对于一般学术成果的奖励;三是放弃对于某类成果的奖励,加大对另一类成果的奖励,例如某校加大对奖项、重大课题等的奖励,而淡化对专利、专著等的奖励。在致力于成果转化的创业型大学,由于遵循传统大学的科研管理办法,这种科研奖励仍然是全校教师年终最为关切的环节之一。在创业型大学推进双轨制教师评价,需要破除的第一道屏障便是科研业绩额外奖励。在此基础上,实现从以奖代补到高薪聘岗转变,改革传

统的科研管理部门,不断引领创业型大学教师从教学育人与成果转化两个方向发展。

(一)淡化科研业绩的额外奖励

科学研究是大学教师履行岗位职责的内在要求,是教师在学术共同体获得社会认同的自我追求,本不应该对形而上的理论成果另行大肆奖励。事实上,科学研究的业绩奖励,在高校中往往属于重复奖励。长期以来,教学育人被视为"走上坡路",推也推不动;科学研究被视为"走下坡路",不用推也走得快。至于其原因,正与科学研究被赋予多重功能、带来多重利益有关。例如,教师发表一篇符合学校奖励标准的学术论文,在年终可以获得科研奖励,在职称评定、岗位聘任、人才工程等许多方面兑现某种待遇,在课题奖项申报中再次获得相应利益,等等。这种让教师把目光瞄准科研奖励的政策,带来严重的后果,[12]将大学学术引入一个只看数字业绩不重实际价值的境地。科学研究的生命力,主要基于兴趣。如果让学者只看到奖励而忘记研究的目的,那么这种激励就过头了。可以说,一位对金钱的痴迷高过对于探索的乐趣的学者,难以在科学研究上做出成就。确实,科研业绩是学校升级的核心力量,那些业绩突出的学者,其贡献比一般教师大得多,理应受到全校师生的尊敬,比其他工作人员获得更多的待遇与回报。但是,学术业绩不仅为教师带来各种收入,而且成果归个人所有,在本已获得多重回报的基础上,若再用公共经费来奖励那些学术业绩,就显得不够公平。更重要的是,过强学术激励政策会导致我们忘记当初为什么要开展科学研究。创业型大学推行的教师双轨制评价,引导教师从人才培养与成果转化两个方向努力,就是淡化学术业绩奖励、提高学术社会贡献度的有效机制。

(二)教师待遇由暗补转为明补

对大学教师的科研业绩进行额外的物质奖励,这在其他国家的大学教师评价体制中并不多见。我国大学出现这种奇特现象,固然原因多种多样,但与传统科研管理机制根深蒂固、大学教师薪酬总体上偏低、科研能力胜出的优秀教师只能通过科研奖励进行"暗补"等密切相关。如前所述,过于功利化的科研激励政策不利于科研工作者基于兴趣与使命静下心来谋划真正的科研课题,最终影响学术的发展与社会的进步。纠偏这种科研激励政策的有效办法,便是逐渐淡化各种学术业绩的额外计件奖励,大幅度提高不同职称岗位教师的薪酬待遇,"把暗补变为明补,才是正途"[13]。例如,A大学聘任王五为二级教授,可以约定王老师在聘期内应该履行的职责,同时确保年度岗位津贴达到一定数值,聘期结束之后再根据业绩与贡献开展下一轮聘任工作。若干个聘期考核良好,可以签订终身教授合同。在工作过程中,王老师所有的科研业绩成果,不再享受各种额外奖励,除了年度的教学考核外,聘期内没有科研考核。当前,在我国少数普通本科院校针对少数教授岗位,已经开始采取该种教师管理体制。从未来看,这种体制将逐渐扩大至更多高校的更多教师。对于创业型大学教师的考评来说,我们更应该推行该种评价机制,助推教师基于本源性兴趣、成果应用价值乃至学术使命开展研究。

依据伯顿·克拉克(Burton R. Clark)与埃兹科维茨(Henry Etzkowitz)对于创业型大学的不同理解,创业型大学的实践模式多种多样,但是,容易被人们接受的还是通过自身的学术创业实现办学资源的积聚,使之能够作为市场的主体在激烈的高等教育竞争中立于不败之地。[14]毫无疑问,当前我国普通公办本科院校缺乏此类创业型大学诞生与发展的土壤。但是,从理论设计角度而言,推进创业型大学建设需要以招聘具有学术创业价值认同的教师为起点,并以开展教师双轨评价作为关键,逐步实现教师整体上从传统型向创业型转变。在教师转型过程中,将传统大学那种以奖代补的教师学术业绩额外奖励机制改为高薪聘岗、任期考核、双轨评价的教师贡献度激励机制。人力资源和社会保障部于 2017 年发布的《关于支持和鼓励事业单位专业技术人员创新创业的指导意见》,虽然提出"支持和鼓励事业单位专业技术人员兼职创新或者在职创办企业",但亦明确要求这些人员"应该同时保证履行本单位岗位职责、完成本职工作"。认真解读该文件可以得知,国家更多地倡导"离岗创业",而不是"在岗创业"。只不过,"在岗创业"不再成为事业单位专业技术人员的禁令。对于创业型大学教师的学术创业而言,同样更倾向于教师选择"离岗创业""适度兼职兼薪",而不是在岗创办科技型公司,或者在外满负荷兼职兼薪。斯坦福大学作为创业型大学的典范,既没有以学校名义创办公司,也不会鼓励教师在岗创办企业,更多的是帮助教师转化科研成果。因此,相对于传统大学的教师而言,创业型大学教师更多地需要面向社会需求与实践应用来开展科研[15],并向学校科研管理部门提供有可能产生实际价值的应用性、政策性成果。如果真要创办实体,在企业步入稳定期之前,这些教师应该优先考虑离岗创业。同时,科研成果的转化收益,绝大部分归教师本人,这是他们相对于传统大学而言实现教师待遇提升的另一条通道。事实上,如果创业型大学将学术成果转让出去,由第三方来开发,并不会体现太多的物质回报,更多的是一种社会贡献。

(三)转变科研管理部门的定位

全国高校的校内行政管理机构,大体相差不大,而且与政府机关保持高度一致。事实上,我国高校内部的机构设置权已经下放给高校。对于创业型大学来说,在这个方面可以大有作为。然而,国内高举创业型大学旗帜的高校对此没有实质性改革,就连最显创业型大学组织特性的科研管理部门,至今没有转型,仍然与传统大学一样,停留在成果报送、业绩统计等初级管理阶段。显然,这不适应创业型大学科研管理的需要。从具体的设置现状看,当前定位于创业型大学战略目标的若干所普通本科院校,其科研管理部门的设置主要体现为以下两种情况:第一种,在传统的科研管理部门基础上,另行设立成果转化平台。应该说,这种做法并不妥当。一是不利于节约办学成本,二是造成科研的双重管理,三是不利于明确办学目的。第二种,在传统的科研管理部门内,增设一至两个岗位,增加成果转化的职能,体现创业型大学的组织特性。这种做法同样不妥,未能体现工作重心的转变。这就可以理解,创业型大学在其战略目标确定前后,其教师的价值追求与岗位职责没有任何变化。

创业型大学的科研管理,以推动成果转化为目的,原有职责只是最为基础的工作。为此,创业型大学的科研管理部门,需要进行相应变革,从基于文献性成果的数据库转变为应用性成果的孵化器,在这种价值主导的原则下履行科研管理部门的传统职责。从具体设置来说,创业型大学应该撤销原来的科研管理部门,重新设置成果转化服务部门,然后在这个部门中增设少量岗位,履行传统科研管理部门应该承担的成果报送、业绩统计等职责,这样才符合创业型大学建设的需要。针对传统的职责,在很大程度上需要二级学院的科研秘书做好基础性工作,校级的科研服务部门更多地发挥信息发布、数据维护、二次审核、对外联络等作用。可见,创业型大学的科研管理部门,不能在传统模式基础上做一些点缀性的改革,需要明确工作重心,基于创业型大学建设目标重新定位,同时也不能因为重视科研成果的转化而减轻对于学术业绩的重视,或者放弃对于不具有转化前景科研成果的统计。科研管理出色的创业型大学,既能充分利用现有人力,做好各种科研业绩的统计,保证学术成果的繁荣,又能从中发现有转化价值的科研,积极推动其转移转化。

结语:本文提出的创业型大学建设方案,已经超出传统大学的改革预期,甚至在当前那些高举创业型大学旗帜的高校都属于超前思维。但是,要让创业型大学中国实践顺利推进,以及本土化研究走向深处,乃至在破除

"五唯"[16]的基础上推动传统院校学术生产模式转变,本文的这些设想则是无法绕开的制度瓶颈。事实上,将科学研究作为手段而不是目的的双轨评价,不仅不会影响基础研究的发展,反而助推基础研究的繁荣,产生一大批源于兴趣、基于使命、流传千古尤其可以转移转化的原创性成果。例如,作为创业型大学典范的MIT、斯坦福,不仅学术创业如火如荼,而且基础研究毫不逊色,诺贝尔奖获奖人数稳居全球大学排名前十位。实践是检验真理的唯一标准,历史将会告诉我们,最先觉醒并行动起来的一批高校必将走在大学之林的前列,最终成为引领大学变革的又一批中国式"柏林大学""威斯康星大学""麻省理工学院"。

【参考文献】

[1] 马陆亭.创业型大学:我国迫切需要的大学模式[N].中国教育报,2017-05-08(10).

[2] 潘黎,侯剑华.国际高等教育研究的热点主题和研究前沿[J].教育研究,2012(6):136-143.

[3] 付八军.纵论创业型大学建设[M].杭州:浙江工商大学出版社,2014:169-174.

[4] 付八军.大学教师评价的双轨制[J].辽宁教育研究,2008(6):86-88.

[5] 曹如军.地方高校教师评价制度设计:问题及变革思路[J].重庆科技学院学报(社会科学版),2017(1):99-101.

[6] 王建慧,沈红.美国大学教师评价的导向流变和价值层次[J].外国教育研究,2016(7):32-44.

[7] 李宝斌.解开高校教师评价中的艾耶尔"魔咒"[J].湖南师范大学教育科学学报,2015(5):111-116.

[8] 纽曼.大学的理想[M].徐辉,顾建新,何曙荣,译.杭州:浙江教育出版社,2003:4.

[9] 曹如军.试论大学教师评价的制度基础[J].大学教育科学,2011(2):51-54.

[10] 陈金圣,等.力·理·诚:大学管理文化的三重境界[J].大学教育科学,2016(2):38-43.

[11] 刘宇文,周文杰.我国高校科研奖励制度的现状与发展探索[J].高等工程教育研究,2015(4):135-140.

[12] 郭亚品.我国大学科研奖励现状研究:基于政策文本的分析[D].南京:南京师范大学,2014:150.

［13］陈平原.大学新语［M］.北京:北京大学出版社,2016:50.

［14］DALMARCO G,HULSINK W,GUILHERME V. Creating Entrepreneurial Universities in an Emerging Economy:Evidence from Brazil ［J］. Technological Forecasting and Social Change,2018,135(10):99-111.

［15］陈笃彬.地方高校建设创业型大学的理论与实践［M］.福州:福建教育出版社,2016:79.

［16］谌红桃.高校克服"五唯"顽瘴痼疾的理论依据与实践路径［J］.中国高等教育,2018(24):22-24.

第三部分

创业型大学实践路径研究

本部分收录了 11 篇论文,基于如何推动中国传统型院校向创业型大学转型的建设路径问题,论述了创业型大学中国实践的时代价值、建设现状、实践误区与基本思路,在具体的基层学术组织架构、科技园区平台、学术成果平台等方面进行了探索,同时梳理了 MIT、斯坦福大学与华威大学三所创业型大学典范,从他山之石中汲取创业型大学中国实践的经验与启示。

创业型大学建设的中国道路[①]

摘　要：推进创业型大学本土化建设，需要创新传统院校的办学理念与管理体制，确立"经费筹措是手段、学术贡献是目标"的原则，逐渐减少对于政府物质资源单一且过度的依赖。创业型大学中国实践有利于加快"双一流"建设步伐，有利于推动地方院校转型与发展，这些都属于高等教育内涵式发展的重要体现。囿于政策障碍与市场风险，中国特色创业型大学的探索与实践要以应用型大学建设作为第一个发展阶段。当应用型大学能够以学术产品本身的质量与声誉赢得包括政府在内的社会各界的支持时，以自力更生意识与能力作为核心特质的创业型大学就会自然诞生。

20 世纪末，美国两位学者伯顿·克拉克（Burton R. Clark）与亨利·埃兹科维茨（Henry Etzkowitz）基于不同的观测对象几乎不约而同地提出了创业型大学（entrepreneurial university）。随后，该概念被引入国内，并推动福州大学、南京工业大学、浙江农林大学、临沂大学等一批普通本科院校先后举起了创业型大学旗帜。但是，时至今日，创业型大学本土化的探索与实践并不顺利。中西创业型大学的"南橘北枳"现象告诉我们，在西方能够成为"大学变革的趋势"[1]和"学术界榜样"[2]的创业型大学模式，不能直接用来指引中国传统院校的转型与发展，亟须寻找创业型大学本土化建设的中国特色之路。本文试从以下四个方面，论述创业型大学建设的中国道路。

一、创业型大学的国际语境与本土意蕴

仅从中国语境解析创业型大学的内涵，我们容易将创业型大学局限于创收型大学、商业化大学。应该说，这是学界对于创业型大学内涵的最大理论误解。在西方语境下，"创业"不只意味着创办企业、开辟营利模式等，还

---

① 本文与浙江外国语学院党委书记宣勇教授合作，原载《高等教育研究》2019 年第 3 期。本文文题由宣书记确定，框架遵循宣书记的基本思路。

包括"改变世界的独特思考和行动体系"[3]，具有丰富的内涵。例如，被誉为"创业型大学之父"的伯顿·克拉克最初提出"创业型大学"概念，确实基于组织转型与变革的维度，甚至差点选用"创新型"而不是"创业型"作为案例高校的组织概念。[4]但是，这不意味克拉克的创业型大学观不具有"经营管理"[5]取向，更不意味国际语境的创业型大学等同创新型大学。克拉克后来对于创业型大学案例高校的考察，已从欧洲五所教学型院校发展到包括美国 MIT、斯坦福等研究型大学在内的全球 16 所高校，而且在论证这些案例高校时，其积极进取与成功转型的显著标志便是政府核心资助比例的下降。例如，在论述澳大利亚莫那希大学（Monash University，普遍译为"莫纳什大学"）的转型与发展时，特别强调该校的收入结构由最初 98％依赖联邦政府到其他收入比重逐渐增加，后来政府核心资助不足 40％。[6]与此同时，创业型大学另一位理论鼻祖埃兹科维茨更多的是从研究型大学推动科研成果转移转化、摆脱"接受救济或者慈善机构形象"[7]的角度开展论述。可见，创业型大学的内涵在国际语境上相当丰富，任何将其局限于创收型大学或者创新型大学的认识都是偏颇的，需要我们对创业型大学内涵进行本土化的改造与诠释。本文从概念辨析入手，赋予并阐述创业型大学内涵的本土意蕴。

首先，创新型大学不一定都属于创业型大学，但创业型大学必定属于创新型大学。在不少学者的视野中，创新型大学类似于当前普遍应用的创业型大学。例如，有文以英国华威大学为个案，论述创新型大学的内涵要点有创新办学理念、改革学校管理、拓宽经费来源与完善学校功能四个方面。[8]还有文指出，将大学创造的知识转化为能进行创业的"知识资本"，是创新型大学的知识价值观，"知本创业"成为创新型大学的核心特质。[9]可见，国内不少学者早期论述创新型大学，体现了创业型大学的国际语境。但是，在中国语境下，创新型大学与创业型大学作为两个不同的概念，必定有着不同的特质与个性。否则，我们无法运用相应理论来指导中国大学的实践。我们认为，创新型大学的外延更为广泛，不仅包括创业型大学，还包括推动组织变革、强调科技创新等突出"新"特征的所有大学。至于创业型大学，尽管其实现路径多种多样，但其指向较为明确，具有区别于其他创新型大学的核心特质。概括起来，创业型大学"从本质上可理解为大学主动通过知识资本转化进行学术创业，以实现大学的自身发展，是一种靠山吃山、靠水吃水的生存智慧与策略"[10]。

其次，研究型大学不一定都要转型为创业型大学，创业型大学也不一定都属于研究型大学。在构建中国特色创业型大学理论与实践模式时，国内不少学者往往基于埃兹科维茨的观点，认为只有研究型大学才能转型为创业型大学。[11]这体现了大学区别于其他社会组织在创新创业方面的特殊性，需要以知识资本而不是物质资本作为主要生产资料开展学术创业。但是，社会对于科学技术的需求具有不同层次，从而不同学术水平的大学可以也应该提供不同层次的科研成果，开展不同层次的学术创业。这就表明，研究型大学与教学型大学都可通过学术创业走向创业型大学。同时，教学服务同样属于学术活动，"教学学术"（scholarship of discovery）正是大学尤其教学型大学服务社会的基本方式。事实上，克拉克最早正是以欧洲教学型大学作为案例高校，考察这些院校如何从教学型走向创业型。在其后期研究中，才将 MIT、斯坦福等研究型大学作为观测对象纳入进来，体现了克拉克在建设创业型大学起点问题上有比埃兹科维茨更加宽泛的对象。另外，在中国语境下，教学型与研究型的分类标准主要是从学术的水平层次而言，而创业型与传统型更多的是从学术的应用取向而区分。这就不难理解，在我国未来的创业型大学体系中，既可能存在教学型大学，也可能存在研究型大学，而且也不是所有的研究型大学都要转型为创业型大学，研究型大学与创业型大学存在互不隶属却又部分交叉的关系。

再次，应用型大学不一定属于创业型大学，但中国特色的创业型大学必定属于应用型大学。应用型大学是一个涵盖性较强的综合性概念，统合了中国语境下常用的应用型本科院校、应用技术大学、行业特色研究型大学等概念。应用型大学的特质在于学以致用，强调知识的价值在于应用乃至实用，区别于学术本位型院校以学以致知作为学术使命。[12]正如刘献君教授所言，"应用型"与"学术型"相对应。[13]在中国语境下，创业型大学致力于改变知识的封闭式生产、推动科研成果转移转化以及适应社会多元化发展需要，属于最为彻底的"应用型"。[14]但是，应用型大学发展到创业型大学，先要具备"自力更生"的意识与能力。如果一所应用型大学继续坐等政府的行政指令来开展应用性成果的生产与应用型人才的培养，而且在办学经费上严重且单一依赖政府的核心资助，那么，该应用型大学也难以具备"自力更生"的意识与能力，未能达到创业型大学的发展阶段。

最后，创业型大学不等于营利型大学，两者属于不同价值取向的不同类型大学。人们容易将创业型大学与营利型大学联系在一起，正如杨玉良院士所言："'创业型大学'这个名字可能不是最好听，但这将是大学未来发展的重要阶段。"[15]作为未来重要发展阶段的创业型大学，肯定不是指向营利型大学。当前被誉为创业型大学典范的 MIT、斯坦福大学、华威大学，都不能被视为营利型大学，只能称为具有市场取向的自力更生的大学。营利型大学虽然最终要凭借教学质量与学术声誉赢得市场，但毕竟以营利作为办学的出发点与归宿;创业型大学虽然注重经营管理与多元化经费筹措,但它们以推动知识应用作为历史使命,倡导"以成果转化实绩论英雄"的实用主义精神作为组织特性。2015 年修订通过的《高等教育法》,取消了"不得以营利为目的"的办学条款,意味着营利性的办学行为不再受国家禁止,我国可能出现营利取向的创业型大学。但是,这只是创业型大学的一种类型,不是创业型大学的全部,更不代表创业型大学的主流。

二、创业型大学中国实践的时代价值

理顺了创业型大学与创新型大学、研究型大学、应用型大学、营利型大学等的关系,我们也就能够领会中国语境下创业型大学的土本意蕴,这实质上是从不同角度诠释中国特色创业型大学的内涵要点。概言之,推进创业型大学本土化的探索与实践,就是要创新传统院校的办学理念与管理体制,确立"经费筹措是手段、学术贡献是目标"的原则,逐渐减少对于政府物质资源单一且过度的依赖。在此基础上,创业型大学才能更好地增强面向社会依法独立自主办学的能力,更好地为社会培养创造性人才以及推出应用性成果,服务于养育自己的社会。对于我国公办院校而言,其向创业型大学的转型之路,自然是公益取向而不是营利取向的创业型大学。正如马陆亭教授所言:"创业型大学开创了充分发挥主动性直接促进地方经济发展活力的模式。它们是社会公益事业单位,但用市场化手段开创自己的事业,引领地区发展。"[16]可见,创业型大学不是大学的怪胎,更不能被视为"反大学",甚至吻合当前中国高等教育的发展主题,彰显了创业型大学中国实践的时代价值。

(一)创业型大学的中国实践有利于加快"双一流"建设的步伐

相对于 20 世纪七八十年代的国家重点大学建设、90 年代中期开启的"211 工程""985 工程",以及 2012 年正式启动的 2011 协同创新中心来说,"双一流"既承继了以国家作为主导来开展重点大学建设的固有思维,又体现了这次国家重点大学战略的独特之处。这个独特之处,概括为两个关键词:学科竞争、优胜劣汰。具体说来,"双一流"建设不只关注一流大学的建设,更关注一流学科的建设。例如,2017 年 9 月,国家三部委公布的"双一流"名单中,共 137 所高校入选,其中一流大学 42 所(A 类 36 所、B 类 6 所)、有一流学科的高校 95 所。显然,学科建设成为"双一流"建设的主体。同时,"双一流"建设废除了以前的终身制,实行为期五年的动态调整,加强了竞争与激励机制。创业型大学往往以自身优势学科开展学术创业,面向社会生产与生活需要,加快科研成果转移转化,以体现大学服务社会的能力与贡献,这正是现代一流学科的重要特征,也是现代一流学科的成长逻辑。正如眭依凡教授所言,"双一流"建设前景下的世界一流学科绝非传统意义上的学科概念,而是对人类社会发展和科学技术进步具有知识贡献的研究领域。[17]与此同时,当今科技发展日新月异,创业型大学要跟上时代步伐,不被社会与市场所淘汰,必然有着比传统院校面向象牙塔理想更大的紧迫感,自然会进一步强化学科竞争与优胜劣汰的学科建设模式。

(二)创业型大学的中国实践有利于推动地方院校的转型与发展

如前所述,各种层次与类型的高校都可向创业型大学转型。从而不难发现,在中国既有高职高专院校定位于创业型大学[18],也有研究型大学被视为创业型大学[19],更有一批地方本科院校高举创业型大学旗帜。在这三类院校中,地方本科院校属于创业型大学中国实践的主体,也是形成中国特色创业型大学理论体系的源泉。原因在于,占据高等院校半壁江山的地方本科院校有比高职高专更能体现传统院校向创业型大学转型的发展轨迹,在向创业型大学转型的战略选择上有比研究型大学更强大的意愿与要求。确实,高职高专面向市场办学的固有属性,使得学界对其选择创业型大学的办学定位不会给予较多关注,但地方本科院校高举创业型大学旗帜会被视为独树一帜,往往能够获得学界的广泛关注。同时,研究型大学能够从政府那里获得充足的办学资源,一般不会公开自己定位创业型大学的身份,然而地方本科院校需要以此来彰显自身的办学特色,并且凝聚各种力量开辟多元化融资通道,摆脱对于政府过于单一却又严重不足的资源依赖。从理论预设来说,创业型大学实践模式有利于地方本科院校转变知识生产模式,面向社会需要开展应用性研究,提高人才培养的社会适切性,从而获得社会各界的肯定与支持,逐渐走上自力更生的办学道路,最终实现"弯道超车"的战略目标。毫无疑问,从实践运作而言,自福州大学等一批高校高举创业型大学的旗帜以来,创业型大学的中国实践掣肘甚多,其中不少高校因领导更替而更换创业型大学的战略定位或者放弃了对于创业型大学道路的执着追求。但是,我们要看到,"创业型大学这种新型的办学理念和发展模式,对于全面增强我国地方大学的自主创新和自我发展能力"具有重要的启发和示范作用。[20]英国华威大学从一所教学型大学走向创业型大学的成功之路,就是我国地方本科院校转型与发展的重要参照。

（三）创业型大学的中国实践是高等教育内涵式发展的重要体现

实现高等教育内涵发展，是党的十九大报告明确提出的要求。不过，何谓高等教育内涵式发展，政府没有给出标准答案，以致学者们从不同角度赋予其内涵。例如，有文认为内涵式发展是相对遵从外部逻辑、实现外在目的、受外部需要左右的外延式发展而言，主要强调以人为本、以质量为重、以学术为基，致力于现代大学建设。[21]有文认为，内涵式发展在宏观层面要解决高等教育发展重心偏低、高等教育同质同构等问题，在微观上要解决高校人才培养专业化刚性过强、课程教学浅表化、优质教学资源不足与教育教学文化薄弱等深层次问题。[22]还有文认为，高等教育内涵式发展包括办好人民满意的教育、厚植中国特色高等教育自信、持续增强高等教育国际竞争力等内容。[23]我们认为，全方位提高高等教育质量是其内涵式发展的核心要义，其中，提高教育教学质量、培养不同层次与类型的优秀人才，提升科学研究水平、打造世界一流学术成果与学科平台，以及推动科研成果转化、增强高等教育服务社会的贡献度，则是全方位提高高等教育质量的三驾马车。创业型大学的基本目标有两个：培养创造性人才与实现成果转化。[24]科学研究则是创业型大学实现两大目标的基本手段。在政府核心资助减少的情况下，创业型大学可以凭借良好的教学服务质量、科学研究声誉从社会上获得办学资源，真正成为面向市场办学的法人实体。可见，推进创业型大学的中国实践，不仅没有偏离高等教育内涵式发展的轨道，而且在不折不扣地走一条高等教育内涵式发展的道路。

三、中国特色创业型大学的路径选择

根据以上相关概念的比较与时代价值的分析，可以得知，创业型大学的核心特质不在于其服务社会的终极目标，因为传统大学也在倡导学术服务社会，只不过这些高校认为坚守学术本位更有利于大学服务社会功能的发挥，而在于其服务社会的路径选择，那就是克拉克概括出来的"自力更生"。也就是说，创业型大学区别于传统大学的关键之处，便是凭借"自力更生"的意识与能力从市场获得办学资源，而不再是通过"等靠要"的传统模式对政府形成严重单一的依赖。毫无疑问，最具有通用性、基础性的办学资源便是经费。与所有大学一样，创业型大学只能依靠自己的学术产品走上自力更生的道路。这意味着，创业型大学需要通过出售自己的教学服务与科研成果等来拓宽资金来源。显然,这对于当前中国的公办院校而言不具有可行性。但是,这并不意味创业型大学在中国行不通,而只能说中国不能采取创业型大学的西方模式,需要探索中国特色的创业型大学道路。这条道路就是那些准备迈入创业型大学轨道的公办本科院校,首先建成名副其实的应用型大学,通过培养社会各界欢迎的应用型人才以及推出能够解决实际问题的应用性成果,争取政府更多的办学资源,获得社会各界包括校友捐赠在内的广泛资助。中国特色的创业型大学之所以不能采取创办学科公司、提高学费标准等学术创业模式直接筹措办学经费,只能通过打造成为一流应用型大学以获得包括政府在内的社会各界支持的间接融资模式,至少有以下两大原因。

一方面,创业型大学的直接融资模式在中国具有政策障碍与市场风险。在谋求自力更生办学道路的过程中,西方不少创业型大学采取直接融资的学术创业模式。例如,英国华威大学通过整体经营校园、建立制造业集团和商学院、创办有特色的医学院等,直接拓宽资金渠道,使得政府的核心资助从 20 世纪 70 年代的 70%,下降到 1995 年的 30%,再到 2000 年的 27%;[25]除了校友捐赠等外,如前所述,澳大利亚的莫那希大学通过对留学生和一些研究生按全部开支收费、学术成果的商业化运作等途径筹措办学经费,使得政府的核心资助从最初的 98%,下降到 2000 年后不足 40%。[26]但是,该模式在致力创业型大学建设的中国公办院校行不通。这与社会各界将大学定位于公益事业、民生工程的传统观念有关,与高校独立法人地位的有限性等制度因素有关,但直接原因主要还是受制于各项具体政策。例如,政府仍然是中国高校改革与发展的主导力量,各种政策方案与评价体系已为高校预设了前进的路线,但没有为致力于学以致用的创业型大学预留政策空间,从而无论在大学评估还是财政拨款上,创业型大学均处于不利地位。又如,推动传统院校向创业型大学转型,需要该校几代领导人的坚持与努力,然而高校没有自主选择校长的权力,政府任命高校领导具有不确定性与不稳定性,使得不少锐意进取的创业型高校在稍遇挫折时会因领导更替而变换办学定位。另外,公办院校在推进学术资本化与市场化的过程中,与其他产品市场化一样,同样存在较大的市场风险。例如,朱九思校长从鲜活事例或者他国经验捍卫他反对大学开展"自救"的立场,认为不少校长因为搞创收,大办公司,把学校搞得一团糟,最后问题没解决,校长却干不成了。[27]甚至那种"以钱生钱"的直接筹资行为,对公办院校都存在市场风险。例如,杨德广教授担任上海师范大学校长后,将闲置的流动资金用于融资,每年可获数百万元利息。然而,1600 万元融资款被人骗走了。[28]风波过后,杨校长依然推动学校走上经营道路,提出大学不仅要找市长,更要找市场。但是,在当前高校领导任命体制下,这种既能两袖清风、一身正气又有经营意识、战略眼光的高校领导太少了。在如此巨大的市场风险面前,许多高校领导会望而却步。

另一方面,应用型大学的间接融资模式同样可以走上自力更生的道路。经过本土化改造之后,创业型大学的可贵之处在于以实用主义而不是功利主义作为价值追求,以培养创造性人才与推动成果转化作为历史使命,以自力更生的精神品质为养育自己的社会服务,同时通过服务社会不断提升自力更生的能力,引领高校真正迈入高等教育内涵式发展的道路。这种办学取向的创业型大学,正是应用型大学的发展方向。也就是说,创业型大学中国实践的第一个发展阶段,则是建设一流的应用型大学。当前中国应用型大学的融资模式,是一种间接而不是直接的融资模式。该模式着眼于教学服务水平的精准性与适切性,着眼于学术成果的实用性与针对性,在目标实现的前提下自然实现多元化办学经费的筹措。当应用型大学的办学质量获得人们的真正认可,就会得到包括政府在内的社会各界的广泛支持与赞助,尤其校友的捐赠将是衡量应用型大学办学声誉的一项重要指标。潘懋元先生针对应用型大学运行机制指出,"逐步打破管理高度集中、投资渠道单一的管理格局,形成以政府财政为主,学生缴费、学校创收和社会集资'一主三辅'多渠道投资机制"[29]。在开源的同时,应用型大学还具有"节流"意识,精简机构与人员,提高效率与效益,这些都属于间接融资模式的重要内容。事实上,当应用型大学具备这些特征,中国特色创业型大学也就建立起来了。政府核心资助比例不断下降,创业型大学的办学自主权与办学声誉就会越来越大。可见,一所成熟的应用型大学,其与创业型大学的边界是模糊的。中国传统院校向创业型大学转型,选择以应用型大学作为第一个发展阶段,采取间接融资模式,既可以避免以上各种市场风险,又可以实现殊途同归的建设目标,是一种比较稳妥的推进策略。

四、创业型大学中国实践的前景展望

国内公办普通本科院校明确以创业型大学作为战略目标,始于2008年福州大学率先提出的"走区域特色创业型强校之路"。但是,十年过去了,创业型大学本土化的探索与实践并未取得预期效果,甚至有些高校中途更换创业型大学的办学定位。与此同时,尽管不少学者极力弘扬创业型大学的时代价值,但学界对于创业型大学的声讨从未停止。在创业型大学的中国实践陷入困顿之际,包括政府、学界在内的中国社会各界从2015年开始,普遍主张地方本科院校向应用型高校转型。这种现象在事实上再次证明,直接融资的西方创业型大学模式不适应中国公办院校的战略选择,地方本科院校向创业型大学的转型之路要以应用型大学建设作为第一个发展阶段,通过教学育人服务水平的提升以及科研成果转化的实绩等间接融资模式逐渐走上自力更生的道路,亦即通过提高供给侧产品的针对性与有效性来获得社会各界的支持。可以说,应用型大学能否真正赢得市场而不仅是政府的肯定,决定了创业型大学在中国的命运与未来。从当前应用型大学的探索与实践看,不少地方本科院校还只在办学定位上明确了应用型的发展方向,在事实上并未实现由传统型向应用型的真正转向。这就意味着,按照现有办学模式与运行机制推动地方本科院校的转型与发展,难以建成名副其实的应用型大学,中国特色的创业型大学也就遥遥无期。

高等教育改革与发展的一切问题,其实都可归溯到管理体制。应用型大学在中国成功实践的突破口,同样在于以政策作为关键点的体制问题。例如,推动传统院校向应用型大学或者创业型大学转型,首先要确立高校分类管理、分类评价的政策方案。就如埃兹科维茨所言,"大学之间将出现分工,一些主要依靠政府支持进行基础研究,另一些主要依靠工业支持进行应用研究"[30]。尤其在政府主导的教育体制下,传统院校的转型与发展必须依靠政策的牵引才能真正实现,难以寄望在获得西方自治大学那样的办学自主权之后再来推进。当前,以资源分配作为主要内容的重大政策,例如"双一流"建设方案,都在引导高校往传统大学方向发展,走了一条单轨式的学术研究型大学之路。这就可以理解,无论国家如何倡导地方院校转向应用型,呼吁高校根据社会需要办出特色,中国所有大学仍然不遗余力地向传统学术研究型大学看齐。但是,我们也要看到,中国政府其实已经认识到"千校一面"的危害与源头,同时也在努力从政策上引导高校办出特色。例如,2018年7月国家发布的《关于深化项目评审、人才评价、机构评估改革的意见》提道:"基础前沿研究突出原创导向,以同行评议为主;社会公益性研究突出需求导向,以行业用户和社会评价为主;应用技术开发和成果转化评价突出企业主体、市场导向,以用户评价、第三方评价和市场绩效为主。""分类完善职称评价标准,不将论文、外语、专利、计算机水平作为应用型人才、基层一线人才职称评审的限制性条件。落实职称评审权限下放改革措施。"如果再从分类评价、资源配置等重大政策上予以推动,那么传统院校转型为应用型大学再而发展为中国特色创业型大学的过程就会缩短。

总之,创业型大学中国实践的前景与应用型大学建设的实效紧密相连。当传统院校能够通过教学育人的适切性以及科研成果的有效性赢得包括政府在内的社会各界的支持,建成名副其实的不同科类不同层次的一流应用型大学,那么最终以自力更生意识与能力作为核心特质的创业型大学就会自然诞生。如果中国的应用型大学建设难以顺利推进,那么创业型大学的中国实践将会停滞不前。

【参考文献】

[1][4] 克拉克.建立创业型大学:组织上转型途径[M].王承绪,译,北京:人民教育出版社,2007:1、2.

[2][7] 埃兹科维茨.麻省理工学院与创业科学的兴起[M].王孙禺,袁本涛,等,译.北京:清华大学出版社,2007:1、208.

[3] 李华晶.间接型学术创业与大学创业教育的契合研究:以美国百森商学院为例[J].科学学与科学技术管理,2016(1):112.

[5] 马陆亭.高等学校的分层与管理[M].广州:广东教育出版社,2004:226.

[6][25][26] 克拉克.大学的持续变革:创业型大学新案例和新概念[M].王承绪,译.北京:人民教育出版社,2008:167、4-19、157-172.

[8] 林辉.创新型大学发展模式研究:以英国沃里克大学为例[J].全球教育展望,2004(9):52-55.

[9] 舒家捷,肖云龙.创新型大学特质论纲[J].现代大学教育,2006(4):3-7.

[10] 宣勇,张鹏.激活学术心脏地带:创业型大学学术系统的运行与管理[M].北京:高等教育出版社,2013:3.

[11] 王雁.创业型大学:美国研究型大学模式变革的研究[D].杭州:浙江大学,2005:70.

[12] 付八军.学以致用:应用型大学的灵魂[J].教育发展教育,2016(19):24-29.

[13] 刘献君.经济社会发展转型与教学服务型大学建设[J].高等教育研究,2013(8):1-9.

[14] 付八军.创业型大学是最为彻底的"应用型"[N].中国教育报,2016-08-15(3).

[15] 陈统奎.复旦:又一次华丽转身[EB/OL].(2005-09-21)[2018-06-24].http://news.sohu.com/20050921/n227021310.shtml.

[16] 马陆亭.大学变迁与组织模式应对[J].教育发展研究,2010(9):56.

[17] 眭依凡,李芳莹."学科"还是"领域":"双一流"建设背景下"一流学科"概念的理性解读[J].高等教育研究,2018(4):31.

[18] 陈霞玲.创业型大学组织变革路径研究[M].北京:北京理工大学出版社,2015:131-136.

[19] 刘叶,邹晓东.探寻创业型大学的"中国特色与演变路径"[J].高等工程教育研究,2014(3):44-49.

[20] 陈笃彬.地方高校建设创业型大学的理论与实践[M].福州:福建教育出版社,2016:50.

[21] 刘振天.从外延式发展到内涵式发展:转型时代中国高等教育价值革命[J].高等教育研究,2014(9):1-9.

[22] 别敦荣.论高等教育内涵式发展[J].中国高教研究,2018(6):6-14.

[23] 周海涛,等.增强高等教育内涵式发展能力[J].教育研究,2018(4):62-67.

[24] 付八军.教师转型与创业型大学建设[M].北京:中国社会科学出版社,2016:117-132.

[27] 朱九思.开拓与改革[M].武汉:华中科技大学出版社,2008:172-173.

[28] 杨德广.从农民儿子到大学校长[M].上海:上海交通大学出版社,2009:125-134.

[29] 潘懋元,车如山.做强地方本科院校的理论与实践研究[M].北京:高等教育出版社,2016:241.

[30] 埃兹科维茨.三螺旋创新模式[M].陈劲,译.北京:清华大学出版社,2016:114.

创业型大学中国实践的时代意蕴^①

摘　要:发掘与论证创业型大学中国实践的时代意蕴,可以为中国特色创业型大学建设提供动力与方向。当前传统型院校存在的普遍性问题,例如办学自主权不足、教学育人疲软、科学研究泡沫化、校内行政效率低下等,可以在创业型大学的实践模式中得到较好解决。只不过,有些问题属于"源头性"问题,需要一个从量变到质变的漫长过程,例如高校办学自主权不足、校内行政效率低下;有些问题则属于或者转化为"症状性"问题,例如教学育人疲软、科学研究泡沫化等,这正是创业型大学力争正面、直接去除的问题。创业型大学中国实践虽然可以正面提升教学育人的实效性,直接去除科学研究泡沫化,但也只能逆向增强高校办学自主权、间接实现校内行政高效化。

　　所谓创业型大学(entrepreneurial university,简称 EU),就是将知识的生产、传承与应用融于一体的大学,就是在教学科研的基础上倡导创业职能、积极推动学术资本转化的大学。诞生于 20 世纪末的创业型大学理论,自问世以来便有持续不断的批评与抵制,但研究过该理论的学者普遍持肯定与支持的态度。例如,被誉为创业型大学之父的美国学者伯顿·克拉克(Burton R. Clark)指出,"创业型大学是 21 世纪大学组织上转型和大学进取与变革的必然趋势";另一位同样对创业型大学理论做出重要贡献的美国学者埃兹科维茨(Henry Etzkowitz)认为,创业型大学典范之一的 MIT 模式,正在"取代哈佛模式成为学术界的榜样"。在创业型大学理论传入中国之后,国内一大批学者与领导均对创业型大学给予了极高的评价。但是,创业型大学中国实践的价值与意义到底在哪里,能否解决中国高等教育面临的突出问题,学界并未对此做出深入或初探性的回答。在"双创"的时代背

---

　　① 本文原载《当代教育论坛》2019 年第 3 期,详见《创业型大学本土化的中国模式研究》(中国社会科学出版社 2018 年版,第 223 至 236 页)。

景下,本文尝试根据创业型大学理论的基本观点,首次对创业型大学中国使命进行挖掘与展现,亦即论证创业型大学中国实践的时代意蕴。

一、逆向增强高校办学自主权;

二、正面提升教学育人实效性;

三、直接去除科学研究泡沫化;

四、间接实现校内行政高效化。

国内创业型大学建设的路径比较与成效评析①

摘　要:早在创业型大学理念传入中国之初,国内就有一批高校走上了创业型大学之路。这些高校推进创业型大学建设,大都既吸收了理论研究者的学术见解,又借鉴了西方创业型大学的成功做法,体现了一种全方位的转型策略;同时,结合各自的实际情况,在路径选择上,每所创业型大学体现出了不同的侧重与亮点。但是,无论如何,创业型大学建设在我国可谓阻力重重,远远未能达到预期效果。中西创业型大学实践的"南橘北枳现象",指引我们寻找破解创业型大学建设瓶颈的钥匙。

20 世纪末期,美国学者伯顿·克拉克和亨利·埃兹科维茨不约而同地提出了"创业型大学"这个概念。这个概念一经问世,我国学者就将此介绍到了国内。可见,在信息时代,我国对于西方先进理念的学习,并不落伍。可是,两位美国学者在研究创业型大学时,观测的对象并不一样,对于创业型大学内涵与外延的理解也不一致。克拉克更多地基于教学型院校,从教学服务的层面来看待学术创业;埃兹科维茨主要基于研究型大学,从科技成果转化的角度来看待学术创业。作为创业型大学理论的两位鼻祖,他们的分歧对于我国创业型大学的理论研究与实践改革,都产生了重要影响。从理论上来看,连一个被广泛认同的概念尚且都难以确立;从实践上来看,高校领导者们按照自己的理解建立了形形色色的创业型大学。例如,不少寄望超常规发展的高等职业技术院校,旗帜鲜明地提出要建成一流的创业型大学;一些教学研究型的普通本科院校,为寻找差异发展、特色发展或者跨越发展,明确地提出了创业型大学的战略定位;那些居高临下的国内研究型大学,极少标榜自己是创业型大学,却在实践运行中紧紧瞄准他们理念中的创业型大学。在这样五彩缤纷的实践世界中,要让我们来观测国内创业型大学的建设情况,实在并不容易。为此,本文只分析那些曾经明确提出过建

---

① 本文原载《高等工程教育研究》2016 年第 6 期。

设创业型大学的普通本科院校,深入探索这些大学的转型与努力,客观评述他们的成绩与不足,寻找创业型大学理念与现实的距离,以此来观测国内创业型大学建设的成效,为新一轮高校推进创业型大学建设以及创业型大学理论的本土化进程提供最坚实的实践基础。

一、确立创业型大学目标的背景分析

福州大学于 2008 年初迈入创业型大学的发展道路,属于国内第一所正式提出创业型大学战略目标的普通本科院校。当前新的一届学校领导班子仍然高举创业型大学大旗,挺进在蜿蜒曲折的创业之路上,只不过该校的战略重点已由学校层面的学术创业转向学生层面的创业教育。南京工业大学于 2010 年正式确立创业型大学的战略目标,提出要努力走出一条美国斯坦福和加拿大滑铁卢式的创新创业大学发展之路,打造最适宜创新创业的高校品牌,在推动区域经济发展方式转变的同时,努力将学校建设成为以工为主,多学科协调发展,国内一流、国际有影响的有特色高水平创新创业大学。但是,到了 2013 年,该校的办学定位正式确定为:学校将面向国家急需,世界一流,解放思想,凝心聚力,协同创新,开拓进取,向着"综合性、研究型、全球化"高水平大学稳步迈进,谱写更加辉煌的篇章。2010 年,浙江农林大学正式提出了"到 2020 年把学校初步建设成为国内知名的生态性创业型大学"的发展战略目标。时至今日,该校领导甚至认为,创业型大学是比应用性大学更加强调应用的大学。这三所大学,尽管后来发展的战略重点不一,甚至道路选择迥然不同,但是,他们最初选择创业型大学的战略目标,其背景是大体一致的。

其一,外部的学术创业驱动。21 世纪初期,世界各行各业相互渗透的趋势日趋显著,大学学术资源愈来愈被社会各界寄予直接参与实践、促进生产力发展的厚望,只要高校稍微敞开长期禁闭的象牙塔之门,外在的那种学术创业之劲风,就会把高校吹向学术创业与学以致知的十字路口。同时,高校的办学成本节节攀升,然而学生教育成本分担比例难以突破,政府财政投入比重不断下降,这种外在压力逐渐转化为高校利用自身学术优势筹措办学经费的外在动力。对于中国创业型大学的诞生来说,更重要的外在原因在于,西方不仅已经诞生了一批成功的创业型大学,而且关于创业型大学的相应理论被介绍进来,为国内推动创业型大学建设提供了巨大的实践与理论武器。

其二,内部的学术创业需求。深入了解福州大学、南京工业大学、浙江农林大学的历史档案以及政策文本,我们发现,三所高校启动创业型大学战略目标的内部原因大体一致。具体而言,这些内因主要有四点:一是学校办学经费紧张。政府财政投入不足,学费增长空间有限,可支配性资源短缺,基础建设投入不菲,发展性资金缺口巨大,可是学校还处在高额负债运行期。二是科研效益太低。科研没有走出"论文、论著、课题、获奖、专利"的传统范式,纵横向课题经费比例严重失衡,科技成果转化率和社会贡献率低,同时,高水平的学科带头人、科技标志性成果偏少。三是人才培养模式改革成效不显著。学生的实践能力和创新能力提升不明显,创业意识和能力有待提高,人才培养特色尚未形成。四是学校整体精神面貌有待改观,急需一种振奋人心的办学理念来涤荡沉闷的校园文化。在这些高校看来,攻克这些问题的重要法宝,正是推进创业型大学建设。

其三,个人的学术创业理念。一所大学的转型与成功,都离不开至少一位关键人物,诸如 MIT 的创立者罗杰斯、被誉为"硅谷之父""电子革命之父"的斯坦福大学教务长特曼、华威大学"百折不挠、固执己见"的首任副校长巴特沃斯,他们均对各自所在的创业型大学起了非常重要的奠基或者推动作用。国内三所代表性的高校最初确定创业型大学的战略定位,同样依赖于某位主要的学校领导。例如,福州大学走上创业型大学的道路,正是缘于时任党委书记陈笃彬与校长吴敏生两人的志同道合以及他们对学术创业理念的坚守。2008 年 4 月 1 日《福建日报》刊登了他们俩署名的文章,指出:"创业型大学是与传统象牙塔式大学相对应的全新办学模式……是适应我国和我省经济社会发展新要求的需要……是适应我国高等教育发展新趋势的战略选择……是实现福州大学奋斗目标的客观需要……"[1]南京工业大学当初走上创业型大学的道路,其选择者、推动者正是南京工业大学前校长欧阳平凯教授。欧阳平凯于 1994 年担任原南京化工学院副校长之后,率先提出学校发展要抓两个"QIAN"(学科前沿和学校钱财)和两个"CAI"(师资人才和办学财力)。在政府投入不足、办学经费紧张的情况下,主张主动出击,力争有所作为。1996 年担任校长之后,他更好地实现了自己的办学理念,将南京工业大学逐渐推向创新创业的新征途。浙江农林大学走上创业型大学之路,缘于该校党委书记宣勇教授。2010 年 5 月,宣勇来到浙江农林大学担任党委书记,当年 7 月,在学校的第一次党代会上正式提出建设创业型大学战略目标。

二、推进创业型大学建设的路径比较

创业型大学的建设路径,主要回答创业型大学怎么走,怎样建设创业型大学的问题。这个问题属于创业型大学理论研究的核心，也是推进创业型大学建设的关键。从三所高校的改革与发展来看，理论界关于创业型大学建设举措的主要观点[2]，基本上都在这些高校有过探索与实践。结合相关理论研究，本文在梳理三所高校路径选择的共性上，更多地要分析其路径选择的差异。

（一）推进创业型大学建设的共同路径

作为创业型大学的理论鼻祖，克拉克曾提出大学转型的五个要素，亦即阐明了创业型大学建设的路径，[3]成为不少教育实践工作者推进创业型大学建设的行动指南。应该说，三所高校或多或少、或强或弱地遵循克拉克倡导的五条路径，积极推动传统型高校向创业型大学转型。例如，在强有力的驾驭核心上，三所高校的权力相对集中，在高举创业型大学大旗的最初几年，基本上能够保证大学作为"一个整体"[4]而运行；在一个拓宽的发展外围上，三所高校都在积极推进政产学研合作，以自己的独特学术产业服务社会发展，力争成为政产学研合作的三螺旋结构的推进器，成为区域创新活动与经济发展的重要组织者；在多元化的资助基地上，三所高校走上创业型大学道路的重要驱动力之一，正是开辟社会融资渠道，建立多元化的办学资助体系，只不过由于创业型大学建设成效的疲软，在短期内尚未达成目标；在激活的学术心脏地带上，三所高校都通过简政放权，形成校院两级管理体制，使管理重心向学院下移，在各种激励学术创业的政策背景下，充分调动学院办学的积极性和主动性，使二级学院真正成为相对独立的办学实体与创业主体；在整合的创业文化上，自确立创业型大学战略目标之后，三所高校就开展过多种多样的思想大讨论，以推动全校师生转变和更新教育观念，树立起创业价值观和实践观，形成全校师生自主创业的文化氛围。

从三所高校推进创业型大学建设的实践来看，也大体遵循了这样的改革与发展逻辑：首先，更新教育观念，开展关于创业型大学的大讨论。国内公办高校每次重大的变革，往往都会事先或者同时展开教育思想大讨论。这三所普通全日制本科院校确立别树一帜的办学理念，尤其需要搅动思想，达成共识，在确立创业型大学办学定位之际，紧紧围绕"什么是创业型大学""为什么要建设创业型大学"以及"如何建设创业型大学"等基本命题，在全校教职员工中展开了深入的思想大讨论。其次，深化体制改革，建立与创业型大学相适应的校内管理体制。只不过，不同院校改革与发展的重点不同，推进的力度不同。然后，开展制度设计，构建创业型大学发展的政策环境。对此，三所高校都在不同程度上通过政策文件鼓励师生开展学术创业，力争建构学校科技成果的"科研价值""商业价值"和"创新价值"三结合评价体系。与此同时,加强创业教育,培养学生的创业意识、创业精神与创业能力。最后,拓宽发展外围,积极推进政产学研合作。通过与社会逐渐建立广泛的外部联系网络,包括各种孵化器和科技园、风险投资机构、创业培训机构、创业资质评定机构、小企业开发中心、校友会、创业者协会等,形成学校、社区与企业良性互动发展的创业教育生态系统,有效地开发和整合社会各类创业资源,推动学术成果转化,培养创新创业人才。从以上举措可以看出,这些高校为推进创业型大学建设,采取了全方位的改革策略,当前学界探讨的关于推进创业型大学的各种路径,基本上都被囊括进来了。在这些举措中,第三点的实施与业绩,是一所创业型大学区别于其他高校的重要标识之一,最能从一个组织层面体现创业型大学的建设成效。这对于破解启动创业型大学建设的初始动因,是一把秘而不宣的钥匙,是一个含而不露的答案。

(二)推进创业型大学建设的策略重点

在建设创业型大学过程中,尽管三所高校均从以上共同路径全力推进,但是,不同的高校体现出不同的策略重点。根据相应的座谈交流以及校情分析,本文认为三所高校在推进创业型大学建设上各自体现出如下的策略重点:

(1)福州大学由全面推进转向以创业教育作为主要抓手。自 2008 年确立创业型大学战略目标以来,福州大学并没有更改自己的办学定位。只不过,近年来,福州大学将推进创业型大学建设的重点转向创业教育,力争把创业教育做成学校的办学特色,甚至成为学校办学的"亮点"。[5]例如,强调创业教育工作做到全员参与、全面覆盖、全程服务;在二级学院"三加一"(创业专家、创业人才、创业教材加创业基地)创业教育模式的基础上,推出体现学校特色的以"八驱动"模块为核心的创业教育模式;设立创业类学分,将创业教育融入教育教学全过程,每年下拨专项经费,开设创业基础班、提升班、精英班等,形成"创业通识—创业技能—创业实战"培训体系;[6]等等。福州大学党委 2015 年第 1 号文件"关于做好 2015 年毕业生就业创业工作的实施意见"(福大委〔2015〕1 号),特别强调要加大政策扶持,推进创新创业教育和大学生自主创业工作,并将分解的工作任务落实到相应部门。但是,创业型大学不等于创业教育高校,创业教育成功的高校不等于就是创业型大学。可以说,创业教育只是创业型大学的一部分,而且不是最显创业型大学特性的部分。更重要的是,创业教育的成功不体现在轰轰烈烈的宣传与全力支持的政策上,而体现为学生实实在在的创业成效。然而,这个过程周期长,见效慢,推进工作也不可能一帆风顺。

(2)南京工业大学的创业战略定位是逐步形成的,并且极力将学术创业收益让利于科研人员。查阅南京工业大学的历年年鉴,发现这种战略目标的演变,有这样一个不断推进的过程,至今经历了六次办学定位的调整:2001年组建南京工业大学,2002年年鉴可谓该校的第一份正式年鉴,该年鉴将学校定位于"研究教学型大学";从2003年至2007年,该校的办学定位一致,均将学校定位于"研究型理工大学";从2008年至2009年,学校定位于"创新型工业大学";在2010年,学校正式提出了"创新创业大学"的战略定位;在2011年、2012年,学校的战略定位变成"创业创新型大学";2013年,在南京工业大学第三次党代会上,明确了以协同创新为主线,以跨越发展为主题,建设"综合性、研究型、全球化"高水平大学的办学目标。从前面几个阶段来看,南京工业大学迈向创业型高校的战略目标,不是一蹴而就的,而是逐步推进。首先加快学术资本的积累,从研究教学型走向研究型;其次调整学科发展方向,力争从理工并重转向更加直面市场的工科特色;然后在内外部环境较为成熟的条件下,举起了创业型大学大旗;最后,为了加快创业型大学建设步伐,更加突出创业在学校的重要地位与作用,进一步将众多高校沿用的"创新创业"变成"创业创新",使得学校的创业文化进一步高涨。

同时,南京工业大学教师学术创业的成果收益分成,可谓推进创业型大学建设的又一大亮点。早在2004年,该校就出台《科技成果产业化管理办法》,规定技术入股70%股权归成果完成人所有,在政策层面为科技创新创业扫除障碍,极大激发了科技人员转化成果的热情。到了2012年,该校以南京"科技九条"为契机,出台了南京工业大学"科技19条",制定了更为优惠的知识产权政策,规定技术入股的90%股权归成果完成人所有,进一步解除了科研人员创业的后顾之忧。

(3)浙江农林大学通过强化校内管理体制改革来推进创业型大学建设。相对于福州大学、南京工业大学乃至其他兄弟院校而言,浙江农林大学在这几个方面表现较为突出:第一,在体制改革的基础上设立三个新的部门。2011年,被学校确立为管理改革年,其目的是激活学术心脏地带,也就是要激活基层学术组织,尤其是学科。为此,学校采取了许多措施。例如,建立了学校—学院—学科"二级机构三级管理"的模式,这是一种基于学科的二级管理,主要是为了赋予基层学术组织更多的管理自主权,以便激发出更大的积极性与创造力。但是,最彰显改革成效、最能体现改革特色的还是成立三个新的部门:发展战略管理处、创业管理处与社会合作处。当前,不少高校均设有社会合作处。但是,浙江农林大学最初设立该处,远远不只是加强学校与社会各界的学术联系,更具有创业型大学推进科技成果转化的重要职责。只不过在后来的发展过程中,与公共事务管理处、创业管理处甚至科技处的相关科室等,存在职责边界模糊等问题,更缘于高校学术创业的大环境并不成熟,最后难以达到机构设置预期。第二,在强化激励的指导下大幅调整中层干部。一流的大学,需要一流的师资,也需要一流的管理。欲建成一流大学,必先有一流的管理,然后才有一流的师资,最后成就一流的大学。浙江农林大学雄心勃勃地推进创业型大学建设,必然要建立一支能干、实干与苦干的创业型管理队伍,从而大幅度调整中层干部。在短短四年时间内,连续两次大幅度调整中层干部,落聘、低聘或者转岗约 50 人。这种调整,从理论上来说,可以大大激励中层干部,瞄准学校战略发展目标,瞄准领导指引的前进方向,将全校拧成一股绳,盯住一个目标,不断开拓创新。第三,在外塑形象的指引下着力描绘学校蓝图。例如,确立了到 2020 年将学校建设成为国内知名的生态性创业型大学的战略目标;绘制了一个由学校中长期发展规划和 11 个子规划组成的学校整体发展蓝图;制订了"1030"战略,亦即确定 10 个优先发展的重点领域,每个领域确定 3 个优先主题,形成"1030"重点学科领域发展战略;对接"1030"战略,学校积极推进十大中心建设,让这些中心围绕十大战略重点开展跨学科的协同创新,力争在研究上有所突破;等等。第四,在营造氛围的前提下出台系列创业政策。建设创业型大学,推进学术创业,自然需要出台政策。这一点,三所高校都是一样的。只不过,浙江农林大学不仅付出了更大的努力,而且出台了更多的政策。几年来,创业管理处推出了《浙江农林大学"十二五"创业发展规划》和《浙江农林大学关于鼓励和扶持创业的若干意见(试行)》(浙农林〔2012〕89 号,简称"创业 15条")等。为了贯彻与落实"创业 15 条",该处制定了许多相关的配套政策,例如《浙江农林大学学术创业业绩评价与计算办法》《浙江农林大学知识产权作价入股开展创业的实施办法》《浙江农林大学院校两级创业团队组建及认定方案》《浙江农林大学创业孵化园管理办法(讨论稿)》等。[7] 如此努力地探索学术创业,如此集中地出台创业政策,这在国内其他创业型大学是难得一见的。

三、国内创业型大学建设成效的评析

三所正在或者曾经高举创业型大学大旗的本科院校,在很大程度上代表了创业型大学在中国的实践与走向。虽然从 2008 年国内第一所创业型大学诞生至 2016 年,仅仅 8 年时间,用理想化的创业型大学标准来评判一批相当于 8 岁童龄的创业型大学,未免要求过高,因为"转型成为创业型大学,不是一朝一夕、一蹴而就的,而是需要长时期量变的积累,产生质的飞跃"[8],但是,无论从建设业绩还是创建体会来看,创业型大学在我国的推进可谓任重而道远。尤其是南京工业大学确立新的办学定位表明,在曲高和寡的创业型大学乐章上,又少了一道强劲的音符。

(一)创业型大学远未达到缓解办学经费压力的目的

推进创业型大学建设的重要动因之一是为了扩大财源,走出负债经营的窘境,其路径正是通过学术创业来实现。可是,无论是解决经费瓶颈,还是转化学术成果,几年来,这些高校的种种学术创业,仍然显得非常疲软,甚至没有起色。例如,在 2008 年提出创业型大学战略目标之际,福州大学负债10 多亿元,此后化解债务的途径不是通过创业型大学的学术创业来实现,而是通过学校产业置换以及政府奖补来完成;在高举创业型大学大旗之前,福州大学的科研成果转化率低,纵横课题经费比例失调,现如今仍未改观。从目前理论层面来看,创业型大学必定要利用自己的所长,抑或是科研转化,抑或是教学服务,以达到扩大办学资金、优化办学条件的目的。这被视为创业型大学最为关键的要素之一,也是评价创业型大学建设实效的重要标准之一。

(二)创业型大学原有观念滞后与制度建设滞后的问题仍未得到根本改善

福州大学启动创业型大学建设,是寄望通过创业型大学的强劲东风,一扫学校观念滞后与制度建设滞后的积弊。但是,从实际情况来看,依靠创业型大学号角来扭转这种状况在短期内非常艰难。无论是专任教师还是行政管理队伍,依然缺乏活力,市场适应性差。付智贤校长在对《福州大学中长期发展规划纲要(2010—2020 年)》等文件的制定进行说明的报告中,针对学校存在的问题进行了全面而又深刻的剖析。在该报告中,付校长指出:"体现创业型大学特征的创新创业教育体系尚未形成;……校院两级管理体制改革需要进一步深化与完善;学术权力和行政权力的关系尚未完全理顺;部分行政管理部门存在服务与责任意识差、工作和责任相互推诿、管理水平与效能低下、工作作风疲沓和不深入实际调查研究、行政执行力弱甚至行政不作为等问题;……"应该说,这些问题不只是福州大学的个案现象,而是当前国内高校较为普遍的现象。由此也可以看出,要在短期内通过创业型大学建设来解决这些问题,是非常艰难的。

（三）创业型大学远未达到激励教师转型、推进学术创业、培育创业文化的目标

作为身在创业型大学中的一名推动者、见证者与研究者，本人已经感受到阻力重重。从某种角度来说，外在轰轰烈烈的创业型大学建设形象与内在扎扎实实的传统型大学顽固不化的矛盾冲突越厉害，就越让那些身在其中研究与践行创业型大学的人士感到恐慌。北宋诗人苏轼的经典诗篇"不识庐山真面目，只缘身在此山中"，用在这里应该改为"识得庐山真面目，只缘身在此山中"。当然，这远远不只是属于这些创业型大学的个案。可以说，这些普通高校建设创业型大学有多难，国内其他公办的普通本科院校建设创业型大学就有多难。例如，本人曾在某所创业型大学多个二级学院进行调研，听取教师们对学校改革与发展的意见、困惑与希望。原以为，教师们会对学校如此宏伟与热烈的战略蓝图各抒己见、讨论热切，没想到，在前后 30 位以上的专任教师中，不但没有一位教师提及创业型大学以及相应的各种政策，而且当我们主动问及此事时，大部分教师都认为他们的主要工作还是教书育人、申报课题、发表论著、争取奖项、申报专利等，并没有去考虑学术创业的事情，甚至还有少数教师认为他们根本不知道也不想知道什么是创业型大学。可见，尽管学校在宣传策动以及政策文本上已经做了大量工作，但在全校师生员工中并没有产生巨大反响，专任教师们根本没有什么变化，甚至无动于衷，过去怎样，他们现在还是怎样。这就像大学中不少的课堂教学一样，教师们在讲台上激情四溅、妙趣横生，自以为所讲内容对学生们极有价值且让他们听起来趣味盎然，没想到台下的学生自己做着自己的事情，既不关注，也不领情。传统型大学转型为创业型大学，最后依靠的力量还是专任教师。教师们仍然与以前一样，没有从传统型转向创业型，那么，无论这些大学如何宣传，他们实际上仍然属于传统型大学。由此观之，当前国内对于创业型大学的推动，主要还体现在宣传策动、组织架构、体制改革、制度建设等方面，远远没有达到教师转型、科研转向、学术创业、学校转型甚至创业文化形成的目的。我们从西方学习创业型大学理念，尤其借鉴了西方明星创业型大学的建设路径，全面推进学术创业工作，却仍然出现了中西创业型大学的"南橘北枳现象"，这个课题值得我们深入思考。

【参考文献】

[1] 陈笃彬,吴敏生.创建创业型大学 服务海峡西岸经济区[N].福建日报(求是版),2008-04-01.

［2］付八军.创业型大学研究述评［J］.黑龙江高教研究,2012(7):4-8.

［3］克拉克.建立创业型大学:组织上转型的途径［M］.王承绪,译.北京:人民教育出版社,2007:3-7.

［4］周江林.英国华威大学成功的内在"基因"及启示［J］.井冈山大学学报(社会科学版),2011(3):70-75.

［5］高建进.福州大学:创业教育成为学生发展助推器［N］.2014-12-10(5).

［6］周玲玲.福州大学以建设"创业型大学"为引领促进大学生高质量就业［EB/OL］.(2014-12-18)［2015-10-20］.http://www.jyb.cn/high/zjzz/201412/t20141218_607932.html.

［7］付八军.纵论创业型大学建设［C］.杭州:浙江工商大学出版社,2014:81-87.

［8］林锈戎.我国地方高校实践创业型大学之路的若干探索［J］.福建教育学院学报,2012(5):1-4.

MIT:世界上第一所成功的创业型大学^①

　　摘　要:纵览 MIT 的发展历程,其从未自我标榜为创业型大学。可是,MIT 却被誉为世界上第一所成功的创业型大学。至于其原因,正在于 MIT 广泛设立了各种创业服务机构,并且注重科技成果转化工作;同时,这些工作为社会创造了巨大的财富,自己也登上了学术世界的巅峰。我国学习西方成功创业型大学的经验,离开这些工作与成效,都谈不上真正的学习与借鉴。

　　MIT,全称为 Massachusetts Institute of Technology,通常汉译为麻省理工学院,位于美国马萨诸塞州剑桥市,国际一流的私立大学。从正确的汉译来说,应该称为马萨诸塞理工学院。但麻省理工学院的译名起自清朝时期,后人沿用至今。另外,当前不少人常把 MIT 称为麻省大学。事实上,这是两所完全不同的高校。麻省大学的全称是马萨诸塞大学,英文全称为 University of Massachusetts,简称 UMass,虽然同样处在马萨诸塞州内,但确是一所规模庞大的多校区公立大学。现如今,MIT 已经发展成为"世界理工大学之最",甚至美国人常讲:"美国可以没有任何一所大学,但不可以没有麻省理工学院。"(张森,2012)这样的一所大学,被人们冠名为创业型大学。作为创业型大学理念的主要奠基者之一,美国学者亨利•埃兹科维茨对 MIT 赞誉有加,极力推崇,指出该校"在美国学术界发挥着独特的作用,它开创了大学与企业联合的模式并且将其推广到其他院校。……将基础研究和教学与产业创新结合在一起的 MIT 模式,正在取代哈佛模式成为学术界的榜样。"创业型大学的理论与实践,源自西方。我国推进创业型大学建设,不得不学习西方。学习西方,不得不首先研究世界上第一所成功的创业型大学——MIT。

---

　　①　本文原载《绍兴文理学院学报》2016 年第 11 期,详见《教师转型与创业型大学建设》(中国社会科学出版社 2016 年版,第 27 至 32 页)。

一、创业型大学发展道路的演进；
二、创业型大学建设路径的探索；
三、创业型大学建设成效的评析。

斯坦福大学：成就于工业园区的创业型大学①

摘　要：美国大学的转型，动力大都来源于校内；中国大学的转型，动力普遍来源于政府。斯坦福大学迈上创业型大学之路，所经历的阻挠要比中国任何一所大学的转型都大得多。而且，在120多年的发展历程中，它从未自我标榜为创业型大学。但是，它以成功创办世界上第一个技术许可办公室、极力鼓励在校师生创业等区别于传统型高校的做法，被推为创业型大学。同时，它以突出的创业效益、卓越的学术业绩，再加上显著的创业文化与显目的校友捐赠，被誉为创业型大学的典范。

　　斯坦福大学创建于1891年，坐落于美国加利福尼亚州斯坦福市，被公认为世界最杰出的大学之一，与哈佛大学、MIT、加州大学伯克利分校并称为"美国社会不朽的学术脊梁"。同时，斯坦福大学的发展史，正是一部创业史，与MIT一样，被誉为创业型大学的典范。在创业上，她比MIT更引人注目的地方之一在于，斯坦福大学创造了全世界第一个大学科技工业园。而这个工业园，在很大程度上塑造了硅谷。随后，斯坦福大学与硅谷相互影响、相得益彰，大大促进了斯坦福大学学术创业的步伐。正如对硅谷历史进行过专门研究的科学史学者伦奥尔所言，如果说在1965年以前，是斯坦福影响和塑造了硅谷，那么，1965年后，硅谷实际上也在塑造着斯坦福。

　　一、创业型大学发展道路的演进；

　　二、创业型大学建设路径的探索；

　　三、创业型大学建设成效的评析。

---

　　①　本文原载《教育与考试》2015年第5期，详见《教师转型与创业型大学建设》（中国社会科学出版社2016年版，第32至38页）。

华威大学:教学型迈向创业型的成功典范^①

摘　要:中国不少地方本科院校在转型为创业型大学的过程中,往往以办学自主权较小、学术起点较低、创办时间较短为由,放弃对于自身转型困难、发展缓慢的继续追问。可是,诞生在保守英国的华威大学,冲破重重阻力走上了创业型大学的道路,仅仅30年的时间,就由一所名不见经传的教学型院校,一跃成为世界知名的创业型大学。对于我国正在转型的地方本科院校来说,不只是要学习其注重整体经营以及多样化的教学服务,以及后来建立科学园、加快成果转化的策略,更要学习那种坚守正确理念、不畏艰难、勇于创新的精神。

华威大学(The University of Warwick),又称为沃里克大学,位于英国英格兰中部考文垂市和华威郡交界处,是一所稳居英国前十、世界百强的顶尖研究型大学。该校创建于20世纪60年代,只用了30多年的时间,就跃入世界名校。这种超常规、跨越式的发展,获得过"以敢为天下先的姿态成为欧洲前摄性大学的唯一范例"(周群英、王美琳,2011)之美誉,被美国学者伯顿·克拉克冠名为创业型大学。此后,华威大学作为教学型大学成功走向创业型大学的典范,进入高等教育理论与实践工作者的视野,广为传颂,大力推崇,掀起了一股研究与借鉴华威大学经验的热潮。

一、创业型大学发展道路的演进;

二、创业型大学建设路径的探索;

三、创业型大学建设成效的评析。

①　本文原载《绍兴文理学院学报》(教育版)2015年第12期,详见《教师转型与创业型大学建设》(中国社会科学出版社2016年版,第38至44页)。

创业型大学：高等教育体制改革的破冰之旅

——《创业型大学本土化的中国模式研究》引论①

摘　要:《创业型大学本土化的中国模式研究》一书是作者关于大学理念与教育主张的一次理性呈现与思想集结,也是人们从浩如烟海的创业型大学理论文献中寻找创业型大学中国化模式的精简读本。从社会来说,本书最大的价值不只是创业型大学本土化的学理贡献与实践意义的阐述,还在于本书揭示的该种创业型大学理念及其成功实践将对撬动和倒逼高等教育体制变革、真正确立中国高等院校独立自主面向市场办学的法人地位起着重要的作用。

该文在结尾处写道:大量大学教师缺乏教学热情且大学生找不到学习乐趣,课堂上死气沉沉,"低头族"群体日趋庞大,通过这种教学渠道达成的人才培养质量会高吗? 大量"高大上"的应用性科研成果被极高成本地供奉着却不能走下神龛服务苍生,而且还让多方力量趋之若鹜乐此不疲,这样的科学研究能称为繁荣与强大吗? 大量的中国家庭将不同年龄段的孩子送到国外读书,而作为全球第二大经济体的中国却未能成为世界上重要的教育服务贸易出口国,这样的教育质量能与我们的国际地位相符吗?"大量",还用得着需要一个确切的数字来说明吗? 总之,破除铁板一块而又让人躁动的高等教育体制,我以为,"创业型大学"可以一试。

---

① 本文原载《绍兴文理学院学报》(教育版)2018 年第 12 期,详见《创业型大学本土化的中国模式研究》(中国社会科学出版社 2018 年版,第 1 至 13 页)。

论创业型大学科技园区平台的建设①

　　摘　要：从国际经验来看，一所成功的创业型大学，都有至少一个成功的科技园区。相对于科研生产平台、科研管理平台来说，科技园区平台更能体现创业型大学的组织特性。我国创业型大学建设科技园区，需要关注三点：聚焦优势学科，突出特色办园；完善配套服务，形成产业链条；凸显教育属性，打造人才基地。应该说，突出某个创业学科高峰是地方院校推进创业型大学建设的主导路径，形成产业群落是创业型大学建设创业园区的普遍规律，突显人才培养特性是创业型大学建设创业园区的基本要求。

　　科技成果转化需要平台支撑，从传统型高校初步转型为创业型大学的教师们开展学术创业，更需要平台支撑。这些平台，不仅包括具有良好导向与激励机制的科研生产平台，还包括具有专业水准与优质服务的科研管理平台。在此基础上，有条件的创业型大学，还可以创办科技园区平台，让更多的教师在园区里直接开展学术创业。一所创业型大学，如果教师们对推动学术转化、力争获得社会支持的重视程度与投入力度，远远胜过在各种学术期刊上发表理论文章，那么，这所创业型大学的学术创业活力就激发出来了；如果教师们既可以放心地将自己的科研成果放在学校的科研信息平台，以便尽可能快速地转化为生产力，又可以在学校主办的科技园区直接创立或者以技术入股成为企业的一员，实现科学研究与学术创业的统一，那么，这所创业型大学就具有走向卓越的平台环境了。至于如何办出富有成效的科技园区，本文认为以下三点非常重要：

　　一、聚焦优势学科，突出特色办园；
　　二、完善配套服务，形成产业链条；
　　三、凸显教育属性，打造人才基地。

　　①　本文原载《当代教育论坛》2016 年第 1 期，详见《教师转型与创业型大学建设》（中国社会科学出版社 2016 年版，第 247 至 253 页）。

激活创业型大学的三大学术心脏地带

——兼论学院、学科与专业的共存关系①

摘　要：激活学术心脏地带，是创业型大学理论鼻祖克拉克提出的五条建设途径之一，被我国高校视为推进创业型大学建设的金科玉律。但是，当前不少高举创业型大学旗帜的高校，往往将学术心脏地带局限于学科，忽略学院与专业。事实上，学院、学科、专业都属于创业型大学的学术心脏地带。一所大学的二级学院，其实就相当于一所大学，既是相应师生的归宿，同时承担多重使命。如果在学院之外另建学科实体，势必导致资源的过度分散、人员的双重管理。专业是培养创造性人才、提供教学服务的重要创业平台，只有激活了专业，才能体现创业型大学之所以成为大学的特有属性。

作为创业型大学理论的重要奠基人，伯顿·克拉克（Burton R. Clark）提出了推动大学转型的五个要素，其中一个要素便是"激活的学术心脏地带"。所谓学术心脏地带，是"传统的学术价值观扎根最牢固的地方"。实际上，这正是我们所说的学术生产平台。从社会的视角来看，整个大学就是一个学术生产平台。不过，不同创业模式的大学，其学术创业的心脏地带并不完全一致，亦即最为核心的学术生产平台不完全一致。例如，有文（陈霞玲，2015）曾将我国创业型大学建设分成五种模式：①服务区域经济社会发展模式，以福州大学为代表；②学术创业模式，以浙江农林大学为代表；③专业创业模式，以齐齐哈尔工程学院为代表，该学院要求每办一个专业都兴办一个企业，并于2004年出台了《专业法人条例》，确立了"开一个专业、办一个实体、兴一份产业、创一个品牌"的专业建设原则；④创业教育模式，以浙江万里学院、浙江工贸职业技术学院、义乌工商职业技术学院等为代表；⑤企业经营模式，以民办高校为代表，他们95％以上的收入来自学费。应该说，在不同的创业型大学，往往都是以学术成果来获取社会资源，或者服务社会发

---

① 本文原载《当代教育论坛》2018年第3期。

展,只不过各自的发展重点不一样,从而所依托的学术生产平台不完全一致。但是,对于理想的创业型大学来说,应是多领域的学术创业模式、全方位的学术生产平台。例如,在通过学术创业、成果转化来服务区域经济发展的基础上,当前福州大学特别重视创业教育,甚至将此作为推进创业型大学最为突出的亮点。因此,针对不同发展阶段的创业型大学,我们可以将他们分为不同的发展模式,但前进的方向则是要以整个学校作为学术生产平台,全面激活创业型大学。在创业型大学的第一个发展阶段,我们首先要激活学院、激活学科与激活专业。这些从创业型大学角度提出的许多观点,对我国其他类型的大学尤其是应用型大学同样具有极强的指导意义。

一、做好规划,激活学院

我国普通本科院校在推进创业型大学建设过程中,普遍关注到了激活学术心脏地带。但是,不少高校将其地带局限于学科,甚至在现有的学院、学科之外,另行建立许多跨学科实体机构,而对原有的学院架构毫无变动。例如,某所明确定位于创业型大学战略目标的地方本科院校,计划在二级学院之外另建至少十个跨学科研究中心,这些中心负责科学研究,学术成果统计都以中心为单位,而原有的二级学院只需提供课程即可。可以说,对于许多地方本科院校来说,这种改革并不可取。其一,在"大学—学院—学系"的大学架构中,学院是大学最为重要、最为基本的学术单位,往往属于不会轻易发生变化的二级办学实体,连学院都没有激活,一所大学的活力就不可能体现出来;其二,我国大学尤其是地方高校,普遍并不富裕,因此办学资源总是有限的,将大量的办学资金投入在学院之外的学术生产平台,势必削弱二级学院的发展;其三,在学院之外大量组建跨学科研究中心等实体性学术生产平台,其人员主要还是来自各个学院,这对于这些实体的主要领导或者学科带头人个体来说,影响不大,感觉不到有什么不妥,但是对学院领导以及其他实体的研究人员来说,会带来许多不顺,若能换位思考一下,或许会有惊人的发现;其四,每所大学的二级学院本身就相当于一所小大学,自身蕴藏着巨大的能量与空间,能够在学院平台的基础上,达到许多创业型大学所期望改变的,例如组建跨学科研究中心[4]、吸收院外乃至校外学术成员等;其五,淡化行政级别[5]是高等教育变革的重要趋势之一,创业型大学不能以为将某些实体机构提高到校级层面,就是提高了其学术地位,增强了其研究活力,事实上,只要转变了观念,理顺了体制,一个跨学科研究平台无论是置于校级层面,还是放在以主干学科为基础的所在学院,都是一样的。因此,推进创业型大学建设,最忌讳的事情之一就是无视学院,另建实体,将学术心脏地带局限于新设的实体,造成一所大学的整体分裂。最优秀的设计师一定会尊重传统与现实,在此基础上描绘蓝图并推进改革,而不是按照自己心目中的理想模式,另起炉灶,强力推进。

地方本科院校激活学院,推进创业型大学建设,第一步便是要规划学院架构。总体而言,我国大学的学院设置,往往依据其国家确立的学科分类而定。但是,在创业型大学,既可以按学科分类来设置不同的二级学院,也可以按照社会行业或者自身准备重点发展的领域来命名二级学院。[6] 应该说,按照后者来命名,更体现创业型大学的办学特色,而且也能够体现学科标准。因为任何一项实业生产,都可以划入某一种学科领域中。对于一些提供公共教学服务的学院,应该大力提升其办学层次,尤其是增强其课程资源的丰富性与生命力。这样不仅能够提高在校生的学习积极性,也可以走出校园,面向市场,开放办学。从人文社科领域来看,社会上各种主题的大众畅销书籍以及经典著作,应该有这些学院教师的身影。第二步,组建各种研究中心。如果说,规划学院架构属于学校层面的事情,那么,组建各种实体研究中心应是学院的事情。一个学院往往涉及几个学科,从而学院本身就属于跨学科的实体机构。只不过,传统的二级学院,以组织教学为主,研究是教师个体自己的事情,没有得到学校以及学院的特别重视。在创业型大学,各个学院可以根据学院特色、优势与追求,大量设置实体性的各种研究中心。这些中心,既可以为学院提供学术支撑与平台,生产各种学术成果包括课程,还可以大大改善教师的工作环境,增强教师的归属感,提升学院的学术向心力。事实上,教学服务也是一种学术生产型服务,传统型的教研室应该转型为此类研究中心,实现教学育人与科学研究的一体化,提升二级学院的办学活力。至于具体策略,在《从功能发挥看高校教研室的改革与发展——兼论我国高校基层学术组织的架构》[7] 一文中有分析,在此不再赘述。第三步,营造良好的学术氛围。应该说,这种行动贯穿于工作的全过程,也需要学校与学院的共同努力。在创业型大学,要努力贯彻"管理便是服务"的办学理念,淡化学院与学科的行政级别,让所有人将关注点与兴趣点投放在推进学院发展、提升学术品质、增强社会贡献率上来,而不是较量谁的权力更大、职务更高。这些老生常谈的话题看起来平平淡淡,但如果没有达到此种境界,没有强有力的措施作为保障,则在创业型大学各个二级学院组建各种研究中心,仍然属于形同虚设,达不到激活学院的目的。

二、基于学院,激活学科

学科与学院并不是一回事,但却有着密切的联系。学科是一种知识体系的分类标准,[8]学院则是一种教学科研的实体组织,但这种实体组织的学术重点领域,往往体现了一定的学科特色。可见,激活了学院,从某个角度来说,也就是激活了学科。本文所倡导的创业型大学学科发展模式,就是将学科融入学院实体组织中,而不是在学院建设之外重建实体性的学科组织。具体而言,当前创业型大学激活学科,应该关注以下几点。

第一,重新规划学院架构时,就应该已经做好了学科发展规划。要重点发展哪些学科、不同的学科各有什么样的功能与定位、哪几个学科主要依托哪个学院等,都应该早早地达成清晰的共识。为了应对上级政府的相应政策、适应社会按学科评价大学等,在不少高校,学院的发展与学科的发展往往成为两条线。如果将学科做虚,只是针对学术平台申报、项目研究需要以及学科业绩统计等,那么这样做的负面影响还不会太大。但是,如果将学科做实了,甚至变成了上文所说的校级学术研究中心,那么,问题就很大了。例如,前文提到的某所创业型大学计划将学科做成实体,变成各种各样的跨学科研究中心,成为学术成果的生产中心,而学院仅仅提供课程,承担教学育人的职责。表面看来,这种改革蕴含理论创新,但在实践执行过程中,势必政出多头,管理混乱。如果一所高校具有足够的办学经费,或许其消极作用还不会太突出,但是在一所办学经费非常紧张的高校,则是重复建设、资源浪费的表现。

第二,创业型大学重点发展的一些学科,尽量在各个学院的研究中心或者研究院体现出来。一个学院设立了多个研究中心,每个中心实际上以某个学科为主,同时跨越了相关的若干学科。有些时候,一些学院的几个研究中心,彼此又相互依存,共同支撑一个一级学科。在此条件下,一个学院在很大程度上实现了学院与学科的统一,专任教师与学科研究人员的统一,能够以最小的能耗肩负多种任务,达到教学育人、科学研究、学术创业的高度统一。

第三,专业建设依存于学科建设,课程资源来自学科研究。当学院的每个研究中心成为学科的实体机构之后,教师则既是学院的专任教师,自然也是研究中心的研究人员。这些研究中心,不仅成为产出应用性成果、推动成果转化的生产平台,也是加快专业建设、开发课程资源的研究平台。没有学科依托的专业,往往缺乏足够的办学实力。学科建设水平上层次了,专业品牌的塑造自然能够走出来,优质的课程资源也随之而来。因此,创业型大学的学科建设,既高于学院架构,又植根二级学院。

　　第四,学科建设的活力,来源于学校的相应政策。当学科建设与各个学院的研究中心统一之后,要避免各个学院的行政权力[9]凌驾于学科权力之上,充分调动各种学科的积极性,让他们成为大学深入社会与市场的触角。显然,这就需要良好的政策保障与学术氛围。例如,在人员引用、兼职研究员的聘任、学科方向凝练、学科建设经费使用等方面,每个研究中心的负责人有比学院行政领导更大的决策权。从某个层面来说,学院实际上成了各学科、研究中心的共享平台、协调与服务机构。事实上,越是高水平的大学,其学术重点越是下移。例如,从人才引进角度而言,学术水平不高的大学,其人事决定权主要在学校层面的人事处;学术水平较高的大学,其决定权逐渐转移至二级学院及其领导;世界上的一流大学,其决定权则在具体的学科乃至学科方向,体现了教授的学术权力。

三、依托学科,激活专业

　　学科衍生专业,专业组成学院,激活了学院与学科,也必定会激活专业。从世界范围的高等教育来看,我们还没有发现哪所高校的学科建设水平上去了,而相应的专业仍然不尽人意的现象。也就是说,学科实力强,则专业水平就容易发展起来。学科建设与专业建设都做得好的学院,其学院综合实力自然强。可见,激活专业,我们还是必须首先激活学科。对于职业技术学院的专业建设来说,之所以至今不尽人意,重要内因之一正是学科建设水平低。事实上,职业技术学院"加强产学研结合",[10]瞄准创业型大学建设,着眼于某个行业某项技能,深入研究,同样可以走出一条高水平的学科研究之路。这亦表明,在创业型大学,学科建设与专业建设是统一的,最终都是利用学术成果,走向市场,服务社会。

　　激活专业,除了加强学科建设外,还特别要重视课程资源的开发与优秀人才的培养,这是体现专业建设水准的重要依据。一般认为,专业培养人才,学科做好研究。这虽然片面地将专业建设与学科建设割裂开来,但在很大程度上体现了当前高等教育改革与发展的现状。在许多高校,一提到专业,就会自然地联系到人才培养;一提到学科,就会自然地联系到科学研究。从而,优秀的专业,必定要培养优秀的人才,开发出优秀的课程。可以说,如果一所创业型大学的某门课程能够走出校园,在一定社会区域产生广泛影响,那么,以这门课程作为核心课程的相关专业就有了走向市场的基础。如果在此基础上,还能造就一批卓越的优秀人才,那么该专业就能够产生较大的社会声誉。创业型大学的专业建设[11],就应该面向市场,开放办学,不仅为校内学生提供优质的课程资源,还要能够为社会大众提供教学服务。由此可见,"高质量的课程是科研与教学的交汇点"[12],优质的课程资源体现了学科建设成效。

激活专业,学科建设是前提与基础,课程建设是其载体与体现。对此,高校普遍能够认识到三者之间的关系。但是,如何体现专业的组织建设,则是一个很少有人重视的问题。从目前来看,不少高校在将专业当成实体来建设,导致其适应社会经济迅速变化的能动性极差。这是因为社会对于专业的需求是不断发生变化的,如果专业成为一个实体机构,那么,要撤销或者增设一个专业就有很大困难。创业型大学对于市场的敏锐度应该是最强的,其触角当然首先是专业。专业是由课程组合而成的,不同的课程组成不同专业。要让专业能够便捷地随时调整,以适应社会市场的不断变化,只需学科能有丰富的课程资源作为保证即可,并不需要一个一个的专业实体。一所高校提供的课程门数越多,能够随时组合的专业种类就越多。也就是说,创业型大学应该"做实学科,做虚专业"。这种"做虚",并非专业不重要,而是不主张把专业当作学科一样,建成各种各样的例如教研室、专业中心等实体机构。这就表明,在一所创业型大学中,二级学院与学科组织可以作为实体来建设,而专业这个学术心脏地带则需要做虚。如果一所创业型大学的专业成为坚如磐石般的实体组织,那么所谓的激活专业都不是真正意义上的"激活"。

【参考文献】

[1] 克拉克.建立创业型大学:组织上转型的途径[M].王承绪,译.北京:人民教育出版社,2007:6.

[2] 陈霞玲.创业型大学组织变革路径研究[M].北京:北京理工大学出版社,2015:128-136.

[3] 付八军.大学是市场的主体[J].当代教育论坛,2017(6).

[4] 赵炜,等.跨学科研究组织及个人特点分析:以美国几个跨学科研究中心为例[J].学位与研究生教育[J].2008(4).

[5] 张楚廷.教育管理者的心态[J].当代教育论坛,2016(6).

[6] 储召生.寻找地方高校学科建设的"发力点"[J].中国教育报,2011-04-14(3).

[7] 付八军.大学与人生[M].湘潭:湘潭大学出版社,2013:35-56.

[8] 王伟廉.高等学校学科、专业划分与授权问题探讨[J].高等教育研究,2000(3).

[9] 阎光才.学术共同体内外的权力博弈与同行评议制度[J].北京大学教育评论,2009(1).

[10] 李云中.关于职业教育发展质量和效益的探析[J].当代教育论坛,2006(9).

[11] 刘玉玲.创业型大学背景下探索与专业教育相融合的创业教育体系[J].职业技术,2012(8).

[12] 柯政."双一流"中的课程建设:上海纽约大学的启示[J].中国高等教育,2016:13-14.

创业型大学学术平台建设的现状、经验与路径^①

摘　要:创业型大学的学术平台建设,是一个包括学术生产、学术管理、学术成果转化三大平台建设在内的系统工程。当前,我国创业型大学的学术平台建设既没有体现出学术创业功能的组织特性,亦未能理顺三大平台之间的逻辑关系。在吸收西方创业型大学平台建设经验的基础上,我国创业型大学还需要有针对性地开展三大平台建设,以便帮助教师从传统型转向创业型。在学术生产平台上,全面激活创业型大学的学术心脏地带;在学术管理平台上,全面提升创业型大学服务教师的能力;在学术成果转化平台上,重点谋划创业型大学的优势学科基地。

推动传统型院校向创业型大学转型,关键在于教师从传统型转向创业型。达此目的,创业型大学既要为这种转向提供动力,更要为这种转向提供基本条件。其转型动力主要体现在各种评价激励机制,其条件则主要体现在各种平台建设。当前,国内高举创业旗帜的高校,之所以尚未完成从传统型向创业型的真正转轨,虽然与教师评价激励机制达不到预期直接相关,但我们不能将这些问题归咎于教师的动力不足,而应该从创业型大学提供的配套服务与支撑条件不够来寻找答案。因为在创业型大学,教师的基本职责仍然是教学育人与科学研究,只不过其研究已经从学以致知转向学以致用,将应用性成果作为科学研究的起点与终点。至于延长学术生产链条、推动成果转化,在很大程度上需要作为组织的创业型大学来具体落实。显然,国内创业型大学离这种理想的学术创业愿景仍有很长的距离。在此,本文试梳理国内创业型大学学术创业平台建设现状,再借鉴国外创业型大学的成功经验,重点分析创业型大学本土化需要完善与加强的三大平台建设。

---

①　本文原载《国家教育行政学院学报》2018 年第 9 期。

一、创业型大学推动教师转型的平台建设分析

当前,学界普遍将高校的学术创业平台建设局限于大学科技园区[1]、高科技型企业[2]等。事实上,对于推动成果转化的任何一所高校来说,都需要将学术生产平台、科研管理平台等纳入学术创业平台,只有这样才能实现创造知识与应用知识的完整统一。同时,无论传统型大学还是创业型大学,其学术创业平台建设的探讨都属于新生事物,学界近年才出现一些零星的研究。在激励科技成果转移转化、"大众创业,万众创新"的时代背景下,如果说致力于理论高地的某些传统型大学对此可以无动于衷的话,那么,以学术成果转化作为组织特性的创业型大学则必须关注其平台建设。从调研来看,我国迈入创业型大学道路的高校在学术创业平台建设上存在以下两个问题:

一方面,创业型大学普遍没有体现出其区别于传统型大学且产生实际效果的各种平台。自 2008 年福州大学率先提出建设创业型大学战略目标以来,国内已经有一批公办普通本科院校先后走上创业型大学的道路。十年的探索与实践,这些高校根据建设创业型大学的特别需要,尝试过创新学术运行与管理机制,同时亦建立了一些体现学术创业的组织机构。但是,总体而言,与传统型大学相比,甚至与这些高校在提出创业型大学战略目标之前相比,学术创业平台建设并没有发生根本性变化,更没有体现出预期的平台效益。进入一所冠名为创业型大学的高校,除了能够从其介绍获悉其办学理念的特色之外,我们很难从其组织架构、评价体制、师生文化等看出这是一所区别于传统型大学的创业型大学。为了推进创业型大学建设,在宣传策划、机构改革等方面最为努力的浙江农林大学,亦未收到实际效果。例如,浙江农林大学于 2010 年提出建成国内知名的生态性创业型大学,随后成立全国独一无二的创业管理处。在此基础上,该处出台《浙江农林大学关于鼓励和扶持创业的若干意见(试行)》(浙农林大〔2012〕89 号,简称"创业 15条")、《浙江农林大学学术创业业绩评价与计算办法》、《浙江农林大学知识产权作价入股开展创业的实施办法》等一系创业政策与制度。然而,在传统评价机制不变的前提下,创业管理处的实际影响力度非常小,在很长一段时间内无法找到工作的突破口,成为学校名义上最有特色却缺乏实际内容的一个机构。事实上,学术创业在整个创业型大学内部都没有成为主流,更多的是领导一种前瞻性的规划与行动上的呐喊。这就不难理解,在创业型大学专任教师的调研中,没有人主动提及创业型大学及其各种创业政策,不少

教师甚至认为他们根本不知道也不想去知道什么是创业型大学。[3]

另一方面,创业型大学远未在传统型大学的基础上理顺与协调各种平台之间的关系。创业型大学加快教师从传统型向创业型转向的服务平台建设,并不局限于技术转让办公室、科技园区等常规性的平台建设,还需要从学术生产等基础性平台出发,让教师实现科研转向,最后顺利架设学术生产与成果转化的桥梁。然而,从传统型大学转型而来的创业型大学,不仅体现不出彰显其组织特性的平台建设成绩,更未能对接学术创业目标有效地改造传统的学术平台,导致传统型高校科技成果转化率低的各种问题。例如,"落后的成果转化思维,不合理的高校管理和评价制度,不足的资金投入以及不通畅的信息交流"[4]等在创业型大学同样存在,而且,创业型大学还有诸如传统学术组织的双重目标冲突、学术生产平台与学术管理平台联系不密切等新问题。对于创业型大学来说,科学研究是手段,成果转化才是目的。在评价某个二级学院或者某位教师的科研业绩时,重点在于考量其成果转化业绩,科学研究是实现应用性成果转化的基础性工作,是教师获得学术共同体认可的基本途径,不需要学校从考评的角度特意强调。然而,国内创业型大学每年在考评各个二级学院时,一方面将师生学术创业业绩纳入指标体系,以体现创业型大学组织特性,另一方面又要按传统科研评价标准来考评科学研究业绩,以避免学校游离于现有大学生态系统之外,导致基层学术组织的主要目标模糊不清。更重要的问题在于,二级学院创业型教师研究出来的应用性成果,无论在校级层面还是院级层面的学术管理平台,都没有机会协助教师将应用性成果推展出来,"缺乏专业人员提供专业的技术转移转化服务[5]",导致应用性的学术生产平台与传统型的学术管理平台相脱节。

二、西方创业型大学加快平台建设的经验借鉴

创业型大学是美国两位学者伯顿·克拉克(Burton R. Clark)和亨利·埃兹科维茨(Henry Etzkowitz)根据各自观察的对象而创设出来的一个概念。两位学者观察的对象不一样,他们各自对创业型大学的理解亦不尽一致。克拉克主要以欧洲的教学型院校例如英国的华威大学作为考察对象,讲述这些院校如何通过强有力的驾驭核心、拓宽的发展外围、多元化的资助基地、激活的学术心脏地带、一体化的创业文化五个要素[6]走向创业型大学。埃兹科维茨则以美国的研究型大学例如MIT和斯坦福作为考察对象,论证了由这些院校转型而来的创业型大学是一种"延续中世纪保存和传播

知识的机构进而发展成为创造新的知识并将其转化到实际应用中去的多功能机构"[7]。我国后发型高校在借鉴西方创业型大学的成功经验时,需要结合中国的实际情况实现创业型大学的本土化改造。当前,从中国创业型大学的十年实践来看,商业化、企业化模式的创业型大学并不适应我国的实际,基于创造性人才培养与科研成果转化的历史使命与社会责任,关注创业型大学的社会贡献度[8],才是我国创业型大学本土化建设的前进方向。事实上,MIT 和斯坦福等创业型大学,并没有以学校名义创办企业,也没有鼓励教师在岗创办实体企业,而是以专利转让、技术入股、顾问咨询、社会培训等"软活动"[9]作为学术创业活动形式。因此,本文认为,我们应该重点从以下三个方面借鉴西方创业型大学的平台建设经验。

其一,淡化科研业绩考核,鼓励教师自由探索。在美国大学的学术生产平台上,教师同样承受较大的科研压力,"不出版,即死亡"或者"不出版,即出局"不同程度地存在于美国不同类型的高校。尤其那些高水平的研究型大学,教师往往被要求获得社会资助,需要从政府那里申请科研经费。例如,21 世纪初期,斯坦福从政府那里获得的科研经费占到其全年收入总量的36%,MIT 则高达 50.9%。[10]可见,科学研究仍然是美国大学教师的生存法则之一。但是,美国大学普遍没有像我国一样对教师开展如此频繁的量化考评,更没有将教师取得的每一项科研业绩直接兑现成物质收入。在美国,大学教师的收入按照不同岗位相对稳定下来,年终也没有什么科研奖励,教学是大学教师神圣的使命,科研则是大学教师提升自我的自觉行为。美国大学教师要求申报政府课题,其出发点在于鼓励探索,允许失败,比我国大学教师申报政府项目要宽松得多。例如,"联邦政府的国防研究采用广泛播种、自由研究、分批选择、重点培育的方式,可以使大面积的大学教师受益。……未研究出成果的也不受任何追究"[11]。在这种科研氛围下,创业型大学教师就可以结合学科专业开展应用性研究,在一种自由探索的状态下实现学术业绩提升与科研成果转化的双重目标。

其二,不断优化 OTL 运作,协助教师转化成果。先有创业型大学的实践,后有创业型大学的概念。无论 MIT、斯坦福还是华威大学,这些大学在致力于学术成果转化或者学术资本运作过程中,并没有将自己定位于创业型大学。与其他高校相比,这些高校的教师仍然一如既往地从事自己的教学育人与科学研究活动,只不过实现了研究由纯粹科学向应用科技的转向。至于作为创业型大学组织特性的研究成果转化或者说"学术创业"[12],在很大程度上是由学校协助完成的,其途径之一便是完善科研管理平台,建设科技成果转移转化机构。例如,第二次世界大战之前,MIT 就组织教师开展专利申请,"专利申请办公室"一度成为学校协助教师转化成果的重要科研管理平台。不过,斯坦福大学于 1970 年首创的技术许可办公室(the Office of Technology Licensing,OTL),基于"转化成果造福社会而非为学校创收"的设置目的,成为高校科技成果转移转化和知识产权管理模式的"黄金标准",被越来越多的高校尤其创业型大学效仿与学习。OTL 的创设者尼尔斯·赖默斯(Niels J. Reimers)曾被邀请前往 MIT 指导该校的成果转化工作,以致 MIT 的"专利申请办公室"于 1986 年更名为"技术许可办公室"。现如今,MIT 的 OTL 每年有约 500 项发明披露,同时吸引社会各界人士例如天使资本家、企业经营家等投资大学研究。

其三,注重园区特色建设,营造师生创业氛围。大学科技园区创业平台是促进产学研、科技成果转化、培养创新创业人才的平台,是高新技术企业的孵化器。[13]西方创业型大学结合自己的学科专业特色,有意识地打造科技园区平台,在这方面做得极为成功的便是斯坦福的"硅谷"工业园区。斯坦福利用自己广阔的土地资源于 1951 年创办工业园区,后来改为研究区,在此基础上发展成为世界各国效仿的科技产业区楷模——硅谷。硅谷以信息技术作为园区特色,最后发展成为 IT 业的圣地麦加。又如,美国的波士顿 128 公路模式,作为世界上著名的电子工业中心,该高新科技园区正是依托 MIT 发展起来的。这些高新科技园区,既是"大学生创业意识的梦工厂,创业实践的试验田,自主创业和成功创业的关键性平台"[14],也是培育教师创新创业观念、促进科技成果转移转化并最终推动大学转型的支撑性平台。

三、教师从传统型转向创业型的三大平台建设

不同于华威大学、MIT 与斯坦福等被克拉克和埃兹科维茨两位学者分别称为创业型大学,我国的创业型大学是那些后发型高校自我设定的办学理念或者奋斗目标,尚处在从传统型到创业型转向的过程中,甚至在多年的建设中并未取得实质性进展。从平台建设角度而言,正视我国创业型大学平台建设的问题,学习西方创业型大学平台建设的经验,结合国情校情研制并实施我国创业型大学平台建设路径,正是推动教师走出传统型、加快大学转向创业型的重要举措。

(一)在学术生产平台上,全面激活创业型大学的学术心脏地带

"激活的学术心脏地带"是克拉克在论述创业型大学建设时提出的五大

要素之一,其内涵指向"传统的学术价值观扎根最牢固的地方"[15]。实际上,这正是本文所谓的学术生产平台。我国高举创业型大学旗帜的高校,根据领导个人的理解以及学校自身的优势,从不同的方面来认识与激活创业型大学的学术心脏地带。例如,齐齐哈尔工程学院提出了坚定不移地探索"学校品牌靠专业,办学经费靠专业"的创业型大学建设之路,将学术心脏地带定位在专业。该校新设一个专业,就会同时兴办一个企业,确立了"开一个专业、办一个实体、兴一份产业、创一个品牌"的专业建设原则。"专业主要是一个教学单元,该校开展专业创业的主要目的在于解决教学中的实习实训问题,院系学术力量尚未在大学的专业创业活动中得到发展。"[16]但是,随着学术创业活动的推进以及办学实力的不断提升,该校的学术心脏地带自然要由专业延伸到学科,再而扩展到整个大学。可以说,传统型高校在向创业型大学转型过程中关注某一个方面,只是一种策略或者手段,最终目标应该是全面激活创业型大学的学术心脏地带。在此,以某创业型大学激活学术心脏地带的创新做法为例试做说明。

一所大学的二级学院架设,可以体现该校的办学理念。作为创业型大学的践行者,需要改变传统上按照学科尤其是传统基础学科命名的方式来架设二级学院。例如,某高举创业型大学旗帜的普通本科院校,其二级学院的架设与其办学理念不尽一致,既有面向行业设置的二级学院,也有大量以传统理论学科命名的二级学院。该校如此设置二级学院,主要还是缘于改革的阻力,不能按照创业型大学的理想方案重新架构。为了绕开这种阻力,该校根据全校应用性的优势学科确定了十大领域,准备在校级层面上建设十大研究中心。这些中心与各个二级学院并列平行,互不隶属,各有重心,分工合作。在理论预设上,中心主要负责科学研究,科研成果统计都归中心,并致力于学术成果的转化;二级学院主要负责教学育人,在评价这些学院的工作业绩时,无须考虑科学研究、成果转化等工作。这种改革模式,在全国尚属首创,也蕴含办学理念,但是在实践中受到诸多现实因素的制约。例如,各个中心的研究人员同时属于二级学院的专任教师,双重管理会产生新的矛盾与冲突;同时,无视二级学院的存在而大量设立校级实体研究中心,不符合创业型大学追求效益的办学原则。事实上,创业型大学的二级学院,同样是富有活力的学术心脏地带,不仅能够通过专业建设培养应用型创新人才,服务社会经济发展,而且可以组建跨学科研究中心,面向市场需求开展跨学科研究,致力于学术成果的转化。

激活创业型大学的学术心脏地带,亦即激活创业型大学的学术生产平台,首先要合理规范二级学院的架构,让富有学术创新精神的学科性研究中心甚至学科性公司依托二级学院,而不是大量在二级学院之外另起炉灶。可以说,只要激活了学院,也就激活了相应的学科,最终激活一批专业。我国那些致力于创业型大学建设的地方普通本科院校,在办学经费上普遍并不宽松,根本无力支撑大量重复的实体建设。其次要借鉴西方创业型大学的成功经验,淡化论文论著、课题奖项等科研业绩量化考核与过度激励,在不断提高教师岗位津贴的基础上实现大学教师的科研转向,面向社会需求开展应用性研究。最后,正如创业型大学需要根据"做好规划,激活学院;基于学院,激活学科;依托学科,激活专业"原则将学科建设、专业建设与课程建设统一起来一样,创业型大学教师亦需将科学研究、教学育人与学术创业三者有机统合起来,走出此消彼长、冲突对立的窠臼,实现共生共融相得益彰,达到"1+1+1>3"的效果。

(二) 在学术管理平台上,全面提升创业型大学服务教师的能力

一所推动科研成果转化的大学,进行成果统计、上报与评价,也就是甄选优秀成果、发布成果供需信息、推动成果转化。如果将这样本来密不可分的工作,或者说现代科研管理的整体工作,分裂开来,交给两个相对独立的组织,那么,这就大大浪费了高校的人力、物力与财力,降低了科技成果的管理、转化与应用效率。当成果统计等传统职能与成果鉴定、转化等新型职能两者统一起来之后,创业型大学的科研管理平台到底如何具体运作,怎样才能提升创业型大学服务教师的能力,在很大程度上取决于科研管理平台的服务内容与运行机制。事实上,这里的科研管理平台,从某个角度来说,其内涵已经发展成为科研服务平台。从科研服务涉及的几个主要工作来看,创业型大学应该加快并完善以下几个平台的建设,将他们统一到科研管理平台之中来。从这些更为具体的服务平台,我们可以看出科研管理平台的服务内容与运行机制。

1.成果统计平台。传统的高校科研管理部门,实际就相当于一个成果统计平台。创业型大学在进行科研成果统计时,不只是开展成果的登记与审核,还要特别关注成果的应用性披露。尤其在统计专利技术成果时,更要较好地指导教师完成应用性说明表格的填报。为了避免基本信息披露出来的成果被别人窃取,创业型大学教师公开发表的应用性成果,可以从成果转化后的成功经验或者教训出发进行总结与分析,保留关键环节,在成功的实践面前,这样的论文同样具有重大的科研价值。当然,创业型大学成果转化的重要目的正是服务社会,其转化本身就是最大的目标,从而创业型大学不

应该局限于过于保守与狭隘的学术生产观。

2. 成果供需平台。在成果统计的基础上,创业型大学科研管理部门要重点建设成果供需平台,既要把教师拥有的应用性成果信息及时发布到展示平台,尤其是专利产品的披露,又要将社会各界与本校科技领域相关的研发需求及时介绍给学校各个学院的研究中心和科研人员。正如有文指出的,"建立科技成果供求的快速对接窗口,自然而然地促进了科技成果的产业化应用"[17]。创业型大学在建构成果供需平台时,要特别注意到这样两个问题:其一,充分利用政府等各种社会组织搭建的平台。例如,在实施"蓝火计划"、谋划"海桥计划"的同时,教育部科技发展中心正在设计和准备实施建设"全国高校产学研公共服务平台"(简称"两计划一平台")。[18]其二,这个平台应该是动态的、有活力的,加强深度调查研究,为各个研究中心以及学校决策提供信息或者政策咨询。在考评这个平台的工作业绩时,关键要看各个学院教师对其满意度以及平台发布信息的有效性、实效性。

3. 成果鉴定平台。当学校确认某项科研成果具有极大的市场前景,对学校学术平台的提升、社会声誉的扩展、创造性人才的培养都具有极大的积极意义时,创业型大学可以考虑直接创办学科性企业,也可以以创业基金的名义让渡给教师。因此,创业型大学要对某些科研成果进行鉴定,以便由学校直接转化或者给予资助。创业型大学在组织专家鉴定重大应用性科研成果时,必须客观公正,宁缺毋滥,监控经费使用进程,密切关注转化动向。对于我国的创业型大学来说,学术创业的着眼点不在于筹措办学经费,而是推动学术成果转化,服务社会经济发展。从而,哪种方式有利于实现成果转化,创业型大学就应该采取哪种方式。从普遍性的规律来看,私营性质的企业比国营性质的企业更有效率,从而这种学术成果更适合由生产者个体而不是学校集体来转化。

4. 财务管理平台。在成果转化过程中的风险分析、预算评估等许多工作,是学校财务管理部门难以应对的事情,从而需要在科研管理平台内部设立财务管理平台。例如,某位教师将自己的科研成果转让出去,委托学校科研管理部门寻找需方并评估其转让价值,这种工作就落实到该部门财务管理平台,体现了一定的专业性与专职性。创业型大学在创建初期,或许财务管理平台的重要性体现不出来,零碎的相应工作要么在科研管理部门的其他岗位中同时承担,要么在学校的财务部门中直接进行。但是,当创业型大学真正成熟起来,越来越多的大学教师能够转化自己的学术成果,越来越多的社会组织向学校寻找科研支撑,那么,财务管理平台的重要性就会凸显出来。事实上,对于创业基金的投资风险监控与过程监督,基本上属于财务管理平台的职责。

5.法律服务平台。知识产权问题将成为创业型大学的重要问题。一方面,创业型大学要维护教师的利益,保护他们的知识产权不受到侵犯,并能在他们被侵权后进行正当的维权;另一方面,创业型大学也要注意到教师侵犯别人知识产权的行为,尤其在后果发生之后,能够从法律角度为教师提供专业服务。在高校司法案例越来越多的背景下,不少高校聘请了法律顾问。那么,创业型大学的法律服务平台是作为科研管理部门的一个常设机构,还是与其他机构合而为一,或者不作为实体而存在,这可视情况而定。一般而言,创业型大学设立的法律服务平台,远远不只是以上内容,还需要为科研管理部门提供坚强的法律支撑和保障。例如,制订规章制度与工作流程;为重大决策提供法律咨询服务,确保决策有法可依;解决法律纠纷,代理诉讼和仲裁事务等。

6.信息咨询平台。一所传统型高校转型为创业型大学,在将科学研究的指针从"发表"转向"应用"之后,必定有大量的教师前来咨询转化情况,使得信息咨询平台在创业型大学的重要性凸显出来。但是,在我国创业型大学建设的初期,绝不意味着建立一个独立部门,也不可能重新建立一个部门。就像某些高校设置的学生事务中心一样,其本意是想在作为管理职责的学工处之外,再设立这样一个体现服务职责、淡化官本位的学生事务中心,主要承担信息咨询等事务,最后证明该种机构设置方案归于失败。创业型大学的信息咨询平台,并非独立的实体机构,而是由科研管理部门的综合办公室兼任此项平台服务功能。当有教师前来咨询且无法解答时,则再由办公室人员引导他们找到相应的业务工作人员。

(三)在学术成果转化平台上,重点谋划创业型大学的优势学科基地

推动大学转型,关键在于教师转型。实现教师从传统型转向创业型,我们不仅要在教师选聘上把好入口关,在评聘机制上把好方向关,还要在平台建设上把好服务关。创业型大学的平台建设,是一个以学术生产平台为基础、科研管理平台为重心、科技园区平台为支撑的系统工程。在研究大学学术创业尤其是创业型大学的各种文献中,普遍较多地关注科技园区平台的建设,而忽略对学术生产平台与科研管理平台的探讨。同时,学界对于科技园区平台的研究,总体上还处于初探阶段。[19]基于我国现有高举创业型大学旗帜高校的实际情况,本文认为推进创业型大学的园区平台建设需要关注两个方面。

一方面,在物理空间上打造创业型大学的优势学科基地。目前中国的创业平台主要有以下几种类型:活动聚合型、培训聚合型、媒体驱动型、投资驱动型、地产驱动型、产业链服务型、综合服务型。[20]大学的高新科技园,普遍属于综合服务型,提供了完善的配套服务。但是,那些从地方普通本科院校转型而来的创业型大学,在建设物理空间的科技园区平台时,其综合服务型的园区模式不仅体现在配套服务上,还体现在广泛设立的学科领域上,使得这个缺乏平台身份优势的园区难以体现其独特性与不可或缺性,最后自然难以在科技产业市场中脱颖而出。当前国内致力于创业型大学建设的地方本科院校,在科技园区平台建设上不应该贪多求全,而是集中力量发展一种最有市场潜在价值又能彰显学校优势学科的科研项目。只有把这种学科领域的科技产业做出品牌之后,创业型大学的科技园区建设才能逐渐向相关科技领域迈进,最后形成既在配套服务上又在学科链条上均完整的综合服务型科技园区。

另一方面,在虚拟空间上打造创业型大学的优势学科基地。当前,无论国内的创业型大学还是重视科技成果转化的研究型大学,普遍都关注到了物理空间的科技园区平台建设。正如有文指出的,在政策红利的驱动下,各地的"众创空间"一时间遍地开花。[21]但是,我国那些勇于探索创业型大学道路的高校,有些地处物理空间资源极为有限的中心城市,加上办学经费有限,很难建设传统意义上的现代科技园区平台。在这种情况下,创业型大学应该创新空间布局观念,向具有无限发展可能的虚拟网络平台出发,按照自身优势学科打造学术创业实践平台。从未来科技变革趋势来看,这将不只是创业型大学科技园区平台的空间转换,更将成为学术创业史上的一场革命。"云创业平台",正是该种革命的重要形式。"云创业概念的出现,使创业活动不再是资金、技术和少数精英的游戏,而是通过'E'的手段,把创业变成了在任何地方、任何人可以做的任何事情。"[22]

【参考文献】

[1] 申屠江平.高校创新创业平台建设的问题与对策[J].中国成人教育,2012(20):59-61.

[2] 戴丽昕,盛酉红.打造"研究所+"高科技创业平台[J].上海科技报,2016-08-24(2).

[3] 付八军.国内创业型大学建设的路径比较与成效评析[J].高等工程教育研究,2016(6):53-57.

[4][17] 李丹,张杰.浅淡高校科技成果转化中的服务平台建设[J].云

南科技管理,2013(6).21-24.

[5] 游振声.美国研究型大学学术创业模式研究[M].重庆:重庆大学出版社,2017:291-292.

[6][15] 克拉克.建立创业型大学:组织上转型的途径[M].王承绪,译.北京:人民教育出版社,2007:3-4、6.

[7] 埃兹科维茨.麻省理工学院与创业科学的兴起[M].王孙禺,袁本涛,等,译.北京:清华大学出版社,2007:13.

[8] 付八军.学术成果转化:创业型大学教师的历史使命[J].教育发展研究,2017(7):64-69.

[9] COHEN. Links and impacts:the influence of public research on industrial R&D[J]. Management Science,2002,48(1):1-23.

[10] 李勇,闵维方.美国研究型大学经费来源与支出结构的特征分析与启示[J].中国高教研究,2004(3).56-59.

[11] 杨兴林.美国大学管理精粹管见[J].高校教育管理,2015(1):63-70.

[12] 夏清华.学术创业:中国研究型大学"第三使命"的认知与实现机制[M].武汉:武汉大学出版社,2013:179.

[13] 刘洋.大学科技园区创业平台运行机制研究[D].哈尔滨:哈尔滨工业大学,2013:1.

[14] 宋江洪,等.依托大学科技园构建大学生创业平台[J].中国高校科技,2014(1).112-113.

[16] 陈霞玲.中国创业型大学建设的实践与分析[J].国家教育行政学院学报,2015(11):25-29.

[18] 李建聪.建设"两计划一平台"推进高校科技成果转化[J].中国科技产业,2015(7):88-89.

[19] 郝红军,刘洋.大学科技园区创业平台机理研究[J].科技与管理,2013(2):111-114.

[20] 吴霁虹.创业平台成功的三大法则[J].中外管理,2015(11):38-41.

[21] 杨筱卿.创业平台,赢在"软实力"[J].中外管理,2015(11):56.

[22] 李占平,等.高校大学生创新创业教育新模式:云创业平台模式研究[J].国家教育行政学院学报,2012(11).12-15.

创业型大学本土化的实践误区①

摘　要: 创业型大学的时代价值不体现在办学经费的筹措,而是知识生产模式的转换、研究成果的转移转化以及创造性人才的培养,以直接筹措经费作为主导目标的创业型大学建设路径不合国情。人才培养是大学的底线与红线,注重学术创业的创业型大学更加容易触犯这条底线与红线,其人才培养自然更受社会各界关注。无论基于哪个角度、通过哪种渠道、凭借哪种方法来推动大学向创业型大学发展,都必须抓住一个关键,那就是推动教师从传统型转向创业型。我国创业型大学本土化实践已经多年,令人遗憾并值得担忧的是,教师转型问题迄今未受应有重视且未见成效。

改革开放 40 年来,中国对西方先进思想的吸收并不落伍。"创业型大学"(entrepreneurial university)于 20 世纪末一经诞生便被引入中国,并于21 世纪初期催生了一批明确以创业型大学作为战略目标定位的公办普通本科院校。2008 年初,福州大学高举创业型大学旗帜,明确提出要走区域特色创业型强校之路,成为国内第一所正式提出创业型大学战略目标的公办普通本科院校。随后,南京工业大学、浙江农林大学等普通本科院校先后提出了创业型大学的战略目标定位。2015 年 4 月 24 日,临沂大学党委会研究通过了"全国知名、区域特色鲜明的创新创业型大学"的办学定位。与此同时,国内还有大量没有将创业型大学作为战略目标定位而明确提出,但被学界作为创业型大学实践案例而予以研究的公办普通本科院校。例如,有文说,早在 2005 年,复旦大学就宣布建构创业型大学,把大学的学术成果与产业发

---

①　本文与南京大学龚放教授合作,原载《江苏高教》2019 年第 1 期,详见《创业型大学本土化的中国模式研究》(中国社会科学出版社 2018 年版,第 106 至 118 页)。龚教授认真审读文章,在南京工业大学当前发展战略定位、学术知识生产模式转变等方面提出了很多中肯意见。例如,相对于书稿而言,原文特别增加了这样一条:在欧阳老校长当年的副手乔旭于 2017 年主理校政之后,南工大再度拨正航向,确认建设"创新创业型大学"的发展方向。

展结合起来（刘振亚，2014）；不少学者将清华大学、浙江大学、华中科技大学作为学术创业典范的中国特色创业型大学，并对三者的学术创业模式进行了比较分析（刘叶、邹晓东，2014）；有文认为同济大学正在致力于创业型大学建设，并被推为国内创新创业教育的先行者（喻娟，2015）；有文认为，温州大学受永嘉学派"经世致用""工商皆本"等思想的影响，正推动学校向创业型大学的方向发展（辛琳琳、张爱丽，2015）……至于明确定位于或者被学界归属于创业型大学的民办本科院校与高等职业技术院校，就更多了。但是，创业型大学的中国实践尚未取得突破性进展，甚至某些高校在建设过程中更改了创业型大学的办学定位。在"双创"时代背景下，创业型大学亦未成为中国高等教育改革与发展的时代主题。导致该种状况的原因固然多种多样，但与创业型大学本土化的实践误区不无关系。历经十年的探索与实践，我们驻足反思创业型大学本土化的实践模式，梳理出我国创业型大学本土化建设的三大实践误区。

一、在建设动因上，以直接筹措办学经费而不是转换知识生产模式作为主导目标；

二、在中心工作上，无视知识传授方式的转换体现不出创业型大学人才培养的特殊性；

三、在转型路径上，未能从变革传统的考评体系角度来推动创业型大学教师转型。

第四部分

创业型大学应用转向研究

本部分收录了 10 篇论文,主要基于创业型大学追求学术应用、应用学术的视角,提出了中国建设创业型大学的内外部两个着力点,分析了创造性人才、创造性教育与创业型大学的内在联系,在面向市场办学、学科建设方略等方面亦开展相关探索与思考,尤其论述了应用型大学的精神实质、队伍建设、成果转化等基本问题。在本部分的最后一篇论文中,通过比较地方院校与国内顶尖研究型大学的经费结构,进一步论述了致力于创业型大学道路的地方本科院校,要以应用转向作为手段,提高学术的应用性、实效性与针对性,逐步建成有中国特色的创业型大学。并不是世界上所有的创业型大学都要以应用型大学作为第一个发展阶段,但创业型大学的中国道路必定要以应用型大学作为第一个转型目标。

创业型大学是最为彻底的应用型大学①

20 世纪 90 年代末，创业型大学理念传入中国。21 世纪初，国内就有一批高校举起了创业型大学旗帜。例如福州大学、南京工业大学、浙江农林大学等，先后都提出了建设创业型大学的战略目标。2015 年，国家号召地方本科院校向应用（技术）型大学转型。在这种情况下，那些本来就强调应用取向的创业型大学，是否也要再度更换办学定位，瞄准应用型大学的战略目标呢？应该说，创业型大学正是踩准了国家建设应用型大学的节奏，反而可以在办学类型多元化的政策环境中获得更为有利的条件，甚至那些从学术型奔向应用型的本科院校，加快进一步转型与发展的步伐，便是迈上创业型大学的征途。

一、应用型大学的灵魂在于学以致用

应用型大学是一个笼统的概念，既包括应用技术型大学，也包括创业型大学，还包括各种致力于应用型人才而不是纯粹学术型人才培养的大学。我国推进应用型大学建设，可以从全球现有应用型大学中寻找参照物。例如，在德国的高等教育体系中，应用技术大学（FH）占有半壁江山，与综合大学一起形成了并立的两大支柱；而且，应用技术大学的就业率，始终高于其他高等教育类型的毕业生。随着 1999 年"博洛尼亚进程"的推进，德国应用技术大学也将逐渐从本科、硕士发展到与国际通用的完整的三级学位制。又如，在我国台湾的高等教育体系中，高等职业技术教育与普通高等教育是平行且平等的两条轨道，都可以从本科、硕士通向博士研究生教育。

综观世界各国各地的应用型大学，再结合学界的各种理论见解，我们会发现，应用型大学的共同特点，就是贯彻学以致用的知识观。可以说，应用

---

① 本文原载《中国教育报》2016 年 8 月 15 日第 3 版，原题为《创业型大学是最为彻底的"应用型"》。

型大学的灵魂,正是学以致用。确实,不强调应用目的的学习,无论从社会抑或个人来说,都是没有效率与效益的。人类之所以能够从茹毛饮血的原始社会走出来,享受今天高度现代化的生活与工作,正是依靠应用型的科学技术。从莘莘学子奋力拼搏的第一追求目标来说,大都是为了获得谋生立世的应用性知识与技能。从人的主观能动性来看,人与外部世界的关系,不外乎是认识世界与改造世界。然而,认识世界的重要目的,正是为了改造世界。在实现知识应用、积极改造世界的过程中,人们同样能够享受发现、行动与过程本身的乐趣。因此,倡导学以致用的大学学术观,必定成为高等教育的主旋律。

二、创业型大学的特性在于成果转化

每一种事物,都有自己的特性。创业型大学的特性,要从其与教学型大学、研究型大学等其他类型的大学比较中来。相对于其他类型的高校,创业型大学最显著的特征就是强调学术资本转化,简称成果转化。对于这个命题,无论是从作为创业型大学理论鼻祖之一的亨利·埃兹科维茨的论述中,还是在众多场合极为推崇创业型大学的国内知名人士的表述中,都可以找到理论支点。笔者之所以明确提出这个命题,则在于任何一种新型大学的诞生与发展,是基于其历史使命而不是赢利动机,推动知识形态的学术成果向现实生产力转化,而这正是创业型大学的历史使命。离开这一点来谈创业型大学建设,都是没有抓住创业型大学的实质。作为世界上第一所成功的创业型大学,MIT 之所以具有强劲的生命力并被视为现代大学发展的标杆,根本原因在于其在成立宪章中确立并有效践行的办学宗旨:协助科技进步,并且积极推进科学研究的商业应用。

或许我们会认为,现代大学的三大职能之一,正是直接服务社会,并且不少传统型大学同样在积极推动学术成果转化,从而否定以学术资本转化作为创业型大学的组织特性。应该说,在传统的学术型高校,虽然强调了成果转化,增加了社会服务的职责,但是,这仅仅是被动适应社会发展的产物,而且远远没有像教学、科研一样,成为学校的中心工作。只有创业型大学,才将成果转化提到学校战略发展的高度,提到学校中心工作的方位,成为继教书育人、科学研究之后的又一个中心。而且,在创业型大学,科学研究仅仅是一种手段,人才培养与成果转化才是目的。正因为此,笔者才提出创业型大学的两个着力点:内部着力点在于培养创造性人才;外部着力点在于实现成果转化。

三、成果转化是最为彻底的学以致用

学以致用只是强调了知识的应用取向，从而要求在大学贯彻应用性知识的传承，以力求培养应用型人才。但是，这种应用性知识，是否真的具有应用性，能否适应市场需求，却难以通过文字来检验。正如实践是检验真理的唯一标准一样，只有实现成果转化，才能最好地验证应用性知识的适应性与生命力。例如，一位大学教师宣讲提高某经济作物产量的研究成果，如果仅仅停留在理论层面，虽然亦属于应用性知识，但若缺乏成果转化这个实践基础，那么再有可操作性的育种或者栽培方法，都是缺乏力度的。因此，从学以致用的学术观，到成果转化的学术观，经历了实践检验这个重要的环节，成果转化成为最为彻底的学以致用。

对于当前我国推进应用型大学建设来说，要让学以致用的学术观真正落到实处，真正成为这些院校转型的重要指针，可以让一大批面向技术、工程、行业的地方应用型本科院校转型成为创业型大学。在创业型大学，大学教师将会从现实世界而不是书本世界出发来研究问题，力求推动成果的实际应用，并以这种有用、可用的学术成果武装学生头脑，实现认识世界与改造世界的统一。可见，创业型大学必定属于应用型大学，而且是最为彻底的应用型大学。

创业型大学的内部着力点在于培养创造性人才①

创业型大学这个概念在 20 世纪 90 年代末引入我国,到 21 世纪初期,国内有一批高校明确提出了建设创业型大学的战略目标。但是,对于创业型大学到底是什么样子,什么样的大学才能称为创业型大学,创业型大学所要实现的目标是什么,如何建设成为创业型大学,等等,学界并不是十分明晰。普遍认为,创业型大学,无非是贯彻学术资本化,在办学经费短缺的条件下,将高校科研成果引入市场,为高校获得物质支撑。应该说,这是欧美国家创业型大学诞生的动力之一,但远远不是创业型大学的本质要求与全部内容。在建设创业型大学的热潮中,必须明确创业型大学的内部着力点在于培养创造性人才。对此,我们可以从三个方面来理解:

一、人才培养是大学的内在规定

大学为培养人才而设,没有人才培养的需求,就不会出现大学。随着高等教育与社会的关系日益密切,大学的功能走向多元化,由过去单一的人才培养职能,走向教学育人与科学研究并重,后来又在致力于利用其独特资源直接服务社会。但是,无论大学承担多少种社会角色,肩负几重社会责任,培养人才却是大学永恒的历史使命,也是大学区别于其他学术组织的特有属性。

事实上,科学研究与服务社会,都是高校培养人才的重要途径,甚至可以视为基本途径。从科学研究来看,科学研究是源,教学服务是流,没有一流的科研成果,就不可能出现一流的教学质量。大学教学,必须以科学研究为基础,这是人才培养的一条基本规律,是不容置疑的。至于教学与科研的矛盾,更多的在于两者的内容结合度不强以及工作投入比不当。从利用自身的学术优势直接服务社会来看,这正是大学培养人才的一条特殊途径。

---

① 本文原载《中国教育报》2012 年 3 月 26 日第 6 版。

如果说中小学生是由老师教出来的,那么大学生是跟随老师"游"出来的。大学教师们带着学生做项目、搞研发、开展调研等,就是培养专业人才的有效途径。

遗憾的是,在高等教育功能多元化、科学研究功利化以及教育质量评价模糊化的今天,许多高校迷失了方向,不知道大学到底是干什么的。正如纪伯伦所言,我们已走得太远,以至于我们忘了为什么出发。在高校的三大社会职能中,教学育人职能日益弱化,科学研究成为主导目标,服务社会着眼于经济效益而不是人才培养。这种办学逻辑,无法办出一流大学。世界上自古至今的著名大学,无不是因为造就了杰出人才而享誉全球的。尽管达此目标的起点有多个、路径有多条,但是,不能深刻领会与坚决贯彻人才培养是大学的内在规定,理想的大学就会离我们越来越远。

二、创业型大学必定培养创业型人才

理解大学的基本使命在于人才培养,对于建设创业型大学非常重要。因为创业型大学诞生在高等教育财政紧缩以及知识经济曙光初显的时代背景下,解决高校办学经费紧张成为其主要办学动因之一。在这种价值观的支配下,创业型大学很容易步入以创业致富作为主导目标的轨道,偏离大学的存在依据与中心工作。因此,我们必须深刻认识大学的本质与基本使命。只有这样,我们才可以非常果断地肯定,无论因何而建的创业型大学,无论走向何方的创业型大学,只要属于大学,必定以培养人才作为基本职责,作为学校的第一个中心工作。

虽然同样以人才培养作为中心工作,但是,相较于传统大学来说,创业型大学培养的人才应该有所区别。这才是创业型大学人才培养的特性,也是创业型大学建设成效的体现。那么,创业型大学培养的人才有何特点?显然,既然以创业标识着大学的身份类别,那么,这样的大学就是一所创业文化浓厚的大学,这里走出来的学生应该具有一种创业意识、创业精神以及一定的创业知识、创业能力。在此,我们可以将这种具有创业潜质的大学生群体称为创业型人才。如果一所致力于创业型大学建设的高校,培养出来的学生不具备一定的创业潜质,那么,我们就很难说该所高校已经迈入创业型大学的行列。

三、创业型人才不等于创业工作者

创业型大学必定培养创业型人才,也必定出现且应该出现部分学生毕业后从事创业活动,但是,这并不意味着不同学科不同类型的所有毕业生都从事创业活动。可以说,创业型大学培养出来的创业型人才,不等于创业工作者,只是表明这些人才具备创业潜质。因此,评价创业型大学的人才培养质量,除了一定比例的学生创业实践这个量化标准外,更主要的是从创业潜质的角度评价人才培养的类型与水平。

所谓创业潜质,是指从事创业活动的潜在素质。在新的历史条件下,这种创业潜质主要体现在三个方面。一是分析能力,即判断哪种创业活动最值得做,能够做到什么程度,采取什么形式能够做得更好,等等,在市场竞争白热化的今天,这种能力最为重要;二是协调能力,创业活动是一项复杂的实践活动,需要与许多单位与个人打交道,协调各个方面的关系,可以说,能够处理好这些关系,也就能够开创一项事业;三是创业激情,社会上不乏具备创业素质的人才,但他们大都因为缺乏创业激情而远离创业活动,创业激情类似于火烧赤壁中的"东风",属于创业潜质中最不需要花太多时间学习但最能引发创业活动的要素。

应该说,创业型大学培养学生的创业潜质,最需要且最值得花时间的还是创新能力,或者说创造能力。有了这种能力,学生自然会形成较强的分析能力,在完善个性以及学好技术性的交流工具之后,自然就培养出了协调能力。至于创业性的相关知识,则是在短期内可以获得的。可见,创业型大学培养创业型人才,关键在于培养学生的创业潜质,重点在于发展学生的创新或者说创造能力。

创业型大学的外部着力点在于实现成果转化①

　　作为一种高校类别与身份标识,创业型大学最早出现在欧美发达国家。至于其原因,主要有两个:高等教育财政紧缩与知识经济曙光初显。一方面,大学面临财源紧缩,依赖政府资助的渠道越来越窄;另一方面,大学具有得天独厚的学术资本,知识经济曙光的降临为大学实现学术资本的市场化提供了契机。于是,在内外部因素的推动下,创业型大学首先在欧美发达国家诞生。从这里可以看出,创业型大学的发展逻辑之一就是不断推动学术成果的转化,然后从市场上获得相应的物质与信息资本,进而开展新一轮的学术生产与成果转化。显然,如果说创业型大学的内部着力点在于培养创造性人才,发掘学生的创业潜质,那么,创业型大学的外部着力点就在于实现成果转化,服务社会的进步与发展。对此,我们可以从以下几个方面进一步分析与阐述。

一、知识有价是实现成果转化的理论基础

　　在我国,建设创业型大学并不是一帆风顺的,有着多重阻力。其中最大的阻力之一便是思想观念问题。在许多人看来,致力于学术成果市场化的商业文化与大学传统的学术文化格格不入。应该说,这种顾虑是必要的,但不是主要的。要从根本上消解这种顾虑,我们必须理解,大学提供的产品是可以进行市场交换的劳动产品,是可以也应该有价格的。

　　那么,大学的产品是什么呢? 大学的产品不是学生,而是教学服务与科研成果。如果将教学服务也视为一种学术产品的话,那么,大学的产品就是学术成果。从广义的知识定义而言,学术成果也是一种知识。因此,我们也可以将知识作为大学的产品。事实上,知识是各种教育的逻辑起点,大学就是沿着知识的选择、传承、创造、应用以及储备而运转的。那么,作为一种劳动产品的知识,是否有价格? 在市场经济的条件下,这个问题是不难理解

---

　　①　本文原载《中国教育报》2012 年 4 月 30 日第 6 版。

的。学生缴费上大学,实际上就是购买教学服务;企业委托大学从事开发研究,实际上就是购买科研成果。无论哪种形式,大家都承认了知识有价。只不过,付费的方式不同而已。例如,在我国,学生缴费比例并不高,大部分教学服务的费用由政府买单。

可见,知识是有价格的,是可以进行市场交换的。尤其在知识经济时代,知识在各种生产要素中的地位与作用越来越显著,更需要通过市场交换与竞争来实现其价值。因此,一所大学迈上创业型大学的道路,致力于学术成果的市场化,这是知识有价在高等教育领域中的深刻反映与时代体现,不仅合情合理,而且意义深远。

二、教学型大学同样可以成为创业型大学

当创业型大学纷纷成为大学变革的战略选择之后,我们开始从某个角度将大学分为三种类型:一是教学型大学,以知识传承为主导;二是研究型大学,以知识创新为主导;三是创业型大学,以知识应用为主导。在许多学者看来,这三种类型属于递进关系,创业型大学致力于科学研究成果的市场转化,只有研究型大学才能成为创业型大学。暂且不论这种大学分类是否科学,但是,将研究型大学视为创业型大学的一个必经阶段,排斥教学型大学进入创业型大学行列,这种观点是不恰当的。考察教学型大学能否成为创业型大学,关键在于把握教学型大学提供的学术成果能否实现市场转化,能否贯彻学术资本化,能否体现学术创业。

在大学,没有不从事研究的教师,研究是所有教师专业成长的基本途径。只是对于教学型大学来说,研究主要为教学服务。因此,教学型大学的学术成果主要表现为教学服务。教学服务作为一种知识产品,是有价格的,当然可以实现市场转化,能够贯彻学术资本化。国外不少以教学服务为主导产品的私立大学,正是通过销售课程而迈入创业型大学行列的。教学型大学能够开发学生的创业潜质,培养各行各业的应用型人才。这些人才能够在社会的各个领域从事创业实践活动,这正是学术创业的体现。可见,不只是研究型大学提供的高新科研成果可以实现市场转化,体现学术创业,教学型大学提供的应用性知识同样可以实现市场转化,可以培养相应层次的创业型人才,同样属于学术创业。

三、创业型大学代表未来高等教育发展的走向

如果说,创业型大学最初诞生的动力之一是通过学术资本的市场化来

缓解高校办学经费不足,那么,今天许多高校致力于创业型大学建设,其目的是将创业型大学的基本精神贯彻到人才培养的环节中来,造就创造性人才,同时贯彻学术资本化的原则,利用市场机制与竞争机制激活大学的独特产品——教学服务与科研成果,尤其要将学术成果转化为生产力,将学术产品引入竞争市场。也就是说,这些高校建设创业型大学的目的主要有两个:一是培养创造性人才,即创业型大学建设的内部着力点,二是实现学术成果转化,即创业型大学建设的外部着力点。至于扩大办学经费来源,则是创业型大学推进内外部着力点的自然结果。可见,建设创业型大学已经成为这些高校变革与发展的内在需要。与此同时,创业型大学具有很强的包容性与生命力。例如,从理论上来说,教学育人与科学研究并不矛盾,创业型大学的内外部两个着力点并不对立,如果处理得当,反而相得益彰;又如,不只是研究型大学可以成为创业型大学,教学型大学也可以成为创业型大学。因此,从某种意义而言,创业型大学代表未来高等教育发展的走向,谁先提出并建设创业型大学,谁就走在了时代的前列。

从创造性人才、创造性教育到创业型大学①

摘　要：创造性人才的特征与素质各不一样，但创新精神与创造能力则是其核心素养。培养创造性人才，特别需要创造性教育，这种教育正是诱发创新精神与创造能力的适宜环境之一。致力于学术成果转化的创业型大学，是以创新性的学术成果作为前提与基础，其学术创新的品质要求与活动特点，决定了创业型大学是一个培养创造性人才、施行创造性教育的实践平台。同时，创业型大学培养的创业型人才，具有一定的创业潜质，不等于实际的创业工作者，而这种创业潜质最为核心的部分，正是创新精神与创造能力。因此，从本义上来说，创业型大学必定施行创造性教育，培养创造性人才。

教育的根本目的是培养人才，而在所有人才中，创造性人才最难得。创造性人才是社会发展和文明进步的最原始和最有力的推动者。[1]哈佛大学第24任校长普西认为："是否具有创造力，是一流人才与三流人才的分水岭。"事实上，中华民族历来是一个富有创造性的伟大民族，在世界科技文化史上留下过光辉的篇章。例如，中国古代的四大发明，中国是世界四大文明古国之一。英国学者坦普尔曾经指出：当前世界上重要的发明创造有一半以上源于中国。除了指南针、印刷术、纸、火药四大发明之外，现代农业、现代航运、现代石油工业、现代气象观测、现代音乐、十进制计算、纸币、多级火箭、水下鱼雷乃至蒸汽机的核心设计等，都源于中国。[2]然而，由于种种原因，明代以后我国的科技发展开始落后了。改革开放以来，我国经济取得了举世瞩目的成绩。但是，中国的经济腾飞，建立在"中国制造"而不是"中国创造"上，严重依赖劳动密集型、能源消耗型产业，离创新型国家相距甚远。要培养创造性人才、提高国民创新能力、建设创新型国家，我们必须大力推行创造性教育。20世纪末期美国学者伯顿·克拉克（Burton R. Clark）与亨

---

① 本文原载《高校教育管理》2017年第4期。

利·埃兹科维茨（Henry Etzkowitz）提出的"创业型大学"概念,尽管其内涵与价值一直饱受争议,但是,当前学界普遍认为,创业型大学注重理论与实践的结合,注重教育的实效与实用,注重成果的社会需求与市场竞争,正是贯彻创造性教育、培养创造性人才的重要载体之一。[3]那么,如何在理论上梳理从创造性人才到创造性教育再到创业型大学三者之间的逻辑关系,明确创业型大学正是培养创造性人才、施行创造性教育的实践平台,就成为顺利推进创业型大学建设、强化创业型大学人才培养使命的重要课题。

一、创造性人才的核心素养

何谓创造性人才,学界亦是见仁见智。在不少学者那里,将创造性人才、创造人才、创造型人才、创新人才、创新型人才等严格区分开来。笔者认为,过分地纠缠这些概念,意义不大。许多情况下,这些概念具有相同的内涵与外延,至少在核心要义上是相通的。因此,本文不再对这些概念进行比较与分析,试从几种代表性观点入手,结合本文探讨的主题,揭示创造性人才的核心素养。"旨在勾画新时代新型人才形象"[4]的核心素养,是指"学生应具备的、能够适应终身发展和社会发展需要的必备品格和关键能力"[5]。从而,创造性人才的核心素养,即所有创造性人才共有的、必备的品质与能力。事实上,学者们在探讨创造性人才的内涵与特征时,均是针对创造性人才的核心素养。

北京师范大学林崇德先生曾提出一个公式,即:创造性人才＝创造性思维＋创造性人格。[6]在该公式中,创造性思维属于智力因素范畴,思维和想象是其两个重要成分;创造性人格属于非智力因素,包括健康的情感、坚强的意志、积极的个性意识倾向、刚毅的性格、良好的习惯。林先生肯定了美国心理学家韦克斯勒（D. Wechsler）的调研结果,即那些诺贝尔奖获得者在青少年时期,大多不属于高智商人群,而且智商处在中等或者中上等。可见,在林先生的研究中,对于绝大多数处于中等及以上智力水平的人来说,创造性人格比创造性思维更为重要。

还有一些学者提出了创造性人才的"四维界定观",即创造性人才就是具有较高的创造性素养、较好的创造性素质和较强的创造性技能,在一定领域有效开展创造性活动并能取得创造性成果的人才。[7]在这个界定中,创造性素养、创造性素质以及创造性技能涵盖的内容非常丰富,既包括前面所说的智力因素,也包括更具有普遍意义的非智力因素。同时,该定义特别强调创造性成果。这就表明,一位创造性人才,必定在某些领域有所表现,否则,我们还很难将之定性为创造性人才。事实上，真正的创造性人才，在任何时候任何地点，都会有其特定的表现。其中，最关键的一点便是，他有在他那个年龄与环境所能形成的个人独立判断与意见。正如有文所言，人的素质差异，本质上不在于他们所掌握的知识信息量的多少，也不在于能否掌握一技之长，而在于他们思维能力的差异。[8]

根据以上分析，我们可以发现，创造性人才在学界很难达成一个统一的定义。可以说，有多少位学者对此下定义，就会有多少种关于创造性人才的含义。但是，无论如何，创造性人才必定体现创新精神与创造能力。没有创新精神，缺乏创造的主动性与积极性，创造能力的培养与提高就不可能实现；没有创造能力，缺乏创造性的表现与业绩，创造性人才的界定与评价就失去了依据。无论是林崇德先生关于"创造性人才＝创造性思维＋创造性人格"的公式，还是前文提到的"四维界定观"，抑或其他学者关于创造性人才的理论见解，均是以创新精神与创造能力作为共同品质与关键能力的。可以说，创新精神与创造能力，体现了非智力因素与智力因素的合一，抓住了创造性人才最为独特的灵魂，是所有创造性人才必备的、共同的品质与能力，成为创造性人才的核心素养。

研究与发掘创造性人才的核心素养，重要目的之一是制订相应的课程目标，培养乃至识别创造性人才。但是，创造性人才的核心素养，在不同的年龄阶段、不同的学科领域、不同的工作场合等，都会有不同的表现。只有明确这一点，我们才能有针对性地制订培养方案，培养不同阶段、不同类型、不同方向的创造性人才。例如，对于一位小学生来说，如果他能把某篇课文原原本本地背诵下来，还不能由此体现其创新精神与创造能力，但若能将课文蕴含的基本观点独立提炼出来，并联系到身边的人与事，那就已经体现其创新精神与创造能力了。对于一位大学生来说，阅读小学生同样读过的那篇文章，仅仅将其蕴含的基本观点提炼出来，并联系实际，这还不能体现创新精神与创造能力，若能写出一篇富有自己独到见解并具有真知灼见的文章，方可体现创新精神与创造能力。又如，对于一位在读学生来说，他能写出一篇优秀的论文，或许能够表明其创新精神与创造能力；对于一位在实践工作中的工程师来说，他能改进某种工艺，使工作更为有效与快捷，或许能够表明其创新精神与创造能力；对于一位医药方面的科学家来说，他能发明一种具有市场前景的药品，或者在医药理论上提出被同行学者们啧啧称赞的重要新论，都可谓体现了创新精神与创造能力。这也表明，创新精神与创造能力并非高不可攀，在我们身边，只要稍做观察，随时随地都可以发现众多的各种创造性人才。在许多情况下，这些创造性人才缺少的或许正是机会、条件或者努力的方向。这就像遍布水池的天鹅蛋一样,除了极少数难以孵出天鹅外,绝大多数都能在一定的环境下成功孵出天鹅,并且展现在高空飞翔的能力。对于学生来说,他们就像年幼的小天鹅,具备了创造性人才的潜质。不同的是,展现天鹅高空飞翔的创造性潜质,乃是一种本能,但发掘人身上的创造性潜质,更需要后天的环境与教育。

二、创造性人才需要创造性教育

如前所述,在学生时代的创造性人才,由于年龄尚小,其创新精神与创造能力总体上显得相对较为微弱。但是,与其他动物以本能体现的创造潜能不同,人类这种微弱的创新精神与创造能力,特别需要培养与发掘,才能更大程度地展现出来。研究表明,人的智商分布呈现橄榄形,智商在 80～120 的人,占了总人口的 78%,智商在 140 以上与 70 以下的,合起来也只占到总人口的 4%。[9]从这里可以看出,天才和傻子都是少数,绝大多数人的智商都在正常水平。但是,人的发展与成就,却是千差万别。有的人体现出了巨大的创新精神与创造能力,为世界做出了巨大的贡献;有的人则默默无闻,甚至不乏"伤仲永"的悲剧重演。究其原因,则与后天的环境尤其是积极主动正向的教育密切相关。"狼孩"的故事,就是一个非常经典的案例。没有后天的环境与教育,同样是人,同样潜伏着正常创造潜能的人,只因所处的环境与教育不一样,就会由一个正常人最后变成毫无创造力的"狼人"。学校所提供的教育,如果是那种发掘人的创新精神与创造能力的创造性教育,就像交给我们一把打开世界知识奥秘的钥匙,在以后的人生职业生涯中,不断探索与创新,做出创造性的业绩。正如有文所言,创新是人的一种内在品质,是人与生俱来的一种天赋,但需要在合适的环境条件下才能被诱发和表现出来。[10]因此,培养创造性人才,特别需要创造性教育(亦可简称创造教育),这种教育正是诱发我们创新品质与创造天赋、培养创新精神与创造能力的适宜环境之一。

那么,到底什么样的教育称得上创造教育呢?英国心理学家、优生学家高尔顿(Francis Galton)开创造教育研究之先河,著有《遗传的天才》等。此后,美国、日本等在一段时期内都非常重视创造教育。中国创造教育的开拓者,一般公认为陶行知,他于 20 世纪 30 年代在育才学校设立"育才创造奖金",后来发表《创造宣言》。时至今日,创造教育的理论研究已经取得丰硕的成就,甚至就具体落实各种类型与层次的创造教育提出了具体的举措。例如,有文提出,大学创造性人才培养要重视以下四个方面:①具有专业兴趣的学生是创造性人才培养的对象和前提;②致力于发掘学生的潜能是创造性人才培养的重要理念;③理论学习和实践活动相结合是创造性人才培养的重要途径;④大师名家授课是实现创造性人才培养的重要保证。[11]还有学者认为,创造性教育是一种"弘扬人的主体性、开发人的潜能、发展人的创造性、培养人的健全人格的新型教育模式",是从工具型教育、知识型教育再到智能型教育一步一步发展而来的。[12]

综合各种理论见解,创造教育的要言主要包括这么几点:①培养具有创新精神与创造能力的创造性人才是创造性教育的核心内容。②人人都具有创造潜质,教育是发掘个人创造潜质的基本途径。③个人追求成功的内在动机是创造性的主要动力,强烈的创造动机会激发人的创造能力。④创造力的高低与任何职业的成就成正比,创造力开发对于各种职业和各个领域的每个受教育者都是十分重要的。可见,所谓创造教育,就是在基于人人都具有创造潜质的理论认识上,主张通过激发人自主的创造热情,引导人们以一种探索者的姿态来积极主动地认识世界与改造世界。在这种教育语境中,至少有这样三个关键词:人人有才、自我追求、开拓创新。

应该说,当前我国普遍施行的学校教育,仍以应试教育为主导,[13]离创造教育仍有一定距离。那么,如何革新我国现行教育,使之走向创造教育呢?在笔者看来,真正的创造教育,并不需要天天喊创造教育,而是自然而然地体现了教育的创造性,能够有效地培养人的创新精神与创造能力。就像素质教育一样,这本身就是教育的本义,教育自然是提高素质的教育,而且包括了品德、知识与能力等各方面素质。[14]同时,创造教育应该在正常的教育过程中自然地进行,并不需要增设特殊的课程,也不需要另辟一条教育途径。正如林崇德先生所言:"所谓创造教育,是指在创新型学校管理和学校环境中,由创造型教师通过创造型教学方法培养出创造型学生的过程。这种教育不须设置专门的课程和形式,但必须依靠改革现有教育思想、教育内容和教育方法来实现。"[15]确实,从当前的研究现状看,各种关于深化高校创造性教育改革的培养模式与根本途径,均没有提及新课程与新形式的设立,而是在现有人才培养模式、课程设置与教学方法等方面进行完善。[16]现实的问题是,尽管形成了体现创造性教育的内容与方法,且并不冲击现有的人才培养模式与课程体系建设,却又没有贯彻落实。例如,武汉大学前校长刘道玉先生,在一文中提到,多年前他就设计了创造教育模式,即具有普遍使用价值的"SSR模式"。这个模式总结了各种有效的教学方法,由自主学习(Study independently)、课堂讨论(Seminar)和科学研究(Research)三种形式组成。该文曾发表在《教育发展研究》2000年第12期上,并且被评选为优秀论文一等奖,但没有任何大学愿意进行改革试验。[17]

三、创业型大学施行创造性教育

根据前文分析,笔者总结出两个观点:其一,创造性人才的核心素养在于创新精神与创造能力,能够培养创新精神与创造能力的教育便是创造性教育;其二,中国不乏创造教育的理念,却缺乏创造教育的实践。那么,创业型大学能否成为创造性教育的实践平台,取决于创业型大学能否培养创造性人才,亦即具有创新精神与创造能力的人才。从理论与实践两个方面来看,创业型大学正是适宜培养创新精神与创造能力的教育环境,施行创造性教育。

一方面,从学理而言,创业型大学致力于学术成果转化,有利于打造创造性的学术环境。研究表明,创业型大学的组织特性不是学术资本主义,而是学术资本转化,亦即学术成果转化。[18]毫无疑问,服务社会已经成为现代大学赢得各方支持的重要途径,传统型院校亦在提倡学术成果转化。但是,只有在创业型大学,学术成果转化才从一种战略高度,被提升为大学的一项历史使命,才能真正贯彻落实"以转化实绩论英雄"[19]。在创业型大学,成果转化与人才培养同样重要,成为大学的两个基本目标,而科学研究只是手段。也就是说,创业型大学并不是不需要科学研究,而是以是否有利于人才培养、有利于成果转化作为标准来判断科学研究的业绩与贡献。显然,相对于传统型大学学以致知的科研观而言,创业型大学学以致用的科研观对科学研究成果有了更高的要求。那是因为,在市场经济的条件下,只有创新性且有价值的研究成果才能实现转化,并产生市场效应。那些低水平的重复研究,尤其那些只带来学术泡沫的伪科学研究,是难以转化为现实生产力的。一所既能生产创新成果又实现成果转化的创业型大学,自然是一所求真务实、锐意进取的创新性大学,我们当然无法否定,这是一个适宜培养人的创新精神与创造能力的教育环境,亦即创业型大学是培养创造性人才、施行创造性教育的实践平台。

确实,在创业型大学,存在学术文化与商业文化的冲突,人才培养与学术创业的此消彼长。但是,这只是制度设计不当导致的结果,并不能由此否定这种创造性的教育环境。在 MIT、斯坦福等成熟的创业型大学,大学教师的学术创业活动主要体现为技术顾问、专利产品、教学服务等,教学育人的时间与精力得到了保证,如果要组建学科性公司,创办实体性企业,则往往选择也要求离岗创业。因此,致力于学术成果转化的创业型大学,仍以培养人才作为大学的中心工作,是一个适宜施行创造教育的学术环境,有利于培养人的创新精神与创造能力。从另一个角度而言,亦有研究表明,创业型大学必定培养创业型人才,但这种人才不可能是立马的创业工作者,主要是培养一种创业潜质,这种潜质体现的正是创新精神与创造能力,通向创造性人才。[20]

另一方面,从实践来看,国际上成功的创业型大学,均是施行创造性教育、培养创造性人才的典范。当前创业型大学的实践证明,他们在培养学生的创新精神与创造能力上,做得非常出色。例如,MIT 作为世界上第一所成功的创业型大学,不仅培养了大批各行各业的领军人才,而且校友们在财富创造上取得了举世瞩目的成绩。截至 2016 年底,在 MIT 学习或者工作过的诺贝尔奖获得者有 86 人,以色列前总理本雅明·内塔尼亚胡(Benjamin Netanyahu)、"中国航天之父"钱学森、搜狐公司创始人张朝阳、哈佛大学第 27 任校长劳伦斯·萨默斯(Lawrence Summers)等大批创造性人才均为该校校友。1997 年,美国波士顿银行发布的《麻省理工学院创新的影响》(MIT The Impact of Innovation)展示了 MIT 创新创业的成绩:MIT 校友创办的公司遍布全球,仅 1994 年来看,若视这些公司作为一个国家,其创造的财富在全球可列第 24 位。又如,美国另一所成功的创业型大学斯坦福,许多学生在校期间就参与导师或者独立开展科技创新活动,并且取得了巨大成绩。[21]截至 2016 年底,在斯坦福学习或者工作过的诺贝尔奖获得者有 61 位,美国第 31 任总统胡佛(Herbert Clark Hoover)、两位 Google 创始人拉里·佩奇(Larry Page)与谢尔盖·布林(Sergey Brin)、被誉为史上最成功的高尔夫球手泰格·伍兹(Tiger Woods)等一大批创造性人才均为该校校友。2012 年,查尔斯·埃斯利(Charles Eesley)与威廉(William F. Miller)教授合作开展的一项大规模校友创新创业教育调查显示,约 39900 家活跃企业的根源都能追溯到斯坦福大学,如果这些公司组成一个国家,该经济体将进入世界十强。[22]又如,仅仅只用 30 年时间就跃入世界名校之列的华威大学,近年以不足 1/10 的招生录取率,吸引全球优秀生源,培养了诸如英国上议院原领袖瓦莱瑞·阿莫斯(Valerie Amos)、世界银行和 IMF 原执行主席(肯尼亚副总统)乔治·赛托蒂(George Saitoti)、生化危机系列电影导演保罗·安德森(Paul Edward Anderson)等一大批杰出创造性人才。

从 MIT、斯坦福、华威大学等教育实践来看,创业型大学无疑是推进创造性教育、培养创造性人才的重要平台。正如埃兹科维茨所言,作为创业型大学典范的"MIT 模式,正在取代哈佛模式成为学术界的榜样"[23]。也如复旦大学前校长杨玉良院士所言,"创业型大学"这个提法"名字可能不是最好听",但这将是大学未来发展的一个重要阶段。[24]一个人要在激烈的市场竞争中捕捉商业机会,必须具有敏锐的头脑与强烈的热情,同时,我们强调的创业不是一般的创业,而是学术创业,这就必须提供创新性的科技成果与产品,显然,创业型大学的这种创业文化,正是创造教育最想塑造的一种文化。可以说,施行创造教育的大学远非只有创业型大学,在其他高等教育形式中同样可以实现。但是,创业型大学的特殊性,决定了成功的创业型大学必定有成功的创造教育。如果一所大学没有成功地开展创造性教育,培养创造性人才,那么,这所大学还不能称为成功的创业型大学。

总之,创业型大学只是高等教育的一种类型,并不是每所学术本位的传统型院校都要转型为创业型大学。但是,我们要认识到,创业型大学不等于商业化、营利性大学[25],同样以人才培养作为学校的中心工作与历史使命。在当前中国不少学者的研究视野中,往往更多地关注到了学术成果的转化,而较少看到其本身有利于创造性人才的培养,有利于创造性教育的塑造,这也正是学界少数学者视创业型大学为洪水猛兽的重要原因之一。殊不知,贯彻创造性教育,培育创造性人才,正是创业型大学的基本特征之一。

【参考文献】

[1][11] 王健华,周勇.关于创造性人才培养的思考与实践[J].清华大学教育研究,2002(6).

[2] 庄寿强.普通(行为)创造学[M].徐州:中国矿业大学出版社,2006:24.

[3] 付八军.创业型大学研究述评[J].黑龙江高教研究,2012(7).

[4] 钟启泉.基于核心素养的课程发展:挑战与课题[J].全球教育展望,2016(1).

[5] 孙亚玲."核心素养"的嬗变与选择[J].云南师范大学学报(哲社版),2017(1).

[6] 林崇德.创造性人才 创造性教育 创造性学习[J].中国教育学刊,2000(1).

[7] 王伟清.创造性人才培养的课程资源条件保障问题研究[D].武汉:华中师范大学,2012.34-35.

[8][10] 司洪昌,茶世俊.培养创造性人才着力点何在:"创新型国家建设与创造性人才培养"论坛综述[N].中国教育报,2007-06-22(7).

[9] 付八军.大学与人生[M].湘潭:湘潭大学出版社,2013:234.

[12] 聂衍刚.论教育的创造性与创造性教育[J].教育研究,1999(9).

[13] 杨东平.重新认识应试教育[J].北京大学教育评论,2016(2).

[14] 赵作斌. 素质教育六问[N]. 中国教育报,2008-11-06(5).

[15] 林崇德,林琳. 创造性人才的成长与培养[J]. 创新人才教育,2014(1).

[16] 刘勇秀. 高等学校创造性教育之探索[J]. 黑龙江高教研究,2005(10).

[17] 刘道玉. 论大学创造性人才培养体系的构建[J]. 高教探索,2011(1).

[18] 付八军. 学术资本转化:创业型大学的组织特性[J]. 教育研究, 2016(2).

[19] 夏宝龙. 立德树人要成为高校立身之本[N]. 浙江日报,2017-02-22(1).

[20] 付八军. 创业型大学的内部着力点在于培养创造性人才[N]. 中国教育报,2012-03-26(6).

[21] 方华良,陈艾华. 内外部协同支持:美国创业型大学技术转移的模式:以斯坦福大学为例[J]. 中国高校科技,2015(8).

[22] 郑刚,郭艳婷. 世界一流大学如何打造创业教育生态系统:斯坦福大学的经验与启示[J]. 比较教育研究,2014(9).

[23] 埃兹科维茨. 麻省理工学院与创业科学的兴起[M]. 王孙禺,袁本涛,等,译. 北京:清华大学出版社,2007:1.

[24] 陈统奎. 复旦:又一次华丽转身[EB/OL]. (2005-09-21)[2017-03-05]. http://news.sohu.com/20050921/n227021310.shtml.

[25] 董志霞. 国外创业型大学与营利性大学异同辨析[J]. 高校教育管理,2013(6).

大学是市场的主体

——从创业型大学建设的观念转变说起①

摘　要:创业型大学本土化的实践至今没有取得预期进展,根本原因在于大学在市场中的主体地位没有确立。推进中国的创业型大学建设,需要在观念上实现"三个破除,三个树立":破除大学从属政府的观念,树立大学属于市场主体的观念;破除学历等于出身的观念,树立基于知识本身而学的观念;破除教师"以论文论英雄"的观念,树立实践检验学术业绩的观念。达此目标,中国不仅能够涌现出成功的创业型大学,而且能够在不同层次、不同领域办出特色,争创一流。

自 20 世纪末期美国两位学者伯顿·克拉克(B. Clark)和亨利·埃兹科维茨(H. Etzkowitz)提出"创业型大学"概念之后,我国学者很快将此引入中国,并推动国内一批院校例如福州大学、南京工业大学、浙江农林大学等先后走上创业型大学道路。克拉克考察的华威大学以及埃兹科维茨观测的MIT、斯坦福等创业型大学,均取得了举世瞩目的成就,我国高举创业型大学旗帜的普通本科院校,学习与借鉴西方创业型大学的经验,十多年的实践与探索却没有预期成效[1],其原因是多方面的。但是,根本原因在于无论政府还是高校,无论大学教师还是社会大众,均缺乏大学的市场主体意识。当政府在处理其与大学的关系时仍然坚持"管理"而不是"服务"的观念,要让大学面向市场、服务市场、依靠市场就不可能实现,大学及其教师乃至社会大众的观念也同样无法转变,自然办不出富有活力的个性化大学。可见,观念问题还是第一位的。在前期研究的基础上,本文仅从观念上的"三个破除,三个树立"出发来探讨创业型大学的建设路径。这种探讨,对于我们今天的"双一流"尤其应用型大学建设,同样是有益的。

---

① 本文原载《当代教育论坛》2017 年第 6 期,详见《创业型大学本土化的中国模式研究》(中国社会科学出版社 2018 年版,第 122 至 128 页)。

一、破除大学从属政府的观念，树立大学属于市场主体的观念

二、破除学历等于出身的观念，树立基于知识本身而学的观念

三、破除教师"以论文论英雄"的观念，树立实践检验学术业绩的观念

激活学术心脏地带：
创业型大学学科建设的图景分析①

摘　要：由伯顿·克拉克首次提出的"激活学术心脏地带"，蕴含的学术理念与改革精神在宣勇教授一本著作中得以强化、深化乃至本土化，进而明确学科正是创业型大学的"学术心脏地带"。与传统高校相比，创业型大学的学科建设贵在"激活"。这种"激活"，不是学术成果的内部循环，仅仅实现学科系统内部的繁荣，而是要实现学科与行业的无缝对接，使学术成果由内循环转向外循环。达此目的，从大学内部建设主体来看，需要"激活"三支队伍：实现成果转化的中介组织、生产应用性成果的专任教师，以及推动组织转型的高校领导。

美国学者伯顿·克拉克（B. Clark）可谓创业型大学理论的两位鼻祖之一。奠定克拉克这种学术地位的重要成果之一，正是《建立创业型大学：组织上转型的途径》一书。在该书中，他提出的关于建设创业型大学的五个要素，成为国内不少理论研究者与实践工作者视为推进创业型大学建设的金科玉律。"激活的学术心脏地带"，正是这五个要素之一。这几个形象生动且富有冲击力的字眼，被宣勇教授引为一本著作的正标题，使得该要素更受大家的关注。可以说，《激活学术心脏地带——创业型大学学术系统的运行与管理》一书，其学术贡献主要不只是进一步强化了该要素在创建创业型大学过程中的重要性，也不只是深化了学界对于该要素的研究，而是使其所蕴含的学术理念与改革精神得以本土化。沿着这种思路不断追溯，我们可以从"激活学术心脏地带"这种有声有形的图景中，理顺出国内创业型大学学科建设的基本观点与发展路径。

---

① 本文原载《教育发展研究》2014 年第 7 期。

一、创业型大学的"学术心脏地带"在学科

在欧美国家的大学系统中,学术活动更多地面向行业,学术分类遵循行业取向,从而学科尤其是专业的概念是模糊的。中华人民共和国成立后,我国学习苏联的模式,专业越分越细,学术取向的学科体系也得以固化下来。基于不同的学术逻辑,不同的学术组织,国内外高校的"学术心脏地带"自然不尽一致。例如,在克拉克那里,"学术心脏地带"并没有明确的"学科"指向,而是指基层的学系、学院等学术组织。正如克拉克在阐述"激活的学术心脏地带"这一要素时指出的,"要抓住改革,一个系接一个系,一个学院接一个学院,建立新的关系,更加强有力地扩展到校外,并且发展第三渠道收入。……学术心脏地带是传统的学术价值观扎根最牢固的地方"[1](P6)。然而,在国内不少学者这里,明确地指出"学科组织是大学的细胞,是大学学术系统的心脏地带"[2](P6)。这里的学科组织,既有克拉克所谓的学系、学院等学术组织,更有在这些学术组织之外按照中国高校学术分类而形成的其他学科化组织,诸如一些研究中心、实验室等。在宣教授这里,更多地强调了后者,以便能够更加直接而又牢固地抓住创业型大学的"学术心脏"。

从学科的视角来寻找我国创业型大学的"学术心脏",确有其合理性与必要性。从其合理性来看,学科是学术的分类,一所大学中的学系、学院以及研究中心、实验室等其实都是基于学科的,体现了一定的学科类别,可谓高校中的基层学科组织,从而将组织化的学科确定为创业型大学的"学术心脏地带",并不与作为该词首倡者克拉克的观点相悖。事实上,我国学者在翻译克拉克的某些著作时,有时会不由自主地将某些概念译成"学科",至于其原因,或许正是克拉克论述的这些问题正像我国高等教育体系中的"学科"。例如,克拉克曾经这样解读大学组织:"当我们把目光投向高等教育的'生产车间'时,我们所看到的是一群群研究一门门知识的专业学者。这种一门门的知识称作'学科',而组织正是围绕这些学科确立起来的。"[3]在这里,克拉克正是按照我们习惯使用的所谓"学科"视角来寻找大学的"学术心脏地带"。

从其必要性来看,当前中国高校的学科建设受到了前所未有的重视,获得了前所未有的投入,采取了前所未有的举措。在有些高校,人财物等许多资源主要不是按学系、学院等学术组织进行配置的,而是按照学科来配置的。在不少高校,学科建设办公室掌握的办学经费,远远高于教务处、人事处等相关部门;许多学科带头人拥有的办学资源以及学术权力,远远胜于二

级学院院长、学系系主任等。在这样的情况下,我国高校的学科建设成为一条相对独立的轨道。从而,从国内高校的现实性与特殊性出发,将学科组织直接界定为创业型大学的"学术心脏地带"是有重要意义的,在概念内涵上实现了中国的本土化改造。只不过,这些学科组织或者说推动学科的组织化,是否只局限于研究中心、实验室而不包括学系、学院等学术组织,不同的学者会有不同的看法。但是,这是针对创业型大学学科组织化的办学理念差异,需要在其他论文中再行论述。

总之,学科是学术组织的基本单元,学科建设成为我国高校最亮丽的风景线,寻找创业型大学的"学术心脏地带",要从学科出发。只有从学科出发,才能真正抓住创业型大学的"学术心脏"。

二、创业型大学的学科建设贵在"激活"

根据以上分析,"激活学术心脏地带"实际上意味着"激活"学科,抓好学科建设。可是,无论是西方高校,还是国内大学,无论是老牌研究型大学,还是新建本科院校,都提出要以学科建设为龙头,力争在学科平原上建成高峰。因为一所大学能够站在什么样的位置,关键看该校的主要学科能够排在什么样的位次;一所大学的办学特色,也主要体现在学科。这样看来,针对创业型大学而提出的"激活学术心脏地带"与我们平常所说的加强学科建设,似乎没有太大区别。应该说,两者的区别是很大的,可谓是革命性的。当前,国内绝大部分高校主要遵循传统的两个中心——"教学中心"与"科研中心",并没有将学术创业视为一种历史使命。从而,这些传统高校的学科建设,更多的是强调学术本身的繁荣,例如获得国家重大的纵向课题、在学科领域之内甚至高校自身圈定的高级别期刊上发表更多的学术论文、在所谓的国家级出版社出版学术著作以及获得重大的政府奖项等。这些成果,仅仅停留在学术范畴以内,属于学术圈内部的循环,没有转化为现实的生产力。对于创业型大学来说,这些成果是完成学术资本积累的重要途径与外在表征,不能说不重要。但是,它们不是创业型大学的价值追求与终极目标。相对于传统大学来说,创业型大学极为重视理论层面的学术成果向现实层面的社会产品转化,亦即推动学术创业。正如宣勇教授所言,"创业型大学积累学术资本的关键在于激活学术心脏"[4](P69)。这样的学科建设模式,搭起了高校学科与社会行业的桥梁,实现了学术内循环向外循环的转化,同时也必然带动学科交叉与融合。因此,使用"激活"一词来形容创业型大学的学科建设,非常形象生动,也揭示了创业型大学的实质,可谓最恰当不过了。

"激活学术心脏地带"一词不仅形象地体现了创业型大学学科建设的模式,也深刻地揭示了创业型大学的独特本质。因为该词蕴含的思想内容与价值取向,正是我们常说的学术创业。而学术创业,或者说学术成果转化,正是创业型大学区别于传统大学的独特之处。有文曾研究指出,创业型大学的着力点主要有两个:一个是内部着力点,培养创造性人才[5];一个是外部着力点,实现学术成果转化[6]。事实上,现在任何一所高校都提出要培养创造性人才。从而,最能区别创业型大学的标识就是学术创业了。一所大学是否以学术成果转化作为重要追求目标、学术创业在办学经费中占有多大的比重等,都是衡量与评价该大学是否属于创业型大学的基准。一所大学能否建成创业型大学,也必须通过"激活学术心脏地带",亦即开展学术创业这个环节。正如有文指出的:"无论大学身处何种层次,都有数量不等的学术资本,都有条件通过加强学术心脏地带的建设,继续积累学术资本并推动其实现资本化,从而成为创业型大学。"[7](P59)可见,贯彻"激活学术心脏地带"或者说"学术创业"的学科建设模式,可以让一所大学走向创业型大学,也可以让创业型大学发展得越来越好。

"激活学术心脏地带"一词更大的价值与意义在于,它能够让大学走出象牙塔式的学科建设模式,注重社会服务功能,更大限度地提高高校的社会贡献度。应该说,这既是创业型大学的生命力之所在,也代表了"大学发展史中一种新思想"[8],必定成为未来高等教育变革的重要走向。这是因为,从知识的工具本性来看,如果承认知识有用,那么高校就应该注重学术成果转化;从知识的现实环境来说,在知识爆炸式的时代,知识的价值贵在迅速转化;从知识的应用指向来看,知识生产的主体,最清楚知识如何转化;从大学的生存发展来看,只有推动学术成果转化,才能彰显大学活力,实现大学可持续发展;从社会的创新力量来说,高校是国家创新体系的重要力量之一,加快高校学术成果转化,无疑为国家创新驱动发展战略献上一力。这就不难理解杨德广教授明确指出的,在我国最具备条件培养拔尖创新人才的"985工程"大学,除少数学校坚持学术研究型之外,大多数学校应走出仅围绕学科专业、高深知识研究的"象牙塔",转变为与经济、企业、社会紧密结合,参照国外创业型大学模式,构建创业教育体系,成为创业型大学。[9]

三、"激活"创业型大学学科建设依赖三支队伍

创业型大学的学科建设贵在"激活",亦即推行"知识生产—知识传承—

知识应用"的学科模式,延长知识生产链条,走出封闭的象牙塔,注重成果的转化,瞄准知识的应用。这种学科建设模式的灵魂,正是学术资本转化,或者说学术创业,这也正是创业型大学的组织特性[10]。从而,要全面"激活"创业型大学的学科建设,相当于实现一所传统高校向创业型大学转型,确实是一个系统工程。但是,仅从高校内部队伍建设来说,三支队伍是非常关键的:

"激活"创业型大学学科建设,需要一支专事成果转化的队伍。推进创业型大学建设,并不意味着专任教师们都去直接从事成果转化。作为一个组织转型成功的创业型大学,理所当然地应该承担成果转化的职责与义务,让尽可能多的教师们仍然安心从事自己的教学科研工作。对于专任教师来说,他们在直接参与成果转化方面不会花费太多的时间,同时又能从中收获一定的利润,自然是一件兴致盎然的事情。而且,对于许多学者来说,看到自己的学术成果走出实验室、走出象牙塔,转化成了现实的生产力,进入了社会实践领域,这比一个政府奖项或者一篇高端论文带来的成就感还要大得多。纵观国际上成功的创业型大学,都会专门成立这样的机构,并有一批业务专精的成果转化队伍。例如,斯坦福大学的技术许可办公室(OTL)、台湾中兴大学的产学智财营运中心等,这些技术转移平台不仅专业工作人员较多,而且建立了良好的机制,能够实现教师与学校的利益共存与双赢。对于我国致力于创业型大学建设的高校来说,能否建成这样的一个中介机构,是该校能否成功转型为创业型大学的基础与前提。在此基础上,我们才能逐渐建立诸如沃里克大学的沃里克制造集团(WMG)、麻省理工学院致力于为教师个体创业提供咨询服务的风险投资公司等,实现大学主体的直接创业,或者从教师自由创业中获得相应的经济收益。

"激活"创业型大学学科建设,需要一支生产应用性成果的师资队伍。建设创业型大学,意味着高校的中心工作要由教学、科研"两个中心"发展为教学育人、科学研究与学术创业"三个中心"。但是,无论演变成几个中心,这些工作的完成主体都在大学教师。可以说,一所大学能否转型为创业型大学,也就看该校教师能否实现转型。创业型大学注重学术转化的学科建设模式,自然要求该校教师注重应用性成果的生产。正如有文指出的,"创业型大学的科学研究更强调解决现实问题的取向,强调成果的转化与应用"[11](P4)。然而,在现有的学术生态系统中,无论是国家对大学的评价,还是大学对教师的评价,均是学术成果导向的,很难将教师的学术生产从以发表为目的转移到以转化为目的。事实上,要实现教师的转型,远远不是一所高校单独能够完全做到的。在这种情况下,那些有志于建设创业型大学的高校,除了在教师引进、职称评聘、业绩奖励等方面有所引导外,还需要组建创业型大学联盟,使之成为一种新的高等教育类型,从而获得相应的政策支持。无论这个过程多么漫长,实现教师转型仍然是任何一所传统大学成功转型为创业型大学不可逾越的一个环节,甚至可视为一个标志。

"激活"创业型大学学科建设,需要一支推动组织变革的高校领导队伍。传统高校的学科建设模式,只需关注科研成果的数量与层次,关注学科平台的扩建与升级,无须关注学术成果的转化与应用。这对于这些高校的领导们来说,具有现存的模式可以借鉴,也顺应了各方的标准与要求,没有太多的压力与困难。但是,当要"激活"学科建设、注重学术创业之后,传统的管理模式必然会发生变化,在设计并推行新的管理模式时却又阻力重重。在这种情况下,能否在相对保守的高等教育大环境中争取政策支持并充满自信地高举创业型大学大旗,能否成功地引领长期习惯于象牙塔内生活的教职员工们接受新型的办学理念、管理模式,能否像科学研究赋予教学育人新的活力与生命一样,通过新型大学的学术创业将传统大学的两大职能更加彰显出来,等等,这些对于准备迈上创业型大学之路的高校领导来说,都是一个史无前例的挑战。可见,"激活"学科建设,建设创业型大学,形成一支敢于并善于变革的高校领导队伍是先导。这就可以理解,伯顿·克拉克将"强有力的驾驭核心"[12](P4)列为实现大学组织转型五条要素的第一条。在宣勇教授这里,这一要素亦即"具有企业家精神的变革型领导团队"[13](P81)。

总之,激活学术心脏地带,如同一幅直观而动态的图景,展示了创业型大学学科建设的实质。人是学科建设的主体,仅从人这个主体来看,要激活创业型大学的学术心脏地带,推进创业型大学的学科建设,在大学内部,高校领导队伍建设是先导,创业型师资队伍建设是关键,专事成果转化队伍建设是保证。

【参考文献】

[1][12] 克拉克.建立创业型大学:组织上转型的途径[M].王承绪,译.北京:人民教育出版社,2007.

[2][4][7][11][13] 宣勇,张鹏.激活学术心脏地带:创业型大学学术系统的运行与管理[M].北京,高等教育出版社,2013.

[3] 克拉克.高等教育新论:多学科的研究[M].王承绪,等,译.杭州:浙江教育出版社,2001:119.

[5] 付八军.创业型大学的内部着力点在于培养创造性人才[N].中国教育报,2012-03-06(6).

［6］付八军.创业型大学的外部着力点在于实现成果转化［N］.中国教育报,2012-04-30(6).

［8］埃兹科维茨.麻省理工学院与创业科学的兴起［M］.王孙禺,袁本涛,等,译.北京:清华大学出版社,2007:208.

［9］杨德广.应将部分研究型大学转变为创业型大学:从"失衡的金字塔"谈起［J］.高等理科教育,2010(2):1-3.

［10］宣勇,付八军.创业型大学的文化冲突与融合:基于学术资本转化的维度［J］.中国高教研究,2013(9):86-89.

学以致用：应用型大学的灵魂①

摘 要：应用型大学是一个笼统的概念，包括各种致力于不同种类不同层次应用型人才培养的大学。这些大学有一个共同的特征，那就是追求学以致用，而不是学以致知。学以致用是一种实用主义的学术观，但不等于低水平倾向的学术观，更不能归为功利主义的学术观。从这一点出发，应用型大学就不只是政府推动高等教育类型多元化的一种应对策略，仅仅成为我国新建本科院校转型的方向，而是基于高等教育变革与发展的内在需求，同样成为众多高水平研究型大学尤其行业特色大学发展的方向。可见，应用型大学不是低层次高校的代名词，只是彰显了应用取向的学术观。

时至今日，无论是学界还是政府都已明确，"应用型"成为我国地方本科院校转型发展的重要方向。2015 年，教育部、国家发改委、财政部联合发布了《关于引导部分地方普通本科高校向应用型转变的指导意见》，积极推动地方高校从传统学术型转向应用型。与此同时，地方政府纷纷出台相应政策。例如，浙江省出台了《关于积极促进更多本科高校加强应用型建设的指导意见》（浙教高教〔2015〕47 号）和《关于报送加强应用型建设试点实施方案的通知》（浙教办函〔2015〕136 号）等文件，确定了浙江师范大学、绍兴文理学院等 41 所普通本科院校（含独立学院）走应用型发展道路。在这种背景下，如何加快地方本科院校从传统学术型转向应用型，就成为高等教育理论界的时代课题。但是，无论是从概念名称来识别，还是从政策文本来分析，"应用型"道路似乎只是我国推动新建地方本科院校转型变革、高等教育类型多元化发展的一种应对策略。于是，相对于传统的"学术型"而言，"应用型"被认为是低层次的办学，甚至将地方高校转向应用型视为降格到本科高职。（吴少敏，2016）这种观念不仅不利于新建地方本科院校的转型发展，而且不

---

① 本文原载《教育发展研究》2016 年第 19 期，详见《创业型大学本土化的中国模式研究》（中国社会科学出版社 2018 年版，第 132 至 142 页）。

利于行业性研究型大学的转型发展,影响到整个高等教育在国家创新体系的地位与贡献。破除这种观念,推动应用转向,我们必须在三个方面达成共识:其一是确立"应用型大学"的概念;其二是明确应用型大学的精神实质或者灵魂在于学以致用;其三是认识到学以致用不是低层次的功利主义学术观。

一、从应用型大学的高度与广度推动地方高校转型;

二、应用型大学的精神实质或者灵魂在于学以致用;

三、学以致用只是彰显应用取向的实用主义学术观。

论应用型大学师资队伍建设的内生模式①

摘　要:推动地方本科院校向应用型大学转型,关键是要让教师们从传统学术型转向应用型。在学科竞赛主导的高等教育学术生态环境下,再加上其他各种外部条件尚未具备,我国应用型大学师资队伍建设只能采取以内部培养为主的内生模式,而难以发展成为德国应用科技大学的外引模式。在这种情况下,应用型大学的师资队伍建设,主要途径仍然是引进与培养那些从高校毕业的学术型人才,通过科研转向、实践锻炼、课程开发等基本环节,推动他们走向理论与实践相结合的应用型教师。

应用型大学是一个笼统的概念,既包括应用技术大学、应用型本科院校,也包括创业型大学,还包括各种致力于应用型人才而不是纯粹学术型人才培养的大学。从本义上来说,应用型大学包含以应用型研究为主导的研究型大学。例如,在德国的高等教育体系中,应用技术大学(FH)占有半壁江山,与综合大学一起形成了并立的两大支柱;而且,应用技术大学的就业率,始终高于其他高等教育类型的毕业生。随着 1999 年"博洛尼亚进程"的推进,德国应用技术大学也将逐渐从本科、硕士发展到与国际通用的完整的三级学位制。但是,我国现阶段的应用型大学具有特定的内涵与确定的外延,主要是指那些从新建本科院校、独立学院、民办高校等转型而来的教学型地方普通本科院校,并不包括国内一流的研究型大学,连那些以工科见长的研究型大学例如清华大学、浙江大学、华中科技大学等都不被列入应用型大学。

时至今日,无论是学界还是政府都已经明确,应用型大学成为我国地方本科院校转型发展的重要方向。2013 年,在教育部的指导下,应用技术大学(学院)联盟成立;2014 年,以"建设中国特色应用技术大学"为主题的首届"产教融合发展战略国际论坛"召开,178 所高校通过了《驻马店共识》;2015

---

① 　本文原载《浙江社会科学》2017 年第 6 期。

年,教育部、国家发改委、财政部联合发布了《关于引导部分地方普通本科高校向应用型转变的指导意见》,积极推动地方高校从传统学术型转向应用型。与此同时,浙江省也出台了《关于积极促进更多本科高校加强应用型建设的指导意见》(浙教高教〔2015〕47号)和《关于报送加强应用型建设试点实施方案的通知》(浙教办函〔2015〕136号)等文件,确定了浙江师范大学、绍兴文理学院等41所普通本科院校(含独立学院)走应用型发展道路。在这种背景下,如何加快地方本科院校从传统学术型转向应用型,就成为高等教育理论界的时代课题。本文认为,传统学术型院校向应用型大学转型,突破口还是在于师资队伍。

一、制约高校从传统学术型转向应用型的瓶颈在师资

自1999年高等教育扩招以来,我国就有一些地方高校开始启动应用型本科建设。例如,一些新建本科院校的工学院、工程学院、工业学院定位于培养社会需要的高层次的应用型人才,实施"技术应用型本科教育"[1]。我国高等教育学科的主要创始人潘懋元先生,在那个时期就呼吁大力发展应用型本科教育。当笔者于2003年还在厦门大学攻读博士学位的时候,潘先生就给我们解读联合国教科文组织的《国际教育标准分类》。该文献将高校分成三种类型:一是学术性研究型大学,培养拔尖创新学术型人才,即5A-1;二是专业性应用型的多科性或者单科性的院校,培养应用型高级专门人才,即5A-2;三是职业性技能型院校(高职高专),培养在生产、管理、服务第一线从事具体工作的职业技术人才,即5B。这里的5A-2,即我们现在倡导发展的应用型本科院校。潘先生多次强调,全国的高校都挤上研究型,都向清华北大看齐,这是非常错误的。可见,我国建设应用型大学的大旗早就举起来了,只是最近两年,在国家政策的推动下再次掀起新的浪潮,并且越来越多的地方高校明确冠名为应用型了。但是,许多地方高校的应用型标签,仅仅是一种建设目标,远未达到名副其实的应用型。

那么,如何判断一所高校是否已经成功转型?其实,判断一所大学的办学情况,我们只需要分析该校的师资队伍,就可以得出准确的答案。例如,当知道一所大学的教师主要以哪种学科为主,我们就能判断该校是一所以什么学科为主的大学;当知道一所大学的教师大体处在什么样的水平,我们就能判断这所大学处在什么样的办学层次。反之,一所被誉为一流学府的大学,必定有一流的师资;一所冠有"农林"字样的大学,必定有较大比例农林学科的教师。由此可见,有什么水平的教师,就有什么层次的大学;有什

么学科门类的教师,就有什么科类的大学。一句话,有什么样的大学教师,就有什么样的大学。正如有文指的:"教师是大学的基础和核心。"[2]从而,我们要推动传统学术型高校转向应用型大学,无论有多少条路径,无论从哪里开始起步,最终衡量的标准就是看该校的教师有没有从传统学术型转向应用型。

我国当前从新建本科院校转型而来的应用型大学,大都没有实现成功转型,根本原因正在于传统学术型的教师尚未转型为应用型。可以说,这些院校的教师们过去是什么样子,现在依然是什么样子,没有任何变化。他们基本上是从学校到学校,参加工作之后也没有更多的社会实践,仍然将以前所学以及自己的研究教给学生,走的依旧是一条从理论到理论的工作路线。这些高校的教师评价体制,亦与过去一样,激励教师们推出学术理论成果,教师们也只能通过这条通道,才能实现职称晋升与职业地位的提升。尽管有少量教师从学术创业的角度出发,积极融入社会,加强了实践锻炼,但是,他们没有将自己从实践世界里获得的东西,转化为教育教学资源,依然遵循传统的教学模式,注重理论灌输,仅仅为了完成既定的教学任务,或者迎合学生们顺利通过考试的低要求,甚至由于在社会活动上耗时过多,导致教学育人与科学研究的消长,出现教学科研与学术创业两张皮的现象。可见,当前冠名为应用型大学的新建本科院校,教师们并没有发生实质性的变化,作为他们的两大中心工作,无论是教学育人还是科学研究,都与以前一个样,从而学校也就仍然属于传统学术型。当前,要推动地方院校向应用型大学转型,着眼点就在于推动大学教师从传统学术型转向应用型。

二、内部培养是应用型大学师资队伍建设的时代主题

推进高校的转型,关键在于教师的转型。对此,学界不乏同样的见解。例如,有文亦明确提出,制约地方高校尤其是新建本科院校向应用技术大学成功转型的瓶颈还是师资。[3]同时,在如何推动大学教师从传统学术型转向应用型方面,学界在许多方面亦达成共识。例如,建设一支专兼结合、结构合理的"双师型"师资队伍;加强校地合作,推进产学研一体化,打造一批应用型师资队伍;等等。但是,学界在探讨应用型大学师资队伍的转型发展时,对于应用型师资的来源渠道缺乏清晰的认识,不加分析地提出聘请富有实践工作经验的人士担任双师型教师,不符合当前传统学术型地方院校迈向应用型大学的实际情况。为此,我们不妨将应用型大学的师资队伍建设分成两种模式。

一种可以称为外引模式,即大量聘请社会上具有实践经验的专业人士担任双师型教师,同时加快校内传统学术型师资队伍的转型与发展。这种模式的重点,是以外引为主,改造为辅;以引进工作多年的专业人士为主,以招收应届毕业生为辅。享有世界声誉的德国应用型大学,就属于这种模式。例如,德国应用科技大学的兼职教师,所占比例高达 60% 以上,[4] 而且招收的专任教师基本上都具有实践工作经历。

一种可以称为内生模式,即双师型教师主要通过传统学术型人才的培养与转型而来,同时适量引进社会上的技能型师资。这种模式的重点,是以培养为主,外引为辅;以招收应届毕业生为主,引进工作多年的专业人士为辅。采用该种模式来推动教师从传统学术型转向应用型,我们的工作重心还是如何让那些从学校到学校的传统学术型教师们,在学校的激励与帮助下,逐渐转变为应用型,最后变成双师型。

当前,我国应用型大学的师资队伍建设,只能采用内生模式,而不可能采取外引模式。明确这一点,有利于我们认识到应用型大学建设的任重而道远,有利于我们把师资队伍建设的重心放在传统学术型师资的培养与转型上。当应用型大学自主办学、特色发展的外部条件充分具备之后,我国应用型大学的师资队伍建设也许会像德国一样走向外引模式。那么,内生模式是我国应用型大学师资队伍建设的时代主题,原因何在?应该说,至少有这么两方面的原因。

一方面,学科竞赛主导的院校发展方针没有改变。早在《国家中长期教育改革和发展规划纲要(2010—2020)》中就提出,要建立高校分类体系,实行分类管理,克服同质化倾向,促进高校办出特色。但是,时至今日,我们仍然采取同样的评价体系来测评全国所有本科院校。这种评价体系,侧重点在于对形而上的理论追求,注重学术成果的生产,而不是学术成果的应用。其实质正是一种学科竞赛模式,各种不同类型的院校都在学术生产系统这条跑道上奔驰。由于许多资源均与此挂钩,这条路上的争夺相当激烈。于是,哪怕只能分享到较少的资源,应用型大学也不得不沿着这条道路努力奔跑。在这种背景下,应用型大学必须招收那些有利于学科竞赛的教师,让他们多出成果,快出成果。这样的教师,自然是从学校到学校的博士们最有优势,那些在社会上摸爬滚打多年的专业人士难以胜任。近来推出"双一流"建设,进一步加剧了应用型大学学科建设的压力,从而必定更加重视理论型教师的引进,再在尽可能的条件下让他们走向"双师型",而不是相反。

另一方面,鼓励应用型大学办出特色的其他外部环境亦未具备。毫无疑问,学术导向的学科竞争机制在很大程度上影响到应用型大学的实质性转型。但是,那些勇于不走学科竞赛路线的应用型大学,同样难以摆脱师资队伍建设内生模式的约束。至于其原因,则在于有太多因素影响着应用型大学从社会上大量招聘具有实践经验的专业人士。例如,我国对普通本科院校的外聘教师,有一个最高的比例限制,从而难以通过兼职的形式来扩大应用型教师的比重;公办高校虽然拥有了一定的教师招聘权,但必须达到政府规定的基本学历学位要求,从而社会上那些学历不达标但实践经验丰富的专业士就难以顺利进入应用型大学工作;当前高校的薪酬体系根本不可能与市场上许多效益较好的企业相比,从而难以通过竞争性的工资待遇吸引社会上既有理论素养又具有实践经验的成熟的"双师型"人才。在这种情况下,应用型大学的师资队伍建设,主要途径仍然是引进与培养那些从高校毕业的学术型人才,推动他们走向理论与实践相结合的应用型师资。

三、应用型大学内部培养应用型师资的三个基本环节

面对一大批缺乏实践经验的理论型教师,如何让他们变成双师型师资,尽快推动地方院校从传统学术型转向应用型,这是我国当前开展应用型大学建设的一个巨大实践课题。本文拟从当前高等教育改革与发展存在的突出问题出发,试提出应用型大学内部培养应用型师资应该抓住的三个基本环节。

(一)科研转向是应用型师资培养的前提

教学与科研成为大学的两个中心,这个观点已在学界达成共识。只有一流学科,才能撑起一流大学;只有一流科研,才能撑起一流学科。一流的教学,则离不开一流的科研。但是,我国高校的科学研究已经走向了某种极端,完全只是为了追求泡沫般的科研数量以及花瓶型的科研光环,以致我国成了世界上的科研大国却成不了科技强国。当前,推动科研转向,加快应用型师资培养,不仅是建设应用型大学的关键[5],而且是应用型大学发展的前提。

实现科研转向之所以如此重要,是因为其已经成为指引教师们前进的指南。对于应用型大学的教师们来说,如果牵引他们发展的仍然是传统的学术评价指标,那么,他们仍然会与现在一样,埋头书斋与实验室,不关注现实需要与社会实践,不关注教学育人与成果转化,自然培养不出应用型人才,更不用说推出应用性成果。事实上,当前的科研现状要比观念中"教学与科研失衡"问题严重得多。例如,如果一位大学教师将 90% 的工作时间用

于科研,10％的工作时间用于教学,那么,他那 10％的教学时间对学生的有效指导,或许抵得上一位不从事科研并且在教学上投入 100％工作时间的老师。现实的问题是,许多教师的科学研究,实乃重复研究或者无效研究,而且那种急功近利的学术心态,在让自己承担学术创新或者成果应用的社会使命之前,就已经卷入世俗功利的旋涡而不能自拔,在让学生获得社会改造的专业知识以及待人处世的思想品德之前,就已经对学术缺乏敬仰甚至变得唯利是图了,正如钱理群教授所言的"精致的利己主义者"。

那么,我们怎样推动应用型大学教师的科研转向? 应用型大学教师的科学研究,首先要从目标转向手段。在应用型大学,"探究学术"不再是教师们的主要目标,科学研究仅仅成为一种解决实际问题的有效手段。可以说,所有的科学研究,都是基于特定的应用目标,而不是纯粹的学术兴趣。而且,科研不再是评价教师的压倒性指标,仅仅是衡量教师学术能力的参考因素之一。其次,从基础转向应用。基础研究与应用研究的边界,在许多情况下是模糊不清的。但是,研究的出发点可以较好地体现两者的区别。应用型大学的科学研究,不是从学科知识体系出发,而是从现实中的问题出发、需要出发,强调科技成果的应用与转化,开展应用性研究。最后,从约束转向自觉。当前,科学研究已经成为教师们专业成长以及职业幸福最重要的砝码,完不成科研任务就会满盘皆输;而且,过强的科研激励政策,导致一些教师的科学研究不再是为了解决科学上的问题,只是为了科学之外的其他功利目标。在应用型大学,必须扭转这种价值取向,让科学研究成为教师们的自觉行为,是他们在完成特定科研工作之后的自然呈现。

(二)加强实践是应用型师资培养的保证

纵观世界各国各地的应用型大学,再结合学界的各种理论见解,我们会发现,应用型大学的共同特点,就是贯彻学以致用的知识观。正如有文分析指出的,应用型本科教育定"性"在行业,定"向"在应用,定"格"在复合,定"点"在实践。[6]可以说,应用型大学的灵魂,正是学以致用。确实,不强调应用目的的学习,无论从社会抑或个人来说,都是没有效率与效益的。人类之所以能够从茹毛饮血的原始社会走出来,享受今天高度现代化的生活与工作,正是依靠应用型的科学技术。从莘莘学子奋力拼搏的第一追求目标来说,大都是为了获得谋生立世的应用性知识与技能。从人的主观能动性来看,人与外部世界的关系,不外乎是认识世界与改造世界。然而,认识世界的重要目的,正是改造世界。在实现知识应用、积极改造世界的过程中,人们同样能够享受发现、行动与过程本身的乐趣。因此,倡导学以致用的大学学术观,必定成为应用型大学乃至整个高等教育的主旋律。

我们要将一大批从学校到学校的科研型教师培养成为应用型教师,其师资培养任务要比德国等应用型大学建设艰难得多。例如,德国《高等教育总法》规定:除了拥有博士学位,担任应用技术大学教授还必须有相关领域不少于五年的实践工作经历,并且其中至少有三年是学术性机构之外的工作。显然,在应用型人才培养、应用性科学研究等方面,我国高等教育本身就存在先天不足。在这种情况下加快大学教师从传统学术型转向应用型,除了改变教师评价体制、实现教师科研转向之外,我们还要开展教师的实践能力培训工作,实现激励与培训的双轮驱动。对此,《国家中长期教育改革和发展规划纲要(2010—2020)》给出了方向性的改革意见,例如依托相关高等学校和大中型企业,共建"双师型"教师培养培训基地;完善教师定期到企业实践制度;等等。在此基础上,我们要把应用型教师的培养建立在实践教学的平台上。至于其原因,一是实践教学成为我国高等教育的短板[7];二是应用型大学当前都是教学型大学[8]。

(三)课程开发是应用型师资培养的支点

推动应用型大学教师的科研转向,强化应用型大学教师的实践能力,最后应该落实在应用型课程体系的建设上。这是因为,应用型大学建设的首要目标,正是培养应用型人才,而培养应用型人才的基本途径,是通过课程实现的。当前,我国应用型大学的课程体系,大都遵循原来传统学术型院校的理论体系,不是应用型大学应该贯彻执行的知行体系,不仅不利于应用型人才的培养,也不利于应用型教师的发展。因此,我国应用型大学的教师们,要积极开发或者深入钻研适应应用型本科教学需要的知行体系教材,这既是培养应用型人才的工作需要,也是加快教师自我转型的成长路径。离开了作为中心工作的教学育人实践,应用型教师的培养就成为一句空话;应用型教师最佳的培养途径,必须结合具体的实践工作才有实效。

应用型大学教师如何开发应用型课程,要根据实际情况区别对待。对于不少年轻教师来说,他们开发应用性课程资源的贡献,主要体现在充分吸收他人课程资源的基础上,打造出尽可能丰富且优秀的应用型教学课件。随着应用性研究的不断推进,他们才有可能逐渐推出优质的应用型课程。当前,许多学者认为编写教材的学术含金量逊于撰写科研论著。事实上,在应用型大学,我们应该将两者视为同等重要的学术工作,甚至编写应用型教材更体现教师们学术综合的能力,唯此才能培养出"具有跨学科知识、能够理解不同学科的专门人才"[9]。对于不少资深教授来说,开发应用型课程则是他们的学术职责。经过多年的教学实践、实践教学、应用性研究以及社会锻炼,他们积累了一定的行业知识与技能,能够根据人的认知逻辑与学习规律,适当打破严格的学科逻辑体系[10],按照应用型人才培养的知行体系开发应用型课程资源。可以说,能够开发出同行认可的应用型课程的教师,必定属于应用型教师。在此基础上,要让他们开展应用性教学,培养应用型人才,不再是个人的能力问题,而是外在的机制问题。

【参考文献】

[1] 夏建国.技术应用型本科院校办学定位思考[J].高等工程教育研究,2006(6).

[2] 庄沪娟.应用型本科院校师资队伍建设研究[D].厦门:厦门大学,2011:2.

[3] 董立平.地方高校转型发展与建设应用技术大学[J].教育研究,2014(8).

[4] 陈裕先.德国应用科技大学实践教学模式及其对我国应用型本科教育的启示[J].国家教育行政学院学报,2015(5).

[5] 解德渤.科研观转变:应用技术大学发展的关键[J].高校教育管理,2014(6).

[6] 史秋衡,王爱萍.应用型本科教育的基本特征[J].教育发展研究,2008(21).

[7] 胡天佑.建设"应用型大学"的逻辑与问题[J].中国高教研究,2013(5).

[8] 魏鋆,唐道武,牛金成.试论应用型本科院校的性质[J].教育评论,2009(6).

[9] 徐理勤.现状与发展:中德应用型本科人才培养的比较研究[M].杭州:浙江大学出版社,2008:60.

[10] 周建平.应用型本科教育的倾向性问题剖析:课程改革的视角[J].教育发展研究,2009(5).

应用型大学成果转化的四步走战略①

摘　要：相较于传统大学而言，应用型大学较为外显的特征之一便是注重应用知识生产、推动成果转化，以此来突显自身服务社会的独特优势。实现科学研究由学术本位向应用本位转向，是应用型大学推动成果转化的一次重大制度创新；以学科调整作为切入点的大学内部机构改革，是应用型大学推动成果转化的第二步战略举措；打造"政产学研用"五位一体的合作平台，是应用型大学实现成果转化的组织保证；从发展战略高度招聘具有学术应用价值认同的相应教师，最终成就应用型大学学以致用的实用主义办学文化。

应用型大学是一个笼统的概念，不只包括政府与学界主流观点限定的主要由新建地方本科院校转型而来的应用技术大学、应用型本科院校，还包括以应用型研究为主导的研究型大学。可以说，所谓应用型大学，是指各种致力于应用型人才培养、应用型科研生产而不是纯粹学术型人才培养、学术本位型科研生产的大学。相较于传统大学而言，应用型大学较为外显的特征之一便是注重应用知识生产、推动科研成果转化，以此来突显自身服务社会的独特优势。这是因为，应用型大学坚守与弘扬学以致用的学术观，其知识运行逻辑与规律正是沿着知识生产、开发、转化、应用的轨道发展，而且推动成果转化、完成高校科研的"最后一公里"，不仅是提升应用型大学社会贡献度、实现其历史使命的重要途径，也是检验应用型大学知识的应用性与应用性的知识之唯一标准。事实上，对于这个观点，学界持相同意见者甚众。总之，相较于传统型院校而言，应用型大学的外显特征与历史使命之一，在于生产应用性知识，开展应用型科研，推动科研成果转化。学界已经对这个基本观点进行充分的论证与阐述，本文在此基础上对如何实现应用型大学

①　本文原载《绍兴文理学院学报》(教育版)2019年第11期，详见《创业型大学本土化的中国模式研究》(中国社会科学出版社2018年版，第145至157页)。

的成果转化展开论述。以下四大举措不是平行关系而是递进关系或者说扩展关系,由此形成本文关于应用型大学成果转化的四步走战略。

一、科研转向:应用型大学成果转化的制度创新;

二、学科调整:应用型大学成果转化的院系改革;

三、平台建设:应用型大学成果转化的组织保证;

四、教师选聘:应用型大学成果转化的文化塑造。

从经费收支结构看地方本科院校的应用转向①

摘　要："应用型"已经成为地方本科院校实现"弯道超车"的战略目标定位。但是，地方本科院校实现其战略目标的关键因素还是办学经费问题。从地方本科院校与国内一流研究型大学的经费收支结构比较来看，两者已经形成了贫富差距的巨大鸿沟。在推动办学类型多样化的政策指引下，地方本科院校既要以"应用型"作为战略目标，更要以"应用型"作为转型手段，在做好应用型人才培养与应用性成果转化的基础上，将开辟多元经费渠道作为办学第一要务。

无论学界还是政府都已明确，"应用型"成为我国地方本科院校转型发展的重要方向。地方本科院校为了实现"弯道超车"，避免在传统学术研究型大学后面亦步亦趋，也纷纷将"应用型"作为大学谋取市场竞争力的砝码，从而成为中国一流应用型大学建设的主体。"应用转向"能否成为地方本科院校实现"弯道超车"的战略路径选择，关键取决于其成功转型之后能否为社会培养更具适切性的高层次人才、提供针对性的应用性成果。然而，实现其"关键"的关键还是在于办学经费。"钱是大学的生命"，是建设一流校园、凝聚优秀师资、开展前沿研究乃至推动学校改革最为基础的办学资源。放眼全球，在大学排行榜上名列前茅的大学，普遍是经济实力雄厚的大学。"建设一流大学最重要的是资金，这一点在美国大学已成共识。"（王康宁、段江飞，2011）正如朱九思先生所言，"如果问，我所关注的众多教育问题中何者为先？我会毫不犹豫地说：教育经费问题"。正是基于这个研究预设，本文选择一所具有代表性的地方本科院校（以下简称 A 大学或者 A 校）与一所国内一流研究型大学（以下简称 B 大学或者 B 校），对两者经费收支结构进行分析与比较，由此获悉以地方本科院校作为起点的应用型大学筹措办学

①　本文与浙江大学高教所汪辉博士合作，原载《教育发展研究》2018 年第 21 期，原题为《地方本科院校如何实现应用转型——基于两校经费收支结构的比较》，详见《创业型大学本土化的中国模式研究》（中国社会科学出版社 2018 年版，第 173 至 189 页）。

经费之重要性、迫切性乃至决定性。

一、地方本科院校的经费收支结构分析；

二、国内一流大学经费收支结构分析；

三、两类不同院校经费收支结构的比较与思考。

附　录

理想的大学，离我们多远？①

　　摘　要:理想的大学,依存于理想的社会,那是我们追求的方向。但是,现实中的大学,可以成为讲求成本效益、追求宁静有序、注重育人实效、体现和谐民主以及推进社会服务的大学。为此,我们要让大学面向市场办学,让大学校长依法自主办学,让学有所长者自由竞聘教职,让学术在社会市场中进行检验。

　　理想,是一种动力,更是一种方向。古今中外对于理想大学或者大学理想的各种表述,甚至那些具有普遍价值的各种教育理论著述,都是为了指引高等教育变革与发展的方向。那么,理想的大学到底是什么样子? 现实中的大学又可以达到什么样的理想状态? 我们如何更快地趋近理想的大学? 这是一个永恒的学术话题,也是一个最为基础的理论课题。只有把这些问题理顺了,我们才能以此检验各种理论主张与教育实践,才能寻找最佳路径推进教育的不断变革与发展。

　　一、理想的大学应该是什么样子;

　　二、现实的大学可以是什么样子;

　　三、我们如何趋近理想的大学。

附　精简版

　　理想的大学,应该是什么样子呢? 在理想的大学中,学生是来学习的,而不是来混文凭的。最理想的大学,哪怕她不颁发任何文凭,也会有许多人前来学习。大学是真理的殿堂,校长更是殿堂的真神,他们以学术进步与社会发展来衡量一切内外部关系。理想的大学,离不开理想的政府。因为在政府面前,大学永远都是平民百姓。在理想的大学中,大学教师是能够特立

---

　　①　本文原载《高校教育管理》2016年第4期,原题为《理想的大学离我们多远》,详见《理想的大学——教育学术信札》(浙江工商大学出版社2015年版,第2至14页)。

独行的,而不是唯唯诺诺的求生之辈。他们既有因真理化身而具有这种风骨,也有因拥有真学问真本领而具有这种能耐。在理想的大学中,一般的行政人员既不是从属于教授们的,也不是管理大学教师的,他们与大学教师一样,都属于大学中同等重要的办学主体。他们充满自信但又平易近人,他们遵循管理规范但又不会陷入僵化泥潭,深刻理解大学管理的特殊性。在理想的大学中,我们很少听到社会大众对他们负面的评价,如果有一些这样的评价,也是希望他们做得更好,绝不是对这些大学表现出来的失望或者痛恨。理想的大学,是一个具有正能量的磁场。置身其中,任何人都会受到鼓舞与教育,那种对于真理的坚守与文化的渴求,就像十月桂花之香一样扑鼻而来。

理想的大学,离我们太遥远。那么,现实的大学,可以是什么样子? 她是一所讲求成本效益的大学。办大学,并不复杂,如果说有更复杂的事情,我们也能让他们变得简单。放眼望去,一所大学,可以看到尽头;闭上眼睛,大事小事全在脑海;屈指一数,张三李四王五全然了解。作为地方院校,虽然具有市厅一级的级别,但只有县区一级的财政、乡镇一级的人口。而且,人口来源相对明确,价值追求相对统一。她是一所追求宁静有序的大学。上至一个国家,下至一个组织甚至一个家庭,都需要宁静与有序。对于大学来说,更需要宁静与有序。只有宁静,才能沉思,才能创造知识,才能仰望星空。正如诸葛亮先生所言,"非宁静无以致远"。如果说,针对大学外部环境,我们无力改变,但是,不少躁动与无序正源于大学内部。她是一所注重育人实效的大学。从某个角度来说,大学似乎是在赡养与培养一批教师,而不是培养与造就一批学生。当前中国不少大学,已经忘记了或者说被迫忘记了,大学的第一使命是人才培养。正如纪伯伦先生所言:"我们已经走得太远,以至于忘记了,为什么而出发。"然而,在各种办学自主权中,教学权包括一定程度上的教师聘任权等,都已经落实得很好了。她是一所推进社会服务的大学。一流的人文社科学者,为何不能通过深入浅出的论著影响百姓? 一流的自然科学者,为何不能通过大家乐于看容易看的科普著作服务社会? 一流的文科教授应该成为社会的明星,一流的理科教授应该成为企业的指导者。

为了趋近理想的大学,我们该如何做呢? 其一,要让大学面向市场办学,而不是面向政府办学。大量的专项经费,应该化解为生均经费。同时,要把政府对大学的相应责任写入法律。其二,要让大学校长依法自主办学,减少各种多余的干扰与折腾。不少大学可以试行校长兼党委书记、副校长兼副书记等;撤销可有可无的各种部门,减少副职,降低办学成本,提高工作效率;大幅度提高校长岗位待遇,保证其在岗时全职工作;等等。其三,要把教师聘任权、大学内部治理权还给高校。各种学衔、职务都只是一个岗位,而且是相应学校自己的岗位;大学不再针对科研论文进行额外奖励,因为这是教师们获得聘岗条件的基本要求,也是他们的自觉行为;针对教职员工的考评简单易行,主要就是聘期考核,一些大学可以推行终身教授制度。其四,要让学术在社会市场中进行检验,减少以政府或者第三方机构为主体制造的各种学术评价体系。减少其至取消各级政府课题、各种人才项目;减少人为的过度学术分级、刊物分级。文科还应推崇深入浅出的文风,特别关注社会反响;理科还应关注基础研究的进一步延升,强调成果的转化与应用。

学科制度改革与高等教育学学科建设

——对我国高等教育学成为一级学科的再思考①

摘 要：致力于一级学科的"高等教育学"再学科化之路，关键的环节在于完善学科制度。研究表明，将体育学、心理学两个一级学科从教育学学科门类中分离出来，再按照不同的教育活动领域设置相应的行业性学科，可以实现高等教育学从二级学科发展到一级学科。从我国学科制度的变革趋势、矛盾冲突以及国（境）外学科制度的设置现状来看，以这种思路来实现"高等教育学"再学科化具有合理性与可行性。

长期以来，源于对经典学科标准的坚守，高等教育学的性质与地位一直存在争议。随着现代学科标准的确立，高等教育学摆脱了经典学科标准的羁绊，走出了"领域论"与"学科论"之争。[1]但是，现代学科标准，仍未能将高等教育学带出"内忧外患"的窘境。尤其在"双一流"建设的背景下，发轫于非师范院校的高等教育研究机构，外部优胜劣汰的学科竞争压力更加激烈，如果为了迎合一级学科建设政策而增设其他教育学科，则会进一步弱化教育研究机构的学科竞争能力。当前，我国的学科划分与设置从三级制过渡到二级制，从而我们不能寄望国家放弃一级学科建设的思路，必须致力于将高等教育学建设成为一级学科。对此，许多学者从高等教育研究的特殊性与重要性等角度，论证了高等教育学应该成为一级学科。[2]然而，在我国现有的学科目录中，教育学学科门类下设了教育学、心理学、体育学三个一级学科，无论从哪个角度来说，高等教育学都不可能与这三个学科并列成为一级学科。可见，将高等教育学提升为一级学科，必然涉及学科制度改革，这是"高等教育学"再学科化无法绕道而行的一个制度性瓶颈。诚然，我们不是基于高等教育学科地位的提升而倡导学科制度改革，而是从有利于科技进步与社会发展的层面来推动学科制度的进一步完善，在遵循该种价值指

---

① 本文原载《高等教育研究》2017 年第 1 期。

向推进学科制度改革的过程中,自然实现高等教育学一级学科地位的确立。

一、我国学科制度的变革趋势与高等教育学一级学科地位的确立

学科制度的内涵丰富,外延广泛。可以说,有多少位学者研究学科制度,就会出现多少种关于学科制度的定义。但是,无论从哪个角度界定学科制度,学者们普遍认识到,学科划分制度是学科制度建设的奠基性工程[3],大学学科制度是一种规约知识与知识者的制度性架构[4]。有文还认为,"学科制度包括学科准入制度、学科划分制度与专业人才培养制度"[5]。因此,学科划分是学科制度的核心,我们可以从学科划分与设置的角度或者说学科目录来研究学科制度。

中华人民共和国成立以后,我国的学科制度才步入规范化、法制化轨道。时至今日,我国实行过四版学科专业目录。1983 年国务院学位委员会颁布的《高等学校和科研机构授予博士和硕士学位的学科专业目录(试行草案)》,是我国第一版学科专业目录。此后,在 1990 年与 1997 年,国务院学位委员会先后两次颁布《授予博士、硕士学位和培养研究生的学科、专业目录》。当前,我们使用的学科目录是国务院学位委员会于 2011 年颁布的《学位授予和人才培养学科目录》。从这四版学科目录来看,我国学科制度变革至少呈现以下发展趋势:

其一,增加学科门类,突显一级学科,淡化二级学科。在 1983 年第一份学科专业目录的基础上,我国开展的三次学科专业目录修订,学科门类的数量逐步增加,一级学科的地位不断突显,二级学科的建制逐渐弱化。1990 年增加了军事学学科门类,1997 年增加了管理学学科门类,2011 年增加了艺术学学科门类,使得我国的学科门类由最初 10 个发展到 13 个。与此同时,党和国家日益重视的研究领域,以及自身研究体现更多个性特征的学科,不断通过一级学科的建制来加快其发展。例如,2011 年,在法学学科门类下增加了两个一级学科,分别是马克思主义理论与公安学;将历史学学科门类的一个一级学科一分为三,设立了考古学、中国史与世界史三个一级学科;在理学学科门类下增加了生态学与统计学两个一级学科;等等。特别值得注意的是,我国当前的学科目录不再列明二级学科,从而使得我国按照一级学科进行学位授权审核与学科管理的制度得到进一步强化。

其二,现代学科日益增多,学科目录的行业取向逐渐显现。相对于经典学科而言,现代学科的理论体系成熟度不够,但其应用特征明显,符合现代社会的发展需要。无论是从学科门类的增加还是一级学科的发展来看,现

代学科的比重越来越大,按照行业领域来设置学科目录的价值导向已经出现。例如,依次增加的军事学、管理学、艺术学三个学科门类,不再是学科知识的逻辑演绎,而是体现了行业领域或者职业岗位的发展需要;从一级学科层面增设的大量现代学科,诸如公安学、生态学、城乡规划学、风景园林学、护理学等,均体现行业取向性。自2011年学科目录颁布以来,我国学科制度还在继续修订与调整,而且,学科制度变革的方向仍然是坚持行业取向,增加应用性的现代学科。例如,2015年,国务院学位办批准设立"网络空间安全",作为工学学科门类下新增的一级学科,该学科正是一门理论体系尚不成熟但社会发展特别需要的现代学科。

以上分析表明,无论是我国学科的划分与设置,还是每个学科的身份与地位,都不是固定不变的;同时,从一级学科的角度来设置现代学科成为我国学科制度变革的重要走向。因此,作为现代学科的高等教育学,从二级学科发展为一级学科,也并非不可能。如果我们能将心理学、体育学两个一级学科从教育学学科门类中分离出来,确立一个纯粹的教育学科门类,再按照不同教育行业的特殊性与重要性,在该门类下设立相应的一级学科,那么,高等教育学就能成为一级学科。相对学前教育、基础教育、特殊教育等其他教育行业来说,高等教育行业有其自身的特殊性,而且其重要性日益突显出来,可以作为一级学科独立设置。按照这种思路推动"高等教育学"再学科化建设,符合我国学制改革的发展趋势。

二、我国学科制度的矛盾冲突与高等教育学一级学科地位的确立

我国的学科制度经过几轮调整,已经基本适应人才培养与社会发展需要。但是,我国的学科划分与设置,不像欧美国家那样强调其统计功能,而是具有极强的规范与管理功能。在这种情况下,我国学科制度的刚性和局限性,更容易表现出来,甚至会制约和束缚人才培养的创造性和灵活性,导致学科危机,影响人才培养质量。[6]有文指出,学科危机呈现全面化、纵深化和加速化,各种跨学科、多学科、超学科的实践活动风起云涌,已经突破了学科制度的规范与管理。[7]包括学科划分与设置在内的学科制度,只是一种手段而不是目的,当学科制度明显影响到人才培养、科学发展与社会进步,那么,学科制度就需要进行调整与修订。

从现有学科目录来看,有待完善的地方仍然较多。首先,教育部于2012年颁布的《普通高等学校本科专业目录》除了未设军事学学科门类外,其他学科门类与我国现有学科目录保持一致,但是,专业目录中的专业类与学科

目录中的一级学科仍然有较大出入,以两个不同的知识分类指标体系来开展人才培养与科学研究,这在其他国家并不多见,而且不利于学科建设与专业建设的融合。其次,学科门类的设置过多地依赖传统的知识积累,体现了明显的学科取向,不能适应现代科学技术与思想文化的融合趋势。例如,文史哲三者很难完全分离,而且哲学是一切学科的基础,更多地体现为一种思维,我们却设置了哲学、文学、历史学三个学科门类。最后,一级学科的设置存在交叉现象,有时缺乏内在的逻辑联系。例如,在法学学科门类下有一级学科公安学,在工学学科门类还有一个一级学科公安技术。又如,农林经济管理作为一级学科纳入管理学学科门类之下,依此逻辑,其他行业性管理诸如医疗卫生管理、高等教育管理等亦可归入该学科门类之下。由此可见,我国现有学科制度仍有完善的空间。如果教育学学科门类中的一级学科设置不利于教育的发展与人才的培养,那么,我们就有必要进行相应的调整与修订,甚至可以纳入现有十三大学科门类中进行整体设计与系统完善。

再从教育学学科门类内部来看,其学科设置存在逻辑错误。可以说,心理学、体育学并不完全归属教育学学科门类,在该学科门类下设立心理学、体育学两个一级学科,无法寻找到学科划分与设置的学理依据。心理学不只是人才培养的理论基础,已经广泛应用到各种人际交往与社会活动之中。从心理学的研究成果来看,许多研究者更像哲学家、医学家或者数学家,并不像教育学家。在我国目前采用的《普通高等学校本科专业目录》中,心理学就没有归入教育学学科门类,而是作为独立的专业类归入理学学科门类。可见,心理学完全可以也应该从教育学学科门类中分离出来。体育学的外延同样远远超出教育学科领域,将其归入教育学学科门类缺乏充足的理由。在身体发育方面,体育学离医学更近;在技能竞赛方面,体育学离艺术更近;在社会体育方面,体育学离管理学更近。在《普通高等学校本科专业目录》中,体育学类虽然归属教育学学科门类,但其下面的五个专业,只有体育教育可以归属于教育学学科门类,其他四个专业已经超出教育领域了。事实上,如果仅仅因为体育学属于教育学的基础,而且可以作为一种教育内容传承下来,那么,哲学、文学、艺术等许多学科都可以归属到教育学学科门类。例如,与体育是身体发育的基础一样,哲学是思维训练的基础,文学是情感培育的基础,艺术是美感开发的基础,它们都需要通过教育途径传承给下一代。可见,体育学同样可以也应该从教育学学科门类中分离出来。依上分析,心理学、体育学两个一级学科,应该从教育学学科门类中分离出来,让教育学科门类成为一个体现教育行业特征的教育学类集群。在此基础上,具有不同研究对象的不同教育行业,例如学前教育学、基础教育学、高等教育学等,都可以顺理成章地成为教育学科门类中的一级学科。

三、国(境)外学科制度的设置现状与高等教育学一级学科地位的确立

我国学科制度的改革,既要遵循符合实际的传统,也要借鉴其他国家或者地区的经验。尤其是高等教育发达的国家或者地区,其学科划分与设置制度值得我们学习。早在 2005 年,针对国际上学科专业的设置情况,国务院学位办委托中国学位与研究生教育学会开展了一次全面深入的调研(学位办〔2005〕6 号)。调研范围主要是研究生教育比较发达的国家或地区,包括美国、欧洲(英、法、德等)、俄罗斯、日本、印度等以及中国台湾地区,共有十多所高校参与此项课题。笔者作为厦门大学课题组的主要成员,参与了中国台湾地区研究生专业目录设置的调查研究。从各课题组的汇报情况来看,发达国家或者地区的学科专业目录,偏重其统计功能,不是一种刚性的调控手段,高校对此享有较大的自主权,并且体现出产业领域特征,遵循行业取向而不是学科取向的设置原则。在此,试以美国与中国台湾地区的学科专业目录为例,探讨我国学科制度改革可以借鉴的经验以及高等教育学再学科化建设的路径。

在国际上,美国既是高等教育大国,也是高等教育强国。全国各级各类高等教育通用的学科专业目录(Classification of Instructional Programs, CIP),是一个指导性而非指令性的学科专业目录。该目录将学科专业分成三个级别,其中相当于我国学科门类的两位数代码学科群有 38 个,相当于我国一级学科的四位数代码"专业组"(一般称之为学科)有 362 个,第三个层次则是相当于我国二级学科的六位数代码"专业"。[8]在 38 个学科群中,教育学与心理学是两个独立的学科群,体育学则包含在"医疗卫生与临床科学"以及"公园、娱乐、休闲、健身"两个学科群中,而且,在教育学学科群的所有学科与专业中,没有"体育"与"心理"的字样。借鉴美国的学科划分与设置制度,我国在开展下一轮学科目录调整时,可以将心理学与体育学从教育学学科门类中抽离出来,从而实现高等教育学成为一级学科的再学科化目标。另外,美国学科专业的设置与修订标准,对我国高等教育学的再学科化亦有启发。在美国,当某种学科在事实上已经存在,例如联邦调查统计数据表明最近 3 年至少有 3 个州的 10 个以上高等教育机构授予至少 30 个该学科专业的学位[9],同时通过相关专家的论证,该学科专业就可以进入美国的 CIP。高等教育研究在我国是一个从业人数众多、专业机构众多、学位布点众多的学科领域,在非师范院校就有高等教育学专业的博士点至少 10 个,借鉴美国

学科专业的设置标准,我国高等教育学可以作为一级学科来建设。

　　根据中国台湾地区各大学"院系所代码档",可以看出我国台湾研究生专业设置分三个层次:一是相当于大陆学科门类的18个一级学类,二是相当于大陆一级学科的125个二级学类,三是大量相当于大陆二级学科或者专业的实体研究机构,我们可以将之称为二级学科或者专业。[10] 在18个一级学类中,设有教育学类、经社及心理学类、其他学类(包含警政学类、军事学类、体育学类等)三大学类,而且在教育学类中,不再包含非教育类的心理学、体育学等学科专业。可见,台湾学科制度与美国一样,体育学与心理学都没有纳入教育学学科门类中。同时,台湾的学科制度体现了很强的行业领域色彩,18个一级学类与125个二级学类不是按照学科逻辑来划分,而是按照社会行业与生产实践的需要来设置的。大陆学科制度改革借鉴台湾经验,可以从行业发展需要来梳理学科门类,尤其从不同教育领域来设置教育学科门类的一级学科。在心理学、体育学从教育学学科门类分离出去的前提下,遵循行业取向的学科设置原则,高等教育学就可以纳入一级学科的建设轨道。

【参考文献】

　　[1] 张应强.超越"学科论"和"研究领域论"之争:对我国高等教育学学科建设方向的思考[J].北京大学教育评论,2011(4):49-61.

　　[2] 李均,李鸿.建设"教育学一级学科"背景下高等教育学科困境与出路[J].大学教育科学,2016(2):99-104.

　　[3] 庞青山.大学学科结构与学科制度研究[D].上海:华东师范大学,2004:134.

　　[4] 常文磊.大学学科制度发展史简议[J].大学·研究与评价,2009(2):54-59.

　　[5] 鲍嵘.学科制度的源起及走向初探[J].高等教育研究,2002,(4):102-106.

　　[6] 骆四铭.学科制度与创新型人才培养[J].高等教育研究,2009(9):46-51.

　　[7] 钱志刚,崔艳丽.知识生产视域中的学科制度危机与应对策略[J].中国高教研究,2012(10):46-49.

　　[8][9] 刘念才,程莹,刘少雪.美国高等院校学科专业的设置与借鉴[J].世界教育信息,2003(1-2):27-44.

　　[10] 邬大光,付八军,张宝蓉,等.台湾地区研究生专业设置的历史、现状与趋势[J].理工高教研究,2007(1):1-4.

"高等教育学"再学科化三重奏①

摘 要: 作为二级学科的高等教育学,要走出"内忧外患"的发展窘境,需要进行再学科化改造。"高等教育学"再学科化的第一个步骤,便是通过学科标准的确立,明确其现代学科的身份。与此同时,需要进一步完善我国的学科制度,只有将心理学、体育学从教育学学科门类中分离出来,在该门类下按照教育活动领域设立行业取向的学科,才可能让高等教育学成为一级学科。如果说,学科身份的明确与学科地位的提升属于再学科化的条件性因素,那么,学科研究的贡献度才是高等教育学科走向成熟的决定性要素。高等教育学术共同体的学科研究,要以解决现实问题作为目标,以构建理论体系作为手段,最终实现"学科研究"与"领域研究"相辅相成,相互促进。

在潘懋元等老一辈高等教育研究者的推动下,高等教育学于 1983 年被国务院学位委员会正式列入学科专业目录,学科活动组织中国高等教育学会同时成立。为了"便于组织和开展高等教育理论研究"[1],1993 年再度成立中国高等教育学会的专业委员会——全国高等教育学研究会,现名中国高等教育学会高等教育专业委员会。30 多年来,高等教育学科由最初的"星星之火",发展到现在的"燎原之势"[2]。然而,自诞生之日,高等教育学科就一直处在争议与夹击中。从全国高等教育学研究会成立至今,中国教育理论界至少有过三次关于高等教育学科建设的争议[3],学者们围绕高等教育"属于一个领域,抑或一个学科"等基本理论问题争论不休。与此同时,在 20世纪 90 年代中后期,国家开始按照"一级学科"进行学科点授权审核,使得作为二级学科的高等教育学,其相对独立的地位被严重动摇。[4] 2015 年启动"双一流"建设,高等教育学科进一步受到外部学科的夹击,在争创学科高峰的竞争背景下,高等教育研究机构的更名或撤并再度升温。一个以教育研

---

① 本文原载《现代大学教育》2019 年第 1 期。

究作为学术使命的组织,"高等教育学"的再学科化问题便凸显出来。

一、学科标准:从经典学科到现代学科

高等教育学在我国已经取得合法的学科地位,可是,学界对其学科身份的讨论甚至质疑就没停止过,高等教育学一直处在"学科论"与"领域论"非此即彼的争议中。出现这种"合法"但不"合理"的奇怪现象,缘于学者们尚未走出经典学科的框架,仍然按照传统的学科标准来讨论高等教育学科的归属问题。为此,我们不妨先来梳理在经典学科标准下存在哪些代表性的纷争,再来看看高等教育学界为突破经典学科标准所做的努力以及取得的成绩。

(一)经典学科标准下的学科性质分歧

所谓经典学科标准,是指以有没有特定的研究对象、成熟的理论体系、独特的研究方法,作为衡量某个研究领域能否成为一门"学科"的标准。在这种标准的范式下,学科成为学术共同体的精神家园,专门的术语、抽象的理论以及规范的方法,让外来学科的学者很难进入。例如同样作为社会科学的经济学等,建立了自己的学科壁垒,具有较高的学科门槛,其独立的学科地位已经得到社会认可。但是,高等教育学至今尚未建立成熟的理论体系,而且其学科性质在学术共同体内部就存在分歧。

从国际来看,阿尔特巴赫(Philip G. Altbach)属于"领域论"的代表人物,潘懋元先生属于"学科论"的代表人物。美国的阿尔特巴赫是比较高等教育专业研究的开创者,他认为高等教育只能是一个跨学科研究领域,永远不可能成为一门独立学科,因为它没有一个学科基础,没有自己的方法论,也没有被广泛认可的理论。[5]总体而言,在北美乃至日本等不少国家与地区,研究者关注的是高等教育问题,而非高等教育学科。[2]潘懋元先生是我国高等教育学科的重要创始人,他认为高等教育具有独特的研究对象以及区别于普通教育的规律,可以构成一门独立的学科,只不过是一门正在成长中的学科。[6]

从国内来看,在学术共同体内部,不管缘于非理性的学科情感,还是根于理性的学科信念,较多的学者坚持"学科论"。只不过,在维护与坚守高等教育学科地位的立场上,他们推动学科走向成熟的观点与路径不尽一致。例如,卢晓中等倾向于纯粹的学科建设思路,提出如下观点[7]:

在学科建设中,高等教育研究方法借鉴移植另一学科方法不可避免,但

要体现出自身的独特性。高等教育学科的表达方式需要拥有原创于本学科且具有学理性、专业性的迫切的新术语。

汤晓蒙、刘晖等采取开放的学科建设思路，提出高等教育学科建设必须"破除狭隘的学科壁垒思维，以广阔的胸怀和开放的视野积极推进与其他学科的交叉与融合，这将是高等教育学真正成为一门学科的必由之路"[8]。与坚持高等教育学属于独立学科的观点相反，学术共同体内部亦有学者坚持认为高等教育只是一个研究领域。例如，龚放教授坚持"领域论"，认为高等教育研究不存在一个逻辑严谨、天衣无缝的学科整体框架，他还借用英国学者比彻（Tony Becher）的形象比喻，认为高等教育就像河一样无常流淌，而不可能像树一样依次生长，并将之归为应用软科学。[3]

其实，"学科论"与"领域论"没有优劣高低之别，也无关乎高等教育研究热情与学科情怀，他们只是研究问题的起点有所区别而已。"学科论"关注成熟的理论体系，并非一定要回到象牙塔中去，为了学术而学术，而是通过系统化的理论成果，培养高级专门人才，服务高等教育实践。正如"学科论"的代表人物潘懋元先生所言，提倡高等教育研究回到象牙塔，成为有闲阶层的"闲适好奇"，在当代既不可取，也不可能，"这种提倡，是开历史的倒车"[9]。"领域论"关注现实问题的解决，并非放弃学科地位的打造，为了实践的需要无视理论的探索，而是通过有针对性、实效性的应用性研究，提升高等教育理论的社会贡献率，从而顺理成章地推动高等教育学科地位的显现与提升。正如国内"领域论"的代表人物龚放所指出的："发展、提高我国高等教育研究的基本路径可以归纳为：深入实践，研究问题，解决问题（影响决策、指导行动），进而增进知识、丰富理论。"[10]在高等教育研究的核心问题"大学治理"上，龚教授还提出："现代大学已经呈现专业化，校长应该以'治校为志业'，而不是副业、兼职，坚决叫停'双肩挑'。"[11]可见，"学科论"与"领域论"均重视高等教育研究的现实关怀与理论品性，均追求高等教育学科的家园精神与专业地位，只是由于无法提供一个符合经典学科标准的高等教育理论体系，他们在选择高等教育研究起点上便出现分歧。有些学者锲而不舍，迎难而上；有些学者知难而退，绕道而行。要让这些有着同样研究志趣却有着不同研究起点的学者站到一条道上，共同为"高等教育学"再学科化摇旗呐喊，避免高等教育学遭受"随意裁撤和合并之苦"[12]，需要我们走出经典学科的框架，构建新型的学科标准。

（二）现代学科标准下的一级学科建设

超越"学科论"与"领域论"之争，关键在于学科标准的确定。[13]于是，关于学科标准的探索就成为"高等教育学"再学科化的努力方向。在各种探索中，有一种观点颇有启发，即有文提出学科划分的标准已经发生了变化，不少学科不宜采取经典学科的标准，而应该采取现代学科的标准，"高等教育学属于一门现代学科"[14]。该文虽然没有对"现代学科"做出明确的定义，但通过该文的论述可知，所谓现代学科，即在遵循社会需要逻辑而不是学科知识演化逻辑的条件下获得蓬勃发展的学科。在现代学科标准下，作为缺乏成熟的理论体系与独特的研究方法的高等教育学，同样是一门独立的学科，学术共同体具有足够的学科自信。事实上，相较于经典学科而言，"高等教育学"等现代学科的学科门槛较低，学科规范要求较少，学科范围变得更大，也就是学科变得更加"宽容"[14]了。

　　从经典学科到现代学科，确实可以摆脱长期以来的"学科论"与"领域论"之争，为高等教育学科的地位提升与长足发展创造广阔的空间。但是，学科性质的归属以及学科地位的确认，在我国是自上而下进行的，高等教育学科独立地位的提升必须通过学科制度的改进实现。为此，张应强教授等学者提出"高等教育学再学科化"的道路之一，便是让高等教育学从教育学的二级学科框架中独立出来，成为一级学科。[12]在这些学者看来，高等教育学并不发源于教育学尤其是教学法和课程论研究，两者有不同的研究对象与知识体系，属于两个并列平行的学科，具备成为一级学科的所有条件。[15]

　　就像"学科论"与"领域论"的争议一样，自倡导将高等教育学建成一级学科的观点提出以来，高等教育学术共同体内部就有不同意见。高等教育学科的开创者潘懋元先生认为，将高等教育学视为与教育学平行的一级学科有一定的道理，但是目前如此处理尚不成熟。[9]作为"学科论"的忠实坚持者，卢晓中赞成潘先生的观点，认为将高等教育学建设成为一级学科还不成熟。[7]还有一些学者认为，作为二级学科的高等教育学，应该坚守教育学学科立场，没有教育学的学科边界，就不会有高等教育学的独立学科地位。[16]确实，贸然提出将高等教育学作为一级学科来建设，难以获得学界乃至政府认可。尤其是从现代学科标准的确立，到在学科制度上让高等教育学成为一级学科，其间缺乏必然的或者合理的逻辑关系，让人觉得这是两件关系不那么密切的事物。我们无法从论述中看到这样的一条线索：遵循现代学科标准，高等教育学就自然成了一级学科。同时，张应强提出"高等教育学再学科化"的另一条道路，即"将不同学科高等教育研究成果进行理论整合，实现其高等教育学科化建构"[12]，似乎又回到"学科论"。只不过，这里不再采取多种学科研究的拼盘，而是不同学科研究的融合，亦即"从'多学科'研究走向'跨学科'研究"[8]。就如有学者所做的形象比喻："多学科好比是混合物,跨学科就像是化合物。"[17]而且,这种跨学科的高等教育学科化建构,恐怕没有任何一位学者能够完成。但是,张应强提出的现代学科概念,以及由此推导出来的一级学科建设思路,启发了我们进一步探索政府层面自上而下确定的学科制度。高等教育学走出"内忧外患"[16]的发展困境,必须从这里实现突破。

二、学科制度:从学科取向到行业取向

学科标准不等于学科制度。学科标准是开展学科划分的依据,而学科制度的内涵更为丰富,包括"学科划分与设置制度、课程标准、学科研究规范、学科评价标准、学科奖惩制度等"[18]。毫无疑问,学科划分与设置,是学科制度建设的第一步。我国现有的学科划分与设置制度,计划经济色彩较为明显,具有极强的规范与管理功能;美国等西方国家学科划分主要是一种管理上的统计功能,是对高校专门人才培养结果的一种统计归纳。[19]在我国现有学科制度的条件下,要让作为现代学科的高等教育学成为一级学科,那不只是潘懋元先生所说的理论体系"尚不成熟",而且不符合现有学科制度的逻辑体系。只有进一步完善我国的学科制度,才可能让蓬勃发展的高等教育学成为一级学科。

(一)现有学科制度下高等教育学成为一级学科的制约因素

我国目前沿用的学科目录是 2011 年颁布[20]并于 2018 年 4 月更新的《学位授予和人才培养学科目录》[21],该目录仅注明学科门类与一级学科,不再明确二级学科,体现现代社会科学技术不断分化且以综合为主导的特征。但是,该学科制度仍以经典学科标准作为学科划分与设置依据,注重严密的知识体系以及学术分类,具有鲜明的学科取向。例如,13 个学科门类的一级学科[20,21],基本上属于学界认可的经典学科,另有一些新型学科则属于社会急需且技术特色明显的应用学科。作为现代学科的高等教育学,当前既缺乏成熟的理论体系,又难以体现不可或缺的应用贡献,自然很难在现有的学科制度下谋得一级学科的地位。

从教育学学科门类来看,下设三个一级学科,分别是教育学、心理学和体育学。在这种学科划分与设置条件下,无论从哪个方面来说,高等教育学都不可能与它们并列为一级学科。顾名思义,教育学是高等教育学的上位概念,把两者作为平行学科排在一起,在逻辑上说不过去。在将教育学理解或者更改为基础教育学的条件下,若将高等教育学提升为一级学科,虽然不

再有层级的冲突,却受到教育学科内部其他学科的冲击。例如,从层次来看,基础教育学、高等教育学可以成为一级学科,那么,学前教育学亦可以成为一级学科;从空间来看,既然学校教育学的下位学科都可以成为一级学科,那么,社会教育学以及现在日益受到重视的家庭教育学,更应该成为一级学科。事实上,在教育学科家族内部,不仅许多尚未获得学科建制的教育研究领域急需学科身份的明确,而且不少二级学科同样感受到学科危机并力求学科地位的提升。例如,有文指出,比较教育学者对比较教育的信心发生了根本性的动摇,学科自信变得不堪一击,学科优越感渐趋丧失,学科的可持续发展也正在瓦解。[22]可见,不突破现有学科划分与设置的价值取向,高等教育学就不可能成为一级学科。

(二)通过完善学科制度实现高等教育学从二级学科到一级学科

学科分类是一个世界难题,我们找不到一个没有争议的学科目录。但是,包括学科分类在内的学科制度,只能属于一种手段而不是目的,当学科制度明显阻碍了学科发展与社会进步,那么,学科制度就应该进行相应的完善。我国学科制度完善的价值指向,应该从学科取向转向行业取向,这也是学科制度变革的必然趋势。同时,只有实现这种转向,高等教育学才能从二级学科发展为一级学科。

其一,我国学科制度的历史变迁使这种转向成为可能。从 1983 年颁布的《高等学校和科研机构授予博士和硕士学位的学科专业目录(试行草案)》[23],到 1990 年[24]与 1997 年[25]先后颁布的《授予博士、硕士学位和培养研究生的学科、专业目录》,再到 2011 年颁布的《学位授予和人才培养学科目录》[20],我国已经实施过四版学科专业目录,其间还有多次的修订与调整。从学科变革的总体趋势来看,我国学科划分越来越淡化二级学科,倾向于增加学科门类,在一级学科层面上增设现代学科,体现行业需求导向。例如,1990 年增加了军事学学科门类[24],1997 年增加了管理学学科门类[25],2011年又将属于文学学科门类的一级学科"艺术学"独立出来,变成了艺术学学科门类[20],这些新增的学科门类具有很强的行业取向。又如,2015 年,根据国务院学位委员会第 11 号文件,"工学"学科门类下增设了"网络空间安全"(学科代码为"0839")作为一级学科[26],该学科与高等教育学一样,也可谓一门现代学科。可见,在将心理学、体育学两个一级学科从"教育学科门类"分出来之后,在该门类之下,可以按照教育行业的特殊性与重要性,增设相应的一级学科,这亦符合我国学科变革的趋势。高等教育领域相对于其他教育领域来说,无论从哪个方面来看,都有其特殊性,而且极为重要,可以作为一级学科独立设置。

其二,我国学科制度的矛盾冲突使这种转向成为必要。在现有学科划分与设置中,有些学科是很难完全分开的,我们却把这些学科变成了学科门类,例如,哲学、文学与历史学;有些学科是不适合作为一级学科独立出来的,且不适合归为某个学科门类,例如,作为一级学科的农林经济管理归为管理学学科门类,若该学科地位成立,那么,高等教育管理、医疗卫生管理等各种行业性管理都可以成为一级学科归到管理学学科门类之下。从教育学学科门类来看,心理学、体育学两者远远不只是人才培养的基础,而是许多其他活动的基础,不应该归入于教育学学科门类。例如,心理学像哲学一样,广泛应用于各种领域,当前不少心理学家更像哲学家,而不是教育(学)家,尤其脑神经领域的心理学学者,似乎更应该归入医学。体育学远远超于教育活动的范畴,在运动训练等方面,归入艺术学科门类更合适,在身体发育等方面,归入医学学科门类更合理。如果因为教育的需要而将心理学、体育学纳入教育学学科门类下,那么,艺术、文学、理学都可以成为教育学学科门类的一级学科。可见,现有学科划分的矛盾冲突,可以让心理学、体育学从教育学学科门类中独立出来,再而成立一个体现行业特征的"教育学科门类"。

其三,国(境)外经验为我国学科制度的价值转向提供了借鉴。从总体情况来看,国(境)外学科划分的统计功能强于管理功能,同时更好地体现了行业领域特征。例如,美国的学科专业目录(Classification of Instructional Programs,CIP)根据全国高校学科专业设置现状而确定,共分三个层级,作为第一层级的学科群共38个,其中13个主要适用于学术型学位教育、13个主要适用于应用型和专业学位教育、12个主要适用于职业技术教育,而且,后面两类学科目录具有很强的行业指向性。[27]又如,德国高校学科和专业分类不是主管部门主导、学校执行的自上而下模式,而是学校设置具体专业、州和联邦进行分类和统计的自下而上模式,从"学生和考试统计""人员和岗位统计"两种不同对象进行统计,形成了"专业群、学习范围和学习专业""专业群、教学与研究范围和专业领域"两种不同的分类法和专业目录。[28]再如,20世纪50年代以来,日本的学科专业结构调整明显转向社会生产,注重与社会行业、产业的对接,增加理、工业学科专业的比例,降低文学科专业的比重,重视职业技术教育,以"增强学科专业服务技术创新与产业发展的能力"[29]。特别值得注意的是,在美国等国家或者地区的学科专业目录中,心理学与体育学都没有归入教育学科门类,教育学科门类下设的(一级)学科都直接指向教育。可见,从世界范围的学科划分与设置来看,我国的学科制度改革,可以将体育学、心理学从教育学学科门类中分离出去,从行业领域的角度出发将教育作为一个学科门类,其下再设立具有行业取向的学前教育学、基础教育学、高等教育学、家庭教育学、社会教育学、特殊教育学等大量一级学科。

三、学科研究:从一元发展到二元协调

通过学科标准的厘定,明确了高等教育学科的性质,这是一门现代学科;通过学科制度的完善,可以抬升高等教育学科的地位,让它变成一级学科。这些努力,有利于高等教育学科的繁荣,尤其有利于非师范院校高等教育研究机构的发展。但是,要让高等教育学获得社会各界的认可与接受,还在于其学科研究能够体现作为现代学科的价值与贡献。可以说,从现代学科的设置乃至学科制度的改革来看,社会各界对于一门现代学科理论成熟程度的要求,远远没有其实际的社会贡献重要。高等教育学科"彰显研究功能,坚持学科自信"[30],需要从提升高等教育理论的社会贡献度出发。高等教育理论体系成熟的评判标准,最关键的一条依然是其能否有效指导高等教育实践。因此,作为一门学科的高等教育研究,必须从高等教育问题与现象出发,发掘其原则与规律,在此基础上再来提炼出相应的理论,以指导教育实践,最终实现"学科研究与领域研究的比翼齐飞"[31]。任何一种一元化的研究取向,采取体系内部的理论演绎或者不求理论建树的问题解决,都不利于"高等教育学"再学科化的进程,从而也不利于高等教育实践的发展。

一方面,高等教育研究必须以促进教育发展与社会进步作为根本出发点。以高等教育研究作为志业的学者,普遍都有程度不同的学科情结。只不过,对于那些坚守"学术中立"的学者来说,他们往往会从理智而非情感的角度来看待高等教育学科的性质,从而在学术共同体内部出现"领域论"对"学科论"的挑战。这种基于共同目标的观点差异乃至冲突对立,对于高等教育学科的建设其实没有坏处。事实上,这种争论还推出了"现代学科"标准,虽然该标准不能完全取代经典学科标准,但至少是经典学科标准的有益补充;同时,将高等教育学归为现代学科,在很大程度上走出了"学科论"与"领域论"的争议。但是,如果我们将高等教育研究的出发点,定位于理论体系的构建,"把知识体系建设作为首要使命"[32],无视高等教育实践与社会发展的需要,那么,"高等教育学"再学科化的道路就会越走越远,最后或许会

像潘懋元先生所言的"由于钻牛角尖而走到死胡同"[33]。基于实践,面向实践,服务实践,这是高等教育学科研究的基本向度,也是"高等教育学"再学科化的发展逻辑。龚放提出[3]:

> 高等教育学科建设的方略必须改弦更张,必须放弃探寻、构建一个逻辑严密、范畴特殊、严谨严整、天衣无缝的高等教育学理论体系的目标,而将研究并解决中国高等教育改革与发展中的重大现实问题作为首要任务。

笔者理解龚放"矫枉必须过正"的学术见解,他只是强调,高等教育研究必须以"领域研究"作为出发点与落脚点,绝不是以"学科研究"作为第一目标与首要任务。

另一方面,富有实践生命力的高等教育理论成果需要固化下来以培养人才。"领域研究"是高等教育学科研究的价值向度,但并不意味着我们可以不关心高等教育理论建设。我们把在高等教育实践之中开出的理论之花加以提炼与整合,不仅可以进一步指导教育实践,而且可以培养一代新人。高等教育学科的理论建构,并不是要搭架学科篱笆,制造学科壁垒,让外来学科成员难以涉足,而是为了总结理论成果,再而服务教育实践,服务人才培养,最终实现"学科研究"与"领域研究"、理论探讨与实践改革的相得益彰。不过,我国学者在推动"高等教育学"再学科化的过程中,往往有些急于求成,或者急于证明学科的合法性。正如有学者指出的,在西方学术界,哪怕是高等教育研究最为发达的美国,大学里没有像我国一样普遍以"高等教育学"命名的课程和教材,大都是以"高等教育"作为专题的教学群。[34]事实上,任何学科的科学化、专业化进程,都是一个过程。例如,当前无人否认其学科地位的医学,早在1869年,就有过如此评价:"如果如今正被应用的医学沉入海底,那将是人类的最大幸事,又是鱼类的最大灾难。"[35]19世纪中期,还有如此记录[35],当时每个大学生都明白这样一个道理:当一个人学术无能,不善于言辞、写作,任何目标都无法实现时,他还有一个能够避难的永远不会失败的去处——医学专业。

作为经典学科的医学,其学科科学化的道路都如此曲折,那么,作为现代学科的高等教育学,从1983年取得学科建制至今才30多年的历史,更应该平心静气,在再学科化的道路上作好持久战的准备。

【参考文献】

[1] 潘懋元.潘懋元教育口述史[M].北京:北京师范大学出版社,2007:167.

[2] 胡建华.高等教育学科建设与发展的中国道路:研习潘懋元先生的

高等教育思想[J].山东高等教育,2015(6).

　　[3]龚放.把握学科特性选准研究方法:高等教育学科建设必须解决的两个问题[J].中国高教研究,2016(9):1-5.

　　[4]李均,李鸿.建设"教育学一级学科"背景下高等教育学科困境与出路[J].大学教育科学,2016(2):101.

　　[5]赵炬明.学科、课程、学位:美国关于高等教育专业研究生培养的争议及其启示[J].高等教育研究,2002(4):14.

　　[6]潘懋元.关于高等教育学科建设的若干问题[J].高等教育研究,1993(2):2.

　　[7]卢晓中.高等教育学的学科性质及相关问题[J].中国高教研究,2016(11):4.

　　[8]汤晓蒙,刘晖.从"多学科"研究走向"跨学科"研究:高等教育学科的方法论转向[J].教育研究,2014(12).

　　[9]潘懋元.关于高等教育学科建设的反思[J].中国教育科学,2014(4).

　　[10]龚放.追问研究本意纾解"学科情结"[J].北京大学教育评论,2011(4):41.

　　[11]龚放.以治校为志业:大学治理的新常态[J].高等教育研究,2015(10):30.

　　[12]张应强.高等教育学的学科范式冲突与超越之路:兼谈高等教育学的再学科化问题[J].教育研究,2014(12):13-23.

　　[13]郭雷振.学科标准视域中的"高等教育"学科属性探析[J].北京大学教育评论,2011(4):91-96.

　　[14]张应强.超越"学科论"和"研究领域论"之争:对我国高等教育学学科建设方向的思考[J].北京大学教育评论,2011(4).

　　[15]李均.作为一级学科的高等教育学:基于学科政策与学科历史的视角[J].高等教育研究,2011(11):32-37.

　　[16]伍红林.论高等教育学与教育学的"因缘"[J].高等教育研究,2015(8):50.

　　[17]刘仲林.跨学科学导论[M].杭州:浙江教育出版社,1990:132.

　　[18]庞青山,薛天祥.大学学科制度的建设与创新[J].中国高教研究,2004,(5):19.

　　[19]王伟廉.高等学校学科、专业划分与授权问题探讨[J].高等教育研究,2000,(3):41.

　　[20]国务院学位委员会,教育部.学位授予和人才培养学科目录(2011

年)[EB/OL]. (2011-03-22)[2018-11-01]. http://www. chinadegrees. cn/xwyyjsjyxx/sy/glmd/272726. shtml.

[21] 学位管理与研究生教育司. 学位授予和人才培养学科目录(2018年4月更新)[EB/OL]. (2018-04-19)[2018-11-01]. http://www. moe. gov. cn/s78/A22/xwb_left/moe_833/201804/t20180419_333655. html.

[22] 马健生,陈玥. 论中国比较教育的重生:基于学科制度结构的视角[J]. 比较教育研究,2015(9):38.

[23] 国务院学位委员会. 高等学校和科研机构授予博士和硕士学位的学科专业目录(试行草案)[EB/OL]. (1990-11-18)[2018-11-01]. http://www. cdgdc. edu. cn/xwyyjsjyxx/xwbl/xwzd/xkml/.

[24] 国务院学位委员会,国家教委. 授予博士、硕士学位和培养研究生的学科、专业目录[EB/OL]. (1990-11-28)[2018-11-01]. http://www. law-lib. com/law/law_view. asp? id=52560.

[25] 国务院学位委员会,国家教育委员会. 授予博士、硕士学位和培养研究生的学科、专业目录(1997 颁布)[EB/OL]. (2011-08-23)[2018-11-01]. http://www. chinadegrees. cn/xwyyjsjyxx/sy/glmd/267001. shtml.

[26] 教育部. 关于研究生学科、专业目录的更新[EB/OL]. (2017-12-14)[2018-11-01]. http://www. moe. gov. cn/jyb_hygq/hygq_zczx/moe_1346/moe_1366/201712/t20171214_321381. html.

[27] National Center for Education Statistics. Classification of Instructional Programs (CIP 2000)[EB/OL]. (2002-04-10)[2018-11-21]. https://nces. ed. gov/pubs2002/cip2000/.

[28] 胡春春,李兰,萧蕴诗,等. 德国高等学校学位制度及学科专业设置[J]. 同济大学学报(社会科学版),2007(1):112-124.

[29] 王志蔚,王妍妍. 战后日本学科专业调控及启示[J]. 高教发展与评估,2007(2):90.

[30] 胡建华. 彰显研究功能坚持学科自信[J]. 中国高教研究,2016(11):8-11.

[31] 董立平. 学科与领域:高等教育研究科学化的两翼[J]. 高等教育研究,2011(12):77-84.

[32] 方泽强. 论高等教育学科人的责任与使命[J]. 教育与考试,2014(1):63-67.

[33] 潘懋元. 高等教育理论研究必须更好地为高等教育实践服务[J]. 高等教育研究,1997(4):1.

［34］文雯.学科视野中的高等教育学［J］.现代教育科学,2005(6):35.

［35］教育部师范司.教师专业化的理论与实践［M］.北京:人民教育出版社,2001.

从大学围墙管窥现代大学制度①

摘 要:现代大学是文明之光,与社会紧密相连,不应与世隔绝。虽然围墙不可能阻止大学与外界的联系,但是,这堵有形的墙给人带来一道有形的防线,让我们感受到大学就是一个封闭的象牙塔。不过,从现实来看,中国大学目前还很难拆除围墙。这种中西大学围墙文化的差异,远远不是有没有围墙这么简单,背后折射的正是一种大学精神与社会文明。

2016 年 2 月出台的《中共中央 国务院关于进一步加强城市规划建设管理工作的若干意见》,针对城市规划与建设提出了九个方面共三十条意见,其中第六个方面"完善城市公共服务"第十六条意见"优化街区路网结构"提到,"新建住宅要推广街区制,原则上不再建设封闭住宅小区。已建成的住宅小区和单位大院要逐步打开,实现内部道路公共化,解决交通路网布局问题,促进土地节约利用"。一石激起千层浪,从小区大院围墙的讨论,引发了关于大学围墙的话题。确实,我们不难察觉这种奇怪的现象:国外的大学普遍没有围墙,而且积极向自己所在的城市开放,唯独我国的大学一般都有围墙。有文认为,"拆除大学围墙,开放大学校园,方能留住开放的大学精神"(叶祝颐,2014);有文认为,"围墙与大学精神风马牛不相及,用围墙来隐喻大学之自由开放,未免牵强附会"(秦春华,2014)。确实,具有开放精神的世界名校普林斯顿大学,既有校门又有栅栏;在普遍没有大学围墙的美国,"麦卡锡主义"时期的大学一点也不自由。而且,大学从封闭走向开放,也绝不是以拆除围墙作为始点。但是,从整体上来看,围墙与大学精神是具有相关性的。在一个国家普遍壁垒森严的大学围墙背后,折射的正是一种大学精神与社会文明。

一、现代大学不应该有围墙;

---

① 本文原载《教育与考试》2016 年第 3 期,详见《理想的大学——教育学术信札》(浙江工商大学出版社 2015 年版,第 59 至 65 页)。

二、中国大学目前需要围墙；

三、中西文化差异下的追问。

共同利益：高等教育决策的价值基础①

摘　要：联合国教科文组织近年发布的《反思教育：向"全球共同利益"的理念转变？》，并不是第一次提出人文主义，但却是第一次明确提出要让"共同利益"取代传统概念"公共利益"。从"共同利益"到"公共利益"的概念更替，蕴含着教育理念的重大变化，将对教育实践产生重大影响。在"共同利益"的价值指引下，我国高等教育将呈现新的发展趋势。例如，办学主体越来越多元、学习形式越来越多样、教育国际化纵深推进、政府办学方式发生改变等。顺应这些变革趋势，政府应该推进非政府主体参与办学、扩大高校办学自主权、关注高等教育公平、完善政府监管与服务职能。

　　继 1972 年《学会生存——教育世界的今天和明天》（简称《富尔报告》）与 1996 年《教育——财富蕴藏其中》（简称《德洛尔报告》）之后，联合国教科文组织近年发布了第三份关于教育的重要报告——《反思教育：向"全球共同利益"的理念转变？》（以下简称《反思教育》）。这三份报告，承继了作为全球思想实验室的联合国教科文组织的一贯教育理念与价值主张，但亦各有侧重与追求。有文指出："如果说《富尔报告》倡导科学主义和经济主义，《德洛尔报告》倡导理想主义和乐观主义，那么《反思教育》报告的主要内容是提出了人文主义价值观。"（陶西平，2016）应该说，人文主义价值观还不能具体说明《反思教育》的特色与贡献，《德洛尔报告》就"具有浓厚的人文主义色彩，工具性和市场导向较弱"。从而，在联合国教科文组织的三份重要报告中，《反思教育》不是第一次提出人文主义，而是"重申人文主义教育方法"。但是，《反思教育》第一次明确提出要让"共同利益"这个概念取代教育领域中传统概念"公共利益"，"将知识和教育视为共同利益（common goods）"，以便"摆脱'公共利益'（public good）概念所固有的个人主义社会经济理论的影

————————

　　① 本文原载《大学教育科学》2018 年第 5 期，详见《创业型大学本土化的中国模式研究》（中国社会科学出版社 2018 年版，第 254 至 267 页）。

响"。那么,联合国教科文组织为什么提出要让"共同利益"取代"公共利益"? 在"共同利益"的价值指引下,高等教育变革将会呈现什么样的趋势? 在这种趋势下,我国政府又应该采取什么样的高等教育政策? 这三个问题实质上正是"共同利益"价值指引下对高等教育决策价值基础的具体回答,值得每位高等教育理论工作者与实践工作者在《反思教育》的基础上再度反思。

一、从"公共利益"到"共同利益"的合理性分析;

二、"共同利益"价值指引下高等教育变革的趋势;

三、政府顺应高等教育变革与发展趋势的价值向度。

高等教育研究方法：目的抑或手段？①

摘　要：在高等教育研究的学术语言表达上，追求晦涩难懂甚至玄乎其玄的表达方式，或者"唯实证"而"抑思辨"的高等教育研究方法观，都是将方法从手段上升到目的的偏颇观点。作为一种手段的高等教育研究方法，之所以发展成为学者追求的目的，在很大程度上缘于我国学术评价的功利化与外在化。要让高等教育研究方法回归手段属性，至少需要我们从研究队伍专业素质的培养以及社会环境乃至管理体制的改革内外两个方面进行努力。

在从事研究活动的过程中，方法的选择与运用是极其重要的。但是，方法只能是研究的一种手段，不应该上升为研究目的。方法没有高低贵贱之分，采用什么样的方法，取决于特定的研究对象。然而，我国高教学界却有一种将方法视为目的的现象或者倾向，步入为了方法而方法、为了研究而研究的学术误区。那么，将方法上升为目的的高等教育研究有哪些表现？为什么会出现这种现象或者倾向？我们怎样才能让"方法的选择与运用"回归理性，成为探寻高等教育问题、揭示高等教育规律的手段？围绕这三个问题，本文试做如下思考。

一、将方法从手段上升为目的的高等教育研究

高等教育研究方法具体有哪些，如何构建高等教育研究方法体系，这是十分棘手的学术问题。有文从方法论、一般研究方法、具体研究方法的技巧三个层面架设高等教育研究的方法体系，[1]但是，这种体系不能穷尽与囊括所有的高等教育研究方法，而且在方法论层面上，连学界最广泛使用的定性与定量，或者说思辨与实证这种"两分法"，同样也有反对[2]的声音。例如，"质的方法"作为一种近年兴起的研究方法，很难完全归到"两分法"中的任

---

① 本文原载《高教发展与评估》2019 年第 1 期，原文在此基础上精简到 3000 字。

何一种方法论中去。因此,本文不再卷入高等教育研究方法内涵与外延的讨论,也不会对思辨、实证乃至混合方法研究(mixed methods research)等大家心领神会的基本研究方法做过多的阐释,主要从我国高等教育研究现状出发,揭示两种将方法从手段上升为目的的高等教育研究现象。

毫无疑问,定性思辨仍是当前我国高等教育研究方法的主体。暂且不对这种现象进行合理论辩护或者批判性反思,就定性思辨研究方法的运用情况而言,存在一种为了方法而方法、将所谓的方法提升到目的状态的现象。例如,在没有理解与消化的前提下,援引大量的理论学说与各方观点,使得整篇文章成了一个文献资料的大拼盘;与此同时,力图通过晦涩难懂的语言文字打造坚固的学科围墙,阻止学科之外的群体进入,寄望以此来抬升高等教育研究的科学化。“这种倾向在我国高教界愈演愈烈,有人甚至以‘学院派’自诩,鄙视面向普通师生与管理人员的深入浅出之作。”[3]应该说,这种表面的规范、高深与“科学”,最终只能变成一群人的“孤芳自赏”,造成学术共同体的保守封闭,这是高等教育研究的倒退。文字符号只是一种工具,工具越容易被人以及更多的人所利用便越有价值。尤其作为一个面向广大一线教育工作者的高等教育研究领域,学者们的学术创作,应该在思想深度上下功夫的同时,也要在让大家喜闻乐见的文风上下功夫,追求学术语言表达的深入浅出而不是深入深出甚至是浅入深出。

在我国高等教育理论界,思辨的研究方法虽然占据主导地位,但对这种现象的质疑近年尤其强烈。在某些学者、某些期刊看来,只有实证的、量化的、模型的才是科学的,而那种思辨文体则属于经验的、臆想的、非科学的。应该说,“唯实证”而“抑思辨”的高等教育研究方法观,是第二大将方法从手段上升为目的的高等教育研究现象。笔者认为,思辨与实证均为研究手段,哪种手段最能把研究对象阐述得准确与清楚,就选择哪种手段。可以说,在那些完全可以通过思辨就能让人明白的研究上,盲目采用实证,为了实证而实证,那叫多此一举,浪费智慧;在那些通过现实调查才能揭示问题的研究上,仅仅依靠思辨,忽略实证环节,那叫闭门造车,主观臆断。思辨与实证“都是手段,都不是目的”[4],同样被视为科学且有效的研究方法,“应该成为教育研究的基本范式”[5]。

二、高等教育研究方法“目的论”的生存土壤

作为一种手段的高等教育研究方法,之所以发展成为学者们追求的目的,在很大程度上缘于我国学术评价的功利化。在功利导向的学术评价体

系下,学者的收入、荣誉均与数字化的学术业绩直接相关,而且成为教师"财富天平"的最大砝码,从而使得大家为了发表而发表,采用哪种方法更好发表便试着去模仿相应的方法。这种方法选择与运用的"创新",完全基于发表更多数量更高"期刊级别"的文章,而不是为了解决实际问题寻找最佳的研究方法。例如,当许多人在声讨长江青年学者、南京大学梁莹教授的中文学术论文造假之际,笔者进一步思考,一位在前期如此学术不端的学者为何后来将中文论文斥为一堆垃圾,并表示"现在自己只发英文论文"[6],而且在英文发表的道路上同样"一路凯歌"。中国学者之所以趋之若鹜地在国外期刊发表论文,是因为国外期刊论文在我国高校的学术评价体系中级别更高、奖励更多,而且,针对国外不少期刊撰写量化文章,只要掌握某种技巧与套路,就像工业化条件下的产品制造或者蒸笼里推出不同馅的包子一样,可以批量生产,要比思辨性的中文论文容易创造与发表。例如,2004 年至 2009年五年间,黑龙江大学一位教授在国际学术期刊《晶体学报》上发表 279 篇论文,井冈山大学两位年轻教师在两年时间内也在该刊发表 70 篇论文。

与功利化相呼应,我国大学教师学术评价的外在化,进一步强化了研究方法的目的性。当前,无论教师职称评聘,还是人才工程遴选,抑或各种项目、基地、平台的评估验收等,都可以将评价对象按照业绩分数从第一名排到最后一名。业绩分数的测算标准,无非是依据论文所载刊物级别及数量、课题级别及数量、学术成果奖励级别及数量,等等。这种外在评价,所有工作人员都可以按照评价体系予以赋分。在外在评价的情形下,包括高等教育学科在内的各种人文社会科学,其生涩难懂的文字表达、复杂多变的表格模型,让那些非本学科的人士无法评价其研究内容,甚至那些本学科的专家学者,在没有更多时间来消化成果之际,都只能"根据业绩总分论英雄"。正是各种情形的外部评价,才导致国产骄傲"汉芯 1 号"、长江学者"梁莹撤稿"等层出不穷的学术造假事件以及学术评价丑闻。

三、高等教育研究方法回归手段属性的内外策略

评价一篇高等教育学科领域的论文,如果我们重点关注文章有哪些学术贡献,其学术表达是否深入浅出,将学术评价由外在评价转为实实在在的同行评价,那么,高等教育研究方法的选择与运用就会回归理性,真正成为我们呈现高等教育研究成果的一种手段。在那个时候,我们不会去争论哪些是科学的方法,哪些是不科学的方法,只要能够更好地揭示矛盾与解决问题,就是有效的科学的方法。尤其高等教育学科,"不存在什么纯学术研

究"[7]，均以解决各种指向实践的理论问题、政策问题以及现实问题为指归。

理想是丰满的，现实是骨感的。要让高等教育研究方法回归手段属性，至少需要我们从内外两个方面进行努力。从内部策略看，在高等教育研究人员尤其高等教育学科研究生的专业提升中，既要关注技术性的研究方法，[8]也要注重思想性的研究素养。当前，各种实证研究之所以被视为优于思辨研究方法，在很大程度上缘于真正熟悉实证研究方法的人员不多，从而使得实证论文貌似更加规范与科学。事实上，不少实证文章，且不论数据的真实性与可靠性，最终揭示的不过是个常识问题。如果有更多的高等教育研究人员熟悉相应的实证方法，这就像国内精通英文的学者在评价同行发表英文期刊论文时不被语言文字迷惑一样，我们也不会被各种复杂的图表与公式所迷惑。同时，我们还要看到，思辨研究不是要让文章变得玄乎其玄或者坚硬晦涩，而是要力争运用最准确、最精简、最优美的文字来表达我们的观点。从这一点来说，高等教育研究领域的思辨研究不是做得很好，而是做得还不够。理解是文风的基础，只有深入透彻的理解，才有行云流水般的表达。从外部策略看，这正是上文分析高等教育研究方法"目的论"的生存土壤时所指出的，要破除外在评价与功利导向的学术评价机制。表面看，这是学术、高校或者教育内部的事情，事实上这是整个社会环境乃至管理体制的事情。随着高校办学自主权的不断扩大以及知识生产模式的逐渐转变，学术评价也许会真正落实到学者本身的学术水平与社会贡献上来，而不再迷信数字化的学术业绩总量，学者的科研动机会更多地转移到学术发现、学术价值与社会责任上来，而不再仅仅瞄准短期的学术奖励与功利的人才帽子。但是，该种机制在我国高等教育研究领域的全面实施，既需要时间与耐心，也需要学术共同体的呼唤与努力。

总之，高等教育学科不是几位高等教育专职研究者的学科，而是广大高校教师、教育管理者乃至所有关心高等教育事业的人士的共同学科，因此我们的研究范式就需要追求深入浅出，方法只是我们开展研究的一种手段，选择什么样的研究手段取决于我们研究什么样的教育问题。

【参考文献】

[1] 王祖林，王万智.创新我国高等教育研究方法的基本路径[J].现代教育管理，2012(11):8.

[2] 徐辉，季诚钧.高等教育研究方法　现状及分析[J].中国高教研究，2004(1):13.

[3] 龚放.追问研究本意纾解"学科情结"[J].北京大学教育评论，2011

(4):47.

　　[4] 潘懋元.高等教育研究方法[M].北京:高等教育出版社,2008:238.

　　[5] 刘铁芳,位涛.教育研究的意蕴与教育研究方法的多样性[J].吉首大学学报(社会科学版),2018(1):7.

　　[6] 王嘉兴.青年长江学者与她"404"的论文[N].中国青年报,2018-10-24(10).

　　[7] 王伟廉.从实践的视角看高等教育研究应如何创新[J].教育研究,2003(3):18-20.

　　[8] 田虎伟.我国高等教育研究方法的现状、问题及出路[D].武汉:华中科技大学,2007:78.